BESTSELLER

Luis María Anson. El 9 de febrero de 1964 el maestro Azorín afirmaba en *ABC* que «Luis María Anson y Camilo José Cela son los dos escritores más importantes de la nueva generación, cada uno en su género».

Anson, que nació en Madrid un año antes de que comenzara la guerra civil española, fue director de *Blanco y Negro* en 1975 y convirtió la revista en un gran éxito. Repitió la operación, en 1976, en *Gaceta Ilustrada*. Sucedió a Manuel Aznar en el Consejo de Dirección de *La Vanguardia*. Nombrado aquel año presidente y director de la agencia Efe, la situó en el quinto lugar entre las grandes agencias internacionales y la primera del área hispanohablante. La auditoría del Tribunal de Cuentas encargada por el gobierno socialista en 1983 certificó la formidable expansión alcanzada por la agencia.

Luis María Anson trabajó en la radio y ha dirigido dos programas de televisión: *Mirada al mundo* y *La Prensa en el debate*, que se situó en segundo lugar por su audiencia y por el que fue galardonado con el premio Ondas 1977. Profesor y subdirector de la Escuela de Periodismo, formó parte destacada del equipo que en España trasvasó los estudios periodísticos a la universidad.

Es doctor *honoris causa* por las Universidades de México y de Lisboa. En 1995 fue elegido académico de la Real Academia de Doctores. En 1997 fue elegido académico correspondiente a la Academia Portuguesa da História. En 1996 fue elegido académico de la Real Academia Española. Pronunció su discurso de ingreso el 8 de febrero de 1998.

Anson es el único escritor que ha conseguido, entre más de cien galardones literarios y periodísticos, los seis grandes premios del periodismo español: el Príncipe de Asturias, el Mariano de Cavia, el Luca de Tena, el Víctor de la Serna, el González Ruano y el Nacional de Periodismo. También fue galardonado con dos de los premios internacionales de más relieve en el periodismo hispanoamericano: el Juan Montalvo y el Caonabo. Autor de diez libros, algunos de títulos tan conocidos como *El Gengis Khan rojo*, *La justa distribución de la riqueza mundial* o *La Negritud*, es premio Nacional de Literatura por su obra *El grito de Oriente*. En 1994 publicó *Don Juan*, que se situó durante muchas semanas en cabeza de todas las listas de *best sellers* y fue considerado por la crítica a izquierda y derecha como «el libro del año».

En 1979 fue elegido presidente de la Asociación de la Prensa de Madrid. Ese mismo año fue elegido presidente de la Federación de Asociaciones de la Prensa de España. En 1981, presidentes de Colegios de Periodistas de veintidós naciones le eligieron, en Lima, presidente de la Federación Iberoamericana de Asociaciones de Periodistas.

En 1982 fue nombrado director del diario *ABC*, que atravesaba una gravísima crisis. Seis años después, *ABC* superó las cifras medias de venta más altas de su historia y el periódico volvió a ocupar, por su influencia en los sectores dirigentes, lugar de máximo relieve en la prensa de España.

En 1997 fue nombrado presidente de Televisa España, trabajando en la puesta en marcha de la televisión digital, «el periodismo del siglo XXI». En el verano de 1998 fundó el diario *La Razón*, del que es presidente.

LUIS MARÍA ANSON

Antología de las mejores poesías de amor en lengua española

DeBOLSILLO

Diseño de la portada: Marta Borrell
Fotografía de la portada: © Photonica

Segunda edición en este formato: enero, 2004

© 1998, Luis María Anson
© 1999, Random House Mondadori, S. A.
    Travessera de Gràcia, 47-49. 08021 Barcelona

Printed in Spain – Impreso en España

ISBN: 84-9759-292-1
Depósito legal: B. 49.761 - 2003

Fotocomposición: Zero pre impresión, S. L.

Impreso en Novoprint, S. A.
Energia, 53. Sant Andreu de la Barca (Barcelona)

P 892921

A Beatriz, como siempre

PALABRAS PRELIMINARES

Cuando a los pocos días de leer mi discurso de ingreso en la Real Academia Española, la editorial Plaza & Janés me encargó esta Antología, me di cuenta de que intentar la tarea encomendada era como encender un candil para iluminar el sol, como soplar en la dirección del huracán. Lope de Vega escribió que «el amor fue el inventor de los poemas». El autor de las *Rimas sacras*, que respiraba versos por los poros de su entero esqueleto, sabía bien lo que decía.

En Oriente y en Occidente, en el vasto mundo de la Negritud o en la América precolombina, en la Grecia clásica o en el antiguo Egipto, entre los esquimales o los bantúes, entre los escandinavos o los malayos, entre los malgaches o los hebreos, entre los eslavos o los latinos, entre los árabes o los polinesios, el amor es la médula absorta de la poesía y también de la canción popular.

Abordé la tarea antológica de la poesía de amor en lengua española, escogiendo doce grandes poetas que abrieran el libro para evitar al lector la rutina del orden cronológico que pospone lo mejor a la fecha. No elegí a los doce más grandes poetas en lengua española, sino a «doce grandes de la poesía de amor». Es evidente que a ninguno de los elegidos se les puede negar esa categoría. Tras ellos, ciento cincuenta poetas más de todas las épocas completan la Antología.

Garcilaso, San Juan, Lope, Quevedo, Bécquer, Rubén Darío, Juan Ramón, Lorca, Aleixandre, Alberti, Neruda y Paz fueron los doce poetas que seleccioné, con la adenda del anónimo «No me mueve mi Dios para quererte», que no es de San Juan pero merece serlo. Muchos lectores habrían efectuado cambios en esta selección. Está claro, por ejemplo, que Fray Luis o Góngora son, como poetas, superiores a Bécquer. También lo está que el autor de las *Rimas*, como poeta de amor, deslumbra en el siglo XIX y durante muchas generaciones, todavía hoy, sus versos continúan emocionando a los jóvenes que los citan de memoria.

La elección en la primera parte del libro de seis poetas que pertenecen literariamente al siglo XX, tiene explicación clara. Por un lado, en el río de la poesía en lengua española desembocan ya los manantiales iberoamericanos; por otro lado, la sensibilidad del lector actual sintoniza con los poetas contemporáneos mejor que con las jarchas o las cantigas de amigo. Entre los doce nombres elegidos para abrir la Antología son todos los que están aunque no estén todos los que son. Cada lector tiene sus preferencias y muchos amantes de la poesía, y también algunos críticos, habrían sustituido, por ejemplo, a Juan Ramón por Antonio Machado o a Octavio Paz por Luis Cernuda. Hace sólo unos meses, yo mismo no hubiera incluido al poeta mexicano en mi propia selección de «doce grandes de la poesía de amor». Mantuve con él, durante muchos años, una amistad entrañable, que se cimentaba en la admiración que yo sentía por su inteligencia, su cultura universal y pasmosa, sus ensayos indelebles. Hasta que no he leído en conjunto su obra poética, varada en la edición del Círculo de Lectores, no me había dado cuenta del poeta inmenso que es Octavio Paz.

Tras el temblor literario, y el fulgor, de la primera parte de este libro, el lector encontrará ya, sujetos al inevitable orden cronológico, muchos de los mejores poemas de amor en lengua española escritos por centenar y medio de poetas de todas las épocas. Sé muy bien que faltan numerosas poesías de amor que merecen figurar en esta Antología. No sobra ninguna. La inmensa mayoría de los poemas seleccionados se centran en el amor entre el hombre y la mujer. Algunos se refieren al amor a Dios, al amor a la madre, al amor a la amistad, al amor a la vida y a la muerte. Cuando de un autor se publican varios poemas, éstos no guardan orden cronológico. A una buena parte de los poetas vivos les he solicitado que eligieran ellos sus mejores poemas. En ocasiones no han coincidido con mi propia selección, pero he respetado la suya. Sé que faltan, entre los poetas vivos españoles e iberoamericanos, muchas docenas de nombres. Pido disculpas anticipadas, pero el libro no podía sobrepasar el número de páginas que tiene. Las ausencias me duelen porque muchos de los poetas vivos que faltan, son amigos personales y, además, deberían figurar por razones de justicia en esta Antología. Los límites de espacio son heridas que no cicatrizan nunca en el cuerpo jíbaro de cualquier esfuerzo antológico serio.

La labor de corrección llevada a cabo por el equipo de Plaza & Janés, encabezado por Carlos A. Moschini, ha sido ingente. Hemos consultado en las mejores ediciones los diferentes poemas. Hemos corregido centenares de errores, subsanado docenas de faltas. Aun así, los eruditos encontrarán sin duda fallos porque las interpretaciones sobre muchos versos siguen siendo dispares para la crítica literaria. Tampoco descarto, a pesar del cuidado con que se ha trabajado, que se hayan deslizado erratas y, lo que es peor, trasposiciones.

En todo caso el esfuerzo ha valido la pena. Aquí está, para el recreo del buen gusto literario, una Antología muy completa en la que se enredan las mejores poesías de amor en lengua española. Los enamorados y enamoradas, los maridos y mujeres, los amantes, los que esperan o viven o recuerdan el amor, encontrarán en estas páginas la vibración más profunda que a lo largo de los siglos ha suscitado este sentimiento en los poetas de lengua española. Por eso, la Antología que ahora presentamos no es sólo un libro. Es un tesoro literario de belleza indeclinable, de emoción en ascuas vivas. El lector puede abrirlo en cualquier página con la seguridad de que sentirá el aliento más hondo de la escritura de los poetas, el mensaje infinito de quienes rindieron sus letras al amor profundo, a la palabra absorta, al sentimiento insondable, a la carne que se estremece, al devastado corazón, al alma que tiembla, a la cálida ceniza.

LUIS MARÍA ANSON
de la Real Academia Española

DOCE GRANDES
DE LA POESÍA DE AMOR

GARCILASO DE LA VEGA

Nace en Toledo en 1501 o 1503;
muere en Niza en 1536

Soneto

*E*scrito está en mi alma vuestro gesto
y cuanto yo escribir de vos deseo;
vos sola lo escribistes, yo lo leo
tan solo, que aun de vos me guardo en esto.

En esto estoy y estaré siempre puesto;
que aunque no cabe en mí cuanto en vos veo,
de tanto bien lo que no entiendo creo,
tomando ya la fe por presupuesto.

Yo no nací sino para quereros;
mi alma os ha cortado a su medida;
por hábito del alma misma os quiero;

cuanto tengo confieso yo deberos;
por vos nací, por vos tengo la vida,
por vos he de morir y por vos muero.

Égloga

*E*l dulce lamentar de dos pastores,
Salicio juntamente y Nemoroso,
he de cantar, sus quejas imitando;
cuyas ovejas al cantar sabroso
estaban muy atentas, los amores,
de pacer olvidadas, escuchando.
Tú, que ganaste obrando
un nombre en todo el mundo,
y un grado sin segundo;
agora estés atento solo y dado
al ínclito gobierno del Estado
albano, agora vuelto a la otra parte,
resplandeciente, armado,
representando en tierra al fiero Marte;

agora de cuidados enojosos
y de negocios libre, por ventura
andes a caza el monte fatigando
en ardiente jinete, que apresura
el curso tras los ciervos temerosos,
que en vano su morir van dilatando,
espera que en tornando
a ser restituido
al ocio ya perdido,
luego verás ejercitar mi pluma
por la infinita innumerable suma
de tus virtudes y famosas obras,
antes que me consuma,
faltando a ti, que a todo el mundo sobras. [...]

¡Oh más dura que mármol a mis quejas,
y al encendido fuego en que me quemo
más helada que nieve, Galatea!
Estoy muriendo, y aún la vida temo,
témola con razón, pues tú me dejas;
que no hay, sin ti, el vivir para qué sea.
Vergüenza he que me vea
ninguno en tal estado,

de ti desamparado,
y de mí mismo yo me corro agora.
¿De un alma te desdeñas ser señora
donde siempre moraste, no pudiendo
della salir un hora?
Salid sin duelo, lágrimas, corriendo.

El sol tiende los rayos de su lumbre
por montes y por valles despertando
las aves y animales y la gente:
cuál por el aire claro va volando,
cuál por el verde valle o alta cumbre
paciendo va segura y libremente;
cuál, con el sol presente,
va de nuevo al oficio
y al usado ejercicio
do su natura o menester le inclina;
siempre está en llanto esta ánima mezquina,
cuando la sombra el mundo va cubriendo,
o la luz se avecina.
Salid sin duelo, lágrimas, corriendo.

Y tú, desta mi vida ya olvidada,
sin mostrar un pequeño sentimiento
de que por ti, Salicio, triste muera,
¿dejas llevar, desconocida, al viento
el amor y la fe, que ser guardada
eternamente solo a mí debiera?
¡Oh Dios!, ¿por qué siquiera
(pues ves desde tu altura,
esta falsa perjura
causar la muerte de un estrecho amigo)
no recibe del cielo algún castigo?
Si en pago del amor yo estoy muriendo,
¿qué hará el enemigo?
Salid sin duelo, lágrimas, corriendo, [...]

Con mi llorar las piedras enternecen
su natural dureza y la quebrantan,
los árboles parece que se inclinan;

17

las aves que me escuchan, cuando cantan
con diferente voz se condolecen
y mi morir cantando me adivinan.
Las fieras que reclinan
su cuerpo fatigado,
dejan el sosegado
sueño por escuchar mi llanto triste.
Tú sola contra mí te endureciste,
los ojos aun siquiera no volviendo
a lo que tú hiciste.
Salid sin duelo, lágrimas, corriendo. [...]

[...] »¿Dó están agora aquellos claros ojos
que llevaban tras sí, como colgada,
mi alma doquier que ellos se volvían?
¿Dó está la blanca mano delicada,
llena de vencimientos y despojos
que de mí mis sentidos le ofrecían?
Los cabellos que vían
con gran desprecio al oro,
como a menor tesoro,
¿adónde están; adónde el blanco pecho?
¿Dó la columna que el dorado techo
con proporción graciosa sostenía?
Aquesto todo agora ya se encierra,
por desventura mía,
en la escura, desierta y dura tierra.

»¿Quién me dijera, Elisa, vida mía,
cuando en aqueste valle al fresco viento
andábamos cogiendo tiernas flores,
que había de ver, con largo apartamiento,
venir el triste y solitario día
que diese amargo fin a mis amores?
El cielo en mis dolores
cargó la mano tanto,
que a sempiterno llanto
y a triste soledad me ha condenado;
y lo que siento más es verme atado
a la pesada vida y enojosa,

solo, desamparado,
ciego, sin lumbre, en cárcel tenebrosa. [...]
»Divina Elisa, pues agora el cielo
con inmortales pies pisas y mides,
y su mudanza ves, estando queda,
¿por qué de mí te olvidas y no pides
que se apresure el tiempo en que este velo
rompa del cuerpo, y verme libre pueda,
y en la tercera rueda,
contigo mano a mano,
busquemos otro llano,
busquemos otros montes y otros ríos,
otros valles floridos y sombríos,
donde descanse siempre y pueda verte
ante los ojos míos,
sin miedo y sobresalto de perderte?» [...]

Ode ad florem Gnidi

Si de mi baja lira
tanto pudiese el son que en un momento
aplacase la ira
del animoso viento
y la furia del mar y el movimiento;

y en ásperas montañas
con el süave canto enterneciese
las fieras alimañas,
los árboles moviese
y al son confusamente los trujiese,

no pienses que cantado
sería de mí, hermosa flor de Gnido,
el fiero Marte airado,
a muerte convertido,
de polvo y sangre y de sudor teñido;

ni aquellos capitanes
en las sublimes ruedas colocados,
por quien los alemanes,
el fiero cuello atados,
y los franceses van domesticados;

mas solamente aquella
fuerza de tu beldad sería cantada,
y alguna vez con ella
también sería notada
el aspereza de que estás armada:

y cómo por ti sola,
y por tu gran valor y hermosura
convertido en vïola,
llora su desventura
el miserable amante en tu figura.

Hablo de aquel cativo,
de quien tener se debe más cuidado,
que está muriendo vivo,
al remo condenado,
en la concha de Venus amarrado.

Por ti, como solía,
del áspero caballo no corrige
la furia y gallardía,
ni con freno la rige,
ni con vivas espuelas ya le aflige.

Por ti, con diestra mano
no revuelve la espada presurosa,
y en el dudoso llano
huye la polvorosa
palestra como sierpe ponzoñosa.

Por ti, su blanda musa,
en lugar de la cítara sonante,
tristes querellas usa,
que con llanto abundante
hacen bañar el rostro del amante.

Por ti, el mayor amigo
le es importuno, grave y enojoso;
yo puedo ser testigo,
que ya del peligroso
naufragio fui su puerto y su reposo.

Y agora en tal manera
vence el dolor a la razón perdida,
que ponzoñosa fiera
nunca fue aborrecida
tanto como yo dél, ni tan temida. [...]

No fuiste tú engendrada,
ni producida de la dura tierra;
no debe ser notada
que ingratamente yerra
quien todo el otro error de sí destierra.

Hágase temerosa
el caso de Anaxérete, y cobarde,
que de ser desdeñosa
se arrepintió muy tarde,
y así su alma con su mármol arde.

Estábase alegrando
del mal ajeno el pecho empedernido,
cuando abajo mirando,

el cuerpo muerto vido
del miserable amante, allí tendido.

Y al cuello el lazo atado
con que desenlazó de la cadena
el corazón cuitado,
que con su breve pena
compró la eterna punción ajena,

sintió allí convertirse
en piedad amorosa el aspereza.
¡Oh tarde arrepentirse!
¡Oh última terneza!
¿Cómo te sucedió mayor dureza?

Los ojos se enclavaron
en el tendido cuerpo que allí vieron,
los huesos se tornaron
más duros y crecieron,
y en sí toda la carne convirtieron;

las entrañas heladas
tornaron poco a poco en piedra dura;
por las venas cuitadas
la sangre su figura
iba desconociendo y su natura:

hasta que finalmente
en duro mármol vuelta y transformada,
hizo de sí la gente,
no tan maravillada,
cuanto de aquella ingratitud vengada.

No quieras tú, señora,
de Némesis airada las saetas
probar, por Dios, agora;
baste que tus perfetas
obras y hermosura a los poetas

den inmortal materia,
sin que también en verso lamentable
celebren la miseria
de algún caso notable,
que por ti pase triste y miserable.

SAN JUAN DE LA CRUZ

Nace en Fontiveros (Ávila) en 1542;
muere en Úbeda (Jaén) en 1591

Noche oscura

*E*n una noche oscura,
con ansias en amores inflamada,
¡oh dichosa ventura!,
salí sin ser notada,
estando ya mi casa sosegada.

A escuras y segura,
por la secreta escala disfrazada,
¡oh dichosa ventura!,
a escuras y en celada,
estando ya mi casa sosegada.

En la noche dichosa,
en secreto, que nadie me veía,
ni yo miraba cosa,
sin otra luz y guía
sino la que en el corazón ardía.

Aquesta me guiaba
más cierto que la luz del mediodía,
a donde me esperaba
quien yo bien me sabía,
en parte donde nadie parecía.

¡Oh noche que guiaste!,
¡oh noche amable más que el alborada!,
¡oh noche que juntaste
Amado con amada,
amada en el Amado transformada!

En mi pecho florido,
que entero para él solo se guardaba,
allí quedó dormido,
y yo le regalaba,
y el ventalle de cedros aire daba.

El aire de la almena,
cuando yo sus cabellos esparcía,
con su mano serena
en mi cuello hería,
y todos mis sentidos suspendía.

Quedéme, y olvidéme,
el rostro recliné sobre el Amado;
cesó todo, y dejéme,
dejando mi cuidado
entre las azucenas olvidado.

Cántico espiritual

CANCIONES ENTRE EL ALMA Y EL ESPOSO

Esposa

*A*dónde te escondiste,
　　Amado, y me dejaste con gemido?
Como el ciervo huiste,
habiéndome herido;
salí tras ti clamando, y eras ido.

Pastores, los que fuerdes
allá por las majadas al otero,
si por ventura vierdes
aquel que yo más quiero,
decidle que adolezco, peno y muero.

Buscando mis amores
iré por esos montes y riberas;
ni cogeré las flores,
ni temeré las fieras,
y pasaré los fuertes y fronteras.

Pregunta a las criaturas

¡Oh bosques y espesuras,
plantadas por la mano del Amado!
¡Oh prado de verduras,
de flores esmaltado!,
decid si por vosotros ha pasado.

Respuesta de las criaturas

Mil gracias derramando
pasó por estos sotos con presura,
y, yéndolos mirando,
con sola su figura
vestidos los dejó de hermosura.

Esposa

¡Ay! ¿quién podrá sanarme?
Acaba de entregarte ya de vero;
no quieras enviarme
de hoy más ya mensajero,
que no saben decirme lo que quiero.

Y todos cuantos vagan
de ti me van mil gracias refiriendo,
y todos más me llagan,
y déjame muriendo
un no sé qué que quedan balbuciendo.

Mas, ¿cómo perseveras,
¡oh, vida!, no viviendo donde vives,
y haciendo porque mueras
las flechas que recibes
de lo que del Amado en ti concibes?

¿Por qué, pues has llagado
aqueste corazón, no le sanaste?
Y pues me le has robado,
¿por qué así le dejaste,
y no tomas el robo que robaste?

Apaga mis enojos,
pues que ninguno basta a deshacellos,
y véante mis ojos,
pues eres lumbre dellos,
y sólo para ti quiero tenellos.

Descubre tu presencia,
y máteme tu vista y hermosura;
mira que la dolencia
de amor, que no se cura
sino con la presencia y la figura.

¡Oh cristalina fuente,
si en esos tus semblantes plateados
formases de repente
los ojos deseados
que tengo en mis entrañas dibujados!

¡Apártalos, Amado,
que voy de vuelo!

Esposo

Vuélvete, paloma,
que el ciervo vulnerado
por el otero asoma
al aire de tu vuelo, y fresco toma.

Esposa

Mi Amado, las montañas,
los valles solitarios nemorosos,
las ínsulas extrañas,
los ríos sonorosos,
el silbo de los aires amorosos,

la noche sosegada
en par de los levantes de la aurora,
la música callada,
la soledad sonora,
la cena que recrea y enamora.

Nuestro lecho florido,
de cuevas de leones enlazado,
en púrpura tendido,
de paz edificado,
de mil escudos de oro coronado.

A zaga de tu huella,
las jóvenes discurren al camino,
al toque de centella,
al adobado vino,
emisiones de bálsamo divino.

En la interior bodega
de mi Amado bebí y, cuando salía
por toda aquesta vega,
ya cosa no sabía,
y el ganado perdí que antes seguía.

Allí me dio su pecho,
allí me enseñó ciencia muy sabrosa,
y yo le di de hecho
a mí, sin dejar cosa;
allí le prometí de ser su esposa.

Mi alma se ha empleado,
y todo mi caudal, en su servicio;
ya no guardo ganado,
ni ya tengo otro oficio,
que ya solo en amar es mi ejercicio.

Pues ya si en el ejido
de hoy más no fuere vista ni hallada,
diréis que me he perdido,
que andando enamorada,
me hice perdidiza, y fui ganada.

De flores y esmeraldas,
en las frescas mañanas escogidas,
haremos las guirnaldas,
en tu amor florecidas,
y en un cabello mío entretejidas.

En solo aquel cabello
que en mi cuello volar consideraste,
mirástele en mi cuello
y en él preso quedaste,
y en uno de mis ojos te llagaste.

Cuando tú me mirabas,
tu gracia en mí tus ojos imprimían;
por eso me adamabas,
y en eso merecían
los míos adorar lo que en ti vían.

No quieras despreciarme,
que si color moreno en mí hallaste,
ya bien puedes mirarme,
después que me miraste,
que gracia y hermosura en mí dejaste.

Cogednos las raposas,
que está ya florecida nuestra viña,
en tanto que de rosas
hacemos una piña,
y no parezca nadie en la montiña.

Deténte, cierzo muerto;
ven, austro, que recuerdas los amores,

aspira por mi huerto,
y corran sus olores,
y pacerá el Amado entre las flores.

Esposo

Entrado se ha la esposa
en el ameno huerto deseado,
y a su sabor reposa,
el cuello reclinado
sobre los dulces brazos del Amado.

Debajo del manzano,
allí conmigo fuiste desposada,
allí te di la mano,
y fuiste reparada
donde tu madre fuera violada.

A las aves ligeras,
leones, ciervos, gamos saltadores,
montes, valles, riberas,
aguas, aires, ardores
y miedos de las noches veladores:

Por las amenas liras,
y canto de serenas os conjuro
que cesen vuestras iras
y no toquéis al muro,
porque la esposa duerma más seguro.

Esposa

¡Oh ninfas de Judea!,
en tanto que en las flores y rosales
el ámbar perfumea,
morá en los arrabales,
y no queráis tocar nuestros umbrales.

Escóndete, Carillo,
y mira con tu haz a las montañas,
y no quieras decillo;
mas mira las compañas
de la que va por ínsulas extrañas.

Esposo

La blanca palomica
al arca con el ramo se ha tornado,
y ya la tortolica
al socio deseado
en las riberas verdes ha hallado.

En soledad vivía,
y en soledad ha puesto ya su nido,
y en soledad la guía
a solas su querido,
también en soledad de amor herido.

Esposa

Gocémonos, Amado,
y vámonos a ver en tu hermosura
al monte y al collado,
do mana el agua pura;
entremos más adentro en la espesura.

Y luego a las subidas
cavernas de la piedra nos iremos,
que están bien escondidas,
y allí nos entraremos,
y el mosto de granadas gustaremos.

Allí me mostrarías
aquello que mi alma pretendía,
y luego me darías
allí tú, vida mía,
aquello que me diste el otro día.

El aspirar del aire,
el canto de la dulce filomena,
el soto y su donaire
en la noche serena,
con llama que consume y no da pena.

Que nadie lo miraba,
Aminadab tampoco parecía,
y el cerco sosegaba,
y la caballería
a vista de las aguas descendía.

Llama de amor viva

Oh llama de amor viva,
  que tiernamente hieres
de mi alma en el más profundo centro!
Pues ya no eres esquiva,
acaba ya si quieres;
rompe la tela deste dulce encuentro.

¡Oh cauterio suave!
¡Oh regalada llaga!
¡Oh mano blanda! ¡Oh toque delicado,
que a vida eterna sabe,
y toda deuda paga!,
matando muerte, en vida la has trocado.

¡Oh lámparas de fuego,
en cuyos resplandores
las profundas cavernas del sentido,
que estaba obscuro y ciego,
con extraños primores
calor y luz dan junto a su querido!

¡Cuán manso y amoroso
recuerdas en mi seno,
donde secretamente solo moras;
y en tu aspirar sabroso,
de bien y gloria lleno,
cuán delicadamente me enamoras!

El pastorcico

*U*n pastorcico solo está penado,
ajeno de placer y de contento,
y en su pastora puesto el pensamiento,
y el pecho de amor muy lastimado.

No llora por haberle amor llagado,
que no le pena verse así afligido,
aunque en el corazón está herido;
mas llora por pensar que está olvidado.

Que sólo de pensar que está olvidado
de su bella pastora, con gran pena
se deja maltratar en tierra ajena,
el pecho del amor muy lastimado.

Y dice el pastorcico: ¡Ay, desdichado
de aquel que de mi amor ha hecho ausencia,
y no quiere gozar la mi presencia,
y el pecho por su amor muy lastimado!

Y a cabo de un gran rato se ha encumbrado
sobre un árbol, do abrió sus brazos bellos,
y muerto se ha quedado, asido de ellos,
el pecho del amor muy lastimado.

ANÓNIMO

A Cristo crucificado

No me mueve, mi Dios, para quererte
el cielo que me tienes prometido:
ni me mueve el infierno tan temido
para dejar por eso de ofenderte.

Tú me mueves, Señor; muéveme el verte
clavado en una cruz y escarnecido;
muéveme ver tu cuerpo tan herido;
muévenme tus afrentas y tu muerte.

Muéveme, en fin, tu amor, y en tal manera,
que aunque no hubiera cielo, yo te amara,
y aunque no hubiera infierno, te temiera.

No tienes que me dar porque te quiera;
pues aunque cuanto espero no esperara,
lo mismo que te quiero te quisiera.

LOPE DE VEGA

Nace en Madrid en 1562;
muere en Madrid en 1635

Soneto

*D*esmayarse, atreverse, estar furioso,
áspero, tierno, liberal, esquivo,
alentado, mortal, difunto, vivo,
leal, traidor, cobarde y animoso;

no hallar fuera del bien centro y reposo,
mostrarse alegre, triste, humilde, altivo,
enojado, valiente, fugitivo,
satisfecho, ofendido, receloso;

huir el rostro al claro desengaño,
beber veneno por licor süave,
olvidar el provecho, amar el daño;

creer que un cielo en un infierno cabe,
dar la vida y el alma a un desengaño:
esto es amor: quien lo probó lo sabe.

Rimas sacras

Si de la muerte rigurosa y fiera
principios son la sequedad y el frío,
mi duro corazón, el hielo mío
indicios eran que temer pudiera.

Mas si la vida conservarse espera
en calor y humidad, formen un río
mis ojos, que a tu mar piadoso envío,
divino autor de la suprema esfera.

Calor dará mi amor, agua mi llanto,
huya la sequedad, déjeme el hielo,
que de la vida me apartaron tanto.

Y tú, que sabes ya mi ardiente celo,
dame los rayos de tu fuego santo
y los cristales de tu santo cielo.

———

Cuántas veces, Señor, me habéis llamado,
y cuántas con vergüenza he respondido
desnudo como Adán, aunque vestido
de las hojas del árbol del pecado!

Seguí mil veces vuestro pie sagrado,
fácil de asir, en una cruz asido,
y atrás volví otras tantas atrevido
al mismo precio en que me habéis comprado.

Besos de paz os di para ofenderos;
pero si, fugitivos de su dueño,
hierran, cuando los hallan, los esclavos,

hoy que vuelvo con lágrimas a veros,
clavadme vos a vos en vuestro leño,
y tendréisme seguro con tres clavos.

Muere la vida, y vivo yo sin vida,
ofendiendo la vida de mi muerte.
Sangre divina de las venas vierte,
y mi diamante su dureza olvida.

Está la majestad de Dios tendida
en una dura cruz, y yo de suerte
que soy de sus dolores el más fuerte,
y de su cuerpo la mayor herida.

¡Oh duro corazón de mármol frío!,
¿tiene tu Dios abierto el lado izquierdo,
y no te vuelves un copioso río?

Morir por él será divino acuerdo;
mas eres tú mi vida, Cristo mío,
y como no la tengo, no la pierdo.

————

Qué tengo yo, que mi amistad procuras?
¿Qué interés se te sigue, Jesús mío,
que a mi puerta cubierto de rocío
pasas las noches del invierno escuras?

¡Oh cuánto fueron mis entrañas duras,
pues no te abrí! ¡Qué extraño desvarío,
si de mi ingratitud el hielo frío
secó las llagas de tus plantas puras!

¡Cuántas veces el Ángel me decía:
«Alma, asómate agora a la ventana,
verás con cuánto amor llamar porfía»!

¡Y cuántas, hermosura soberana,
«Mañana le abriremos», respondía,
para lo mismo responder mañana!

*Y*o me muero de amor —que no sabía,
  aunque diestro en amar cosas del suelo—;
que no pensaba yo que amor del cielo
con tal rigor las almas encendía.

Si llama la mortal filosofía
deseo de hermosura a amor, recelo
que con mayores ansias me desvelo,
cuanto es más alta la belleza mía.

Amé en la tierra vil, ¡qué necio amante!
¡Oh luz del alma, habiendo de buscaros,
qué tiempo que perdí como ignorante!

Mas yo os prometo agora de pagaros
con mil siglos de amor cualquiera instante
que, por amarme a mí, dejé de amaros.

———————

*O*h quién muriera por tu amor, ardiendo
  en vivas llamas, dulce Jesús mío,
y que las aumentara aquel rocío
que viene de los ojos procediendo!

¡Oh quién se hiciera un Etna despidiendo
vivas centellas deste centro frío,
o fuera de su sangre el hierro impío
de un africano bárbaro cubriendo!

Este deseo, que a morir se atreve,
recibe Tú, pues la ocasión venida,
bien sabes que no fuera intento aleve.

¿Y qué mucho que amor la muerte pida?
Pues no era muerte, sino puente breve
que me pasara a ti, mi eterna vida.

No sabe qué es amor quien no te ama,
    celestial hermosura, esposo bello;
tu cabeza es de oro, y tu cabello
como el cogollo que la palma enrama.

Tu boca como lirio que derrama
licor al alba; de marfil tu cuello;
tu mano el torno y en su palma el sello
que el alma por disfraz jacintos llama.

¡Ay Dios!, ¿en qué pensé cuando, dejando
tanta belleza y las mortales viendo,
perdí lo que pudiera estar gozando?

Mas si del tiempo que perdí me ofendo,
tal prisa me daré, que un hora amando
venza los años que pasé fingiendo.

————

Oh vida de mi vida, Cristo santo!
    ¿adónde voy de tu hermosura huyendo?
¿Cómo es posible que tu rostro ofendo,
que me mira bañado en sangre y llanto?

A mí mismo me doy confuso espanto
de ver que me conozco, y no me enmiendo;
ya el Ángel de mi guarda está diciendo
que me avergüence de ofenderte tanto.

Detén con esas manos mis perdidos
pasos, mi dulce amor; ¿mas de qué suerte
las pide quien las clava con las suyas?

¡Ay Dios!, ¿adónde estaban mis sentidos,
que las espaldas pude yo volverte,
mirando en una cruz por mí las tuyas?

[...] *Ven, muerte, tan escondida,*
que no te sienta venir,
porque el placer del morir
no me vuelva a dar la vida.

GLOSA

Muerte, si mi esposo muerto,
no eres Muerte, sino muerta;
abrevia tu paso incierto,
pues de su gloria eres puerta
y de mi vida eres puerto.
Descubriendo tu venida,
y encubriendo el rigor fuerte
como quien viene a dar vida,
aunque disfrazada en muerte,
ven, muerte, tan escondida.

En Cristo mi vida veo,
y mi muerte en tu tardanza;
ya desatarme deseo,
y de la fe y esperanza
hacer el último empleo.
Si hay en mí para morir,
algo natural, oh muerte,
difícil de dividir,
entra por mi amor de suerte
que no te sienta venir.

Y si preguntarme quieres,
muerte perezosa y larga,
porque para mí lo eres,
pues con tu memoria amarga
tantos disgustos adquieres,
ven presto, que con venir
el porqué podrás saber,
y vendrá a ser al partir,
pues el morir es placer,
porque el placer del morir.

Y es este placer de suerte,
que temo, muerte, que allí
le alargue otra vida el verte,
porque serás muerte en mí,
si eres vida por ser muerte.
Mas, mi Dios, si, desasida
vuelo destos lazos fuertes,
ver la esperanza cumplida
vuélvame a dar muchas muertes,
no me vuelva a dar la vida. [...]

Amarylis

[...] Como entre el humo y poderosa llama
del emprendido fuego discurriendo
sin orden, éste ayuda, aquél derrama
el agua antes del fuego, el fuego huyendo;
o como en monte va de rama en rama
con estallidos fieros repitiendo
quejas de los arroyos, que quisieran
que se acercaran y favor les dieran;

en no menos rigor turbados miro
de Amarylis pastoras y vaqueros,
y allí expirando, ¡ay Dios!, ¿Cómo no expiro,
osando referir males tan fieros?
Estaban en el último suspiro
aquellos dos clarísimos luceros,
mas sin faltar, hasta morir hermosa,
nieve al jazmín, ni púrpura a la rosa.

Llego a la cama, la color perdida,
y en la arteria vocal la voz suspensa,
que apenas pude ver restituida
por la grandeza de la pena inmensa;
pensé morir viendo morir mi vida,
pero mientras salir el alma piensa,
vi que las hojas del clavel movía,
y detúvose a ver qué me decía.

Mas, ¡ay de mí!, que fue para engañarme,
para morirse, sin que yo muriese,
o para no tener culpa en matarme,
porque aun allí su amor se conociese;
tomé su mano, en fin, para esforzarme,
mas, como ya dos veces nieve fuese,
templó en mi boca aquel ardiente fuego,
y en un golfo de lágrimas me anego.

Como suelen morir fogosos tiros,
resplandeciendo por el aire vano
de las centellas que en ardientes giros
resultan de la fragua de Vulcano,
así quedaban muertos mis suspiros
entre la nieve de su helada mano;
así me halló la luz, si ser podía
que, muerto ya mi sol, me hallase el día.

Salgo de allí con erizado espanto,
corriendo el valle, el soto, el prado, el monte,
dando materia de dolor a cuanto
ya madrugaba el sol por su horizonte.
«Pastores, aves, fieras, haced llanto,
ninguno de la selva se remonte»,
iba diciendo; y a mi voz, turbados,
secábanse las fuentes y los prados.

No quedó sin llorar pájaro en nido,
pez en el agua ni en el monte fiera,
flor que a su pie debiese haber nacido
cuando fue de sus prados primavera;
lloró cuanto es amor, hasta el olvido
a amar volvió, porque llorar pudiera,
y es la locura de mi amor tan fuerte,
que pienso que lloró también la muerte. [...]

Romance

*A*mis soledades voy,
de mis soledades vengo,
porque para andar conmigo
me bastan mis pensamientos.

No sé qué tiene la aldea
donde vivo y donde muero,
que con venir de mí mismo
no puedo venir más lejos.

Ni estoy bien ni mal conmigo,
mas dice mi entendimiento
que un hombre que todo es alma
está cautivo en su cuerpo.

Entiendo lo que me basta,
y solamente no entiendo
cómo se sufre a sí mismo
un ignorante soberbio.

De cuantas cosas me cansan,
fácilmente me defiendo;
pero no puedo guardarme
de los peligros de un necio.

Él dirá que yo lo soy,
pero con falso argumento;
que humildad y necedad
no caben en un sujeto. [...]

Soneto

S uelta mi manso, mayoral extraño,
   pues otro tienes de tu igual decoro;
deja la prenda que en el alma adoro,
perdida por tu bien y por mi daño.

Ponle su esquila de labrado estaño,
y no le engañen tus collares de oro;
toma en albricias este blanco toro,
que a las primeras hierbas cumple un año.

Si pides señas, tiene el vellocino
pardo encrespado, y los ojuelos tiene
como durmiendo en regalado sueño.

Si piensas que no soy su dueño, Alcino,
suelta, y verásle si a mi choza viene:
que aún tienen sal las manos de su dueño.

A la muerte de Carlos Félix

Este de mis entrañas dulce fruto,
con vuestra bendición, oh Rey eterno,
ofrezco humildemente a vuestras aras;
que si es de todos el mejor tributo
un puro corazón humilde y tierno,
y el más precioso de las prendas caras,
no las aromas raras
entre olores fenicios
y licores sabeos,
os rinden mis deseos,
por menos olorosos sacrificios,
sino mi corazón, que Carlos era;
que en el que me quedó, menos os diera.

Diréis, Señor, que en daros lo que es vuestro
ninguna cosa os doy, y que querría
hacer virtud necesidad tan fuerte,
y que no es lo que siento lo que muestro,
pues anima su cuerpo el alma mía,
y se divide entre los dos la muerte.
Confieso que de suerte
vive a la suya asida,
que cuanto a la vil tierra,
que el ser mortal encierra,
tuviera más contento de su vida;
mas cuanto al alma, ¿qué mayor consuelo
que lo que pierdo yo me gane el cielo? [...]

FRANCISCO DE QUEVEDO

Nace en Madrid en 1580;
muere en Villanueva de los Infantes (Ciudad Real) en 1645

Amor constante más allá de la muerte

Cerrar podrá mis ojos la postrera
sombra que me llevare el blanco día,
y podrá desatar esta alma mía
hora a su afán ansioso lisonjera;

mas no, de esotra parte, en la ribera,
dejará la memoria, en donde ardía:
nadar sabe mi llama la agua fría,
y perder el respeto a ley severa.

Alma a quien todo un dios prisión ha sido,
venas que humor a tanto fuego han dado,
medulas que han gloriosamente ardido,

su cuerpo dejarán, no su cuidado;
serán ceniza, mas tendrá sentido;
polvo serán, mas polvo enamorado.

A Filis, que suelto el cabello lloraba ausencias de su pastor

*O*ndea el oro en hebras proceloso,
   corre el humor en perlas hilo a hilo,
juntó la pena el Tajo con el Nilo,
éste creciente cuanto aquél precioso.

Tal el cabello, tal el rostro hermoso
asiste en Filis al doloroso estilo,
cuando por las ausencias de Batilo,
uno derrama rico, otro lloroso.

Oyó gemir con músico lamento
y mustia y ronca voz, tórtola amante,
amancillando querellosa el viento;

dijo: «Si imitas mi dolor constante
eres lisonja dulce de mi acento;
si le compites, no es tu mal bastante.»

A Lisi, que en su cabello rubio tenía sembrados claveles carmesíes y por el cuello

*R*izas en ondas ricas del rey Midas,
   Lisi, el tacto precioso cuanto avaro;
arden claveles en tu cerco claro,
flagrante sangre, espléndidas heridas;

minas ardientes al jardín unidas
son milagro de amor, portento raro,
cuando Hibla matiza el mármol paro
y en su dureza flores ve encendidas.

Esos que en tu cabeza generosa
son cruenta hermosura y son agravio
a la melena rica y victoriosa,

dan al claustro de perlas, en tu labio,
elocuente rubí, púrpura hermosa,
ya sonoro clavel, ya coral sabio.

Compara a la yedra su amor, que causa parecidos efectos, adornando el árbol por donde sube y destruyéndolo

*E*sta yedra anudada que camina,
  y en verde laberinto comprehende
la estatura del álamo, que ofende,
pues cuanto le acaricia le arruina.

Si es abrazo o prisión no determina
la vista que al frondoso halago atiende;
el tronco sólo si es favor entiende,
o cárcel que le esconde y que le inclina.

¡Ay Lisi! Quién me viere enriquecido
con alta adoración de tu hermosura,
y de tan nobles penas asistido,

pregunte a mi pasión y a mi ventura
y sabrá que es pasión de mi sentido
lo que juzga blasón de mi locura.

Dice que el sol templa la nieve de los Alpes y los ojos de Lisi no templan el hielo de sus desdenes

Miro este monte que envejece enero,
y cana miro caducar con nieve
su cumbre, que aterido, oscuro y breve,
la mira el sol, que la pintó primero.

Veo que en muchas partes, lisonjero,
o regala sus hielos o los bebe;
que agradecido a su piedad se mueve
el músico cristal, libre y parlero.

Mas en los Alpes de tu pecho airado
no miro que tus ojos a los míos
regalen, siendo fuego, el hielo amado.

Mi propia llama multiplica fríos
y en mis cenizas mesmas ardo helado,
invidiando la dicha de estos ríos.

Quéjase de lo esquivo de su dama

*E*l amor conyugal de su marido
   su presencia en el pecho le revela;
teje de día en la curiosa tela
lo mesmo que de noche ha destejido.

Danle combates interés y olvido,
y de fe y esperanza se abroquela,
hasta que dando el viento en popa y vela,
le restituye el mar a su marido.

Ulises llega, goza a su querida,
que por gozarla un día dio veinte años
a la misma esperanza de un difunto.

Mas yo sé de una fiera embravecida
que veinte mil tejiera por mis daños,
y al fin mis daños son no verme un punto.

Las gracias de la que adora son ocasión de que viva y muera al mismo tiempo

*E*sa color de rosa y de azucena
   y ese mirar sabroso, dulce, honesto,
y ese hermoso cuello, blanco, inhiesto,
y boca de rubíes y perlas llena;

la mano alabastrina que encadena
al que más contra Amor está dispuesto,
y el más libre y tirano presupuesto
destierra de las almas y enajena.

Era rica y hermosa primavera,
cuyas flores de gracias y hermosura
ofendellas no puede el tiempo airado;

son ocasión que viva yo y que muera,
y son de mi descanso y mi ventura
principio y fin, y alivio del cuidado.

Aun en sueños le sirve de pesadumbre su amor

*S*oñé que el brazo de rigor armado,
Filis, alzabas contra el alma mía,
diciendo: «Éste será el postrero día
que ponga fin a tu vivir cansado.»

Y que luego, con golpe acelerado,
me dabas muerte en sombra de alegría,
y yo triste al infierno me partía,
viéndome ya del cielo desterrado.

Partí sin ver el rostro amado y bello,
mas despertóme deste sueño un llanto,
ronca la voz y crespo mi cabello.

Y lo que más en esto me dio espanto
es ver que fuese sueño algo de aquello
que me pudiera dar tormento tanto.

Contraposiciones y tormentos de su amor

*O*sar, temer, amar y aborrecerse,
alegre con la gloria, atormentarse;
de olvidar los trabajos olvidarse,
entre llamas arder sin encenderse;

con soledad entre las gentes verse
y de la soledad acompañarse;
morir continuamente, no acabarse,
perderse por hallar con qué perderse;

ser Fúcar de esperanzas sin ventura,
gastar todo el caudal en sufrimiento,
con cera conquistar la piedra dura,

son efectos de amor en mis tormentos;
nadie le llame dios, que es gran locura,
que más son de verdugo sus tormentos.

Definiendo el amor

*E*s hielo abrasador, es fuego helado,
  es herida que duele y no se siente,
es un soñado bien, un mal presente,
es un breve descanso muy cansado.

Es un descuido que nos da cuidado,
un cobarde con nombre de valiente,
un andar solitario entre la gente,
un amar solamente ser amado.

Es una libertad encarcelada,
que dura hasta el postrero parasismo,
enfermedad que crece si es curada.

Éste es el niño Amor, éste es tu abismo:
mirad cuál amistad tendrá con nada
el que en todo es contrario de sí mismo.

Preso en los laberintos del amor no puede ya lograr ventura

*T*ras arder siempre, nunca consumirse,
  y tras siempre llorar, nunca acosarme;
tras tanto caminar, nunca cansarme,
y tras siempre vivir, jamás morirme;

después de tanto mal, no arrepentirme;
tras tanto engaño, no desengañarme;
después de tantas penas, no alegrarme,
y tras tanto dolor, nunca reírme;

en tantos laberintos, no perderme,
ni haber tras tanto olvido recordado,
¿qué fin alegre puede prometerme?

Antes muerto estaré que escarmentado;
ya no pienso tratar de defenderme,
sino de ser de veras desdichado.

Hero y Leandro

Esforzóse pobre luz
a contrahacer el Norte,
a ser piloto el deseo,
a ser farol una torre.
Atrevióse a ser Aurora
una boca a medianoche,
a ser bajel un amante,
y dos ojos a ser soles.
Embarcó todas sus llamas
el Amor en este joven,
y caravana de fuego
navegó reinos salobres.
Nuevo prodigio del mar,
la admiraron los tritones:
con centellas, y no escamas,
el agua le desconoce.
Ya el mar le encubre enojado,
ya piadoso le socorre,
cuna de Venus le mece,
reino sin piedad le esconde.
Pretensión de mariposa
le descaminan los dioses:
intentos de salamandra
permiten que se malogren.
Si llora, crece su muerte,
que aun no le dejan que llore;
si ella suspira, le aumenta
vientos que le descomponen.
Armó el estrecho de Abido,
juntaron vientos feroces
contra una vida sin alma
un ejército de montes.
Indigna hazaña del golfo,
siendo amenaza del orbe,
juntarse con un cuidado
para contrastar a un hombre.
Entre la luz y la muerte
la vista dudosa pone;

grandes volcanes suspira
y mucho piélago sorbe.
Pasó el mar en un gemido
aquel espíritu noble:
ofensa le hizo Neptuno,
estrella le hizo Jove.
De los bramidos del Ponto
Hero formaba razones,
descifrando de la orilla
la confusión en sus voces.
Murió sin saber su muerte,
y expiraron tan conformes,
que el verle muerto añadió
la ceremonia del golpe.
De piedad murió la luz,
Leandro murió de amores,
Hero murió de Leandro,
y Amor de envidia murióse.

Amante agradecido a las lisonjas mentirosas de un sueño

*A*y, Floralba! Soñé que te... ¿Dirélo?
Sí, pues que sueño fue: que te gozaba.
¿Y quién, sino un amante que soñaba,
juntara tanto infierno a tanto cielo?

Mis llamas con tu nieve y con tu hielo,
cual suele opuestas flechas de su aljaba,
mezclaba Amor, y honesto las mezclaba,
como mi adoración en su desvelo.

Y dije: «Quiera Amor, quiera mi suerte,
que nunca duerma yo, si estoy despierto,
y que si duermo, que jamás despierte.»

Mas desperté del dulce desconcierto;
y vi que estuve vivo con la muerte,
y vi que con la vida estaba muerto.

Afectos varios de su corazón fluctuando en las ondas de los cabellos de Lisi

*E*n crespa tempestad del oro undoso,
nada golfos de luz ardiente y pura
mi corazón, sediento de hermosura,
si el cabello deslazas generoso.

Leandro, en mar de fuego proceloso,
su amor ostenta, su vivir apura;
Ícaro, en senda de oro mal segura,
arde sus alas por morir glorioso.

Con pretensión de Fénix, encendidas
sus esperanzas, que difuntas lloro,
intenta que su muerte engendre vidas.

Avaro y rico y pobre, en el tesoro,
el castigo y la hambre imita a Midas,
Tántalo en fugitiva fuente de oro.

GUSTAVO ADOLFO BÉCQUER

Nace en Sevilla en 1836;
muere en Madrid en 1870

Rimas

XII

*P*orque son, niña, tus ojos
  verdes como el mar te quejas;
verdes los tienen las náyades,
verdes los tuvo Minerva,
y verdes son las pupilas
de las hurís del profeta.

El verde es gala y ornato
del bosque en la primavera.
Entre sus siete colores
brillante el iris lo ostenta.
Las esmeraldas son verdes,
verde el color del que espera,
y las ondas del Océano,
y el laurel de los poetas.

Es tu mejilla temprana
rosa de escarcha cubierta,
en que el carmín de los pétalos
se ve al través de las perlas.

Y, sin embargo,
sé que te quejas
porque tus ojos
crees que la afean:
pues no lo creas.
Que parecen tus pupilas,
húmedas, verdes e inquietas,
tempranas hojas de almendro,
que al soplo del aire tiemblan.

Es tu boca de rubíes
purpúrea granada abierta,
que en el estío convida
a apagar la sed con ella.

Y, sin embargo,
sé que te quejas
porque tus ojos
crees que la afean:
pues no lo creas.
Que parecen, si enojada
tus pupilas centellean,
las olas del mar que rompen
en las cantábricas peñas.

Es tu frente, que corona
crespo el oro en ancha trenza,
nevada cumbre en que el día
su postrera luz refleja.

Y, sin embargo,
sé que te quejas
porque tus ojos
crees que la afean:
pues no lo creas.
Que entre las rubias pestañas,
junto a las sienes, semejan
broches de esmeralda y oro
que un blanco armiño sujetan.

Porque son, niña, tus ojos
verdes como el mar, te quejas;
quizá, si negros o azules
se tornasen, lo sintieras.

XV

Cendal flotante de leve bruma,
rizada cinta de blanca espuma,
      rumor sonoro
      de arpa de oro,
beso del aura, onda de luz,
      eso eres tú.

Tú, sombra aérea, que cuantas veces
voy a tocarte te desvaneces
como la llama, como el sonido,
como la niebla, como el gemido
      del lago azul.

En mar sin playas, onda sonante;
en el vacío, cometa errante;
      largo lamento
      del ronco viento,
ansia perpetua de algo mejor,
      eso soy yo.

¡Yo, que a tus ojos, en mi agonía,
los ojos vuelvo de noche y día;
yo, que incansable corro y demente
tras una sombra, tras la hija ardiente
      de una ilusión!

XVII

Hoy la tierra y los cielos me sonríen;
hoy llega al fondo de mi alma el sol;
hoy la he visto..., la he visto y me ha mirado...
      ¡Hoy creo en Dios!

XXI

Qué es poesía?», dices mientras clavas
      en mi pupila tu pupila azul.
¿Qué es poesía? ¿Y tú me lo preguntas?
      Poesía... eres tú.

XXIII

*P*or una mirada, un mundo;
   por una sonrisa, un cielo;
por un beso..., ¡yo no sé
qué te diera por un beso!

XXIX

*S*obre la falda tenía
   el libro abierto;
en mi mejilla tocaban
   sus rizos negros;
no veíamos las letras
   ninguno, creo;
mas guardábamos ambos
   hondo silencio.
¿Cuánto duró? Ni aun entonces
   pude saberlo.
Sólo sé que no se oía
   más que el aliento,
que apresurado escapaba
   del labio seco.
Sólo sé que nos volvimos
   los dos a un tiempo.
Y nuestros ojos se hallaron
   y sonó un beso. [...]

XXX

A somaba a sus ojos una lágrima
   y a mi labio una frase de perdón;
habló el orgullo y enjugó su llanto,
y la frase en mis labios expiró.

Yo voy por un camino, ella por otro;
pero al pensar en nuestro mutuo amor,
yo digo aún: «¿Por qué callé aquel día?»,
y ella dirá: «¿Por qué no lloré yo?»

XXXV

*N*o me admiró tu olvido! Aunque de un día
　　me admiró tu cariño mucho más;
porque lo que hay en mí que vale algo,
　　eso... ¡ni lo pudiste sospechar!

XXXVIII

*L*os suspiros son aire y van al aire.
　Las lágrimas son agua y van al mar.
Dime, mujer: cuando el amor se olvida,
　　¿sabes tú a dónde va?

XL

[...] *D*iscreta y casta luna,
　　copudos y altos olmos,
paredes de su casa,
umbrales de su pórtico,
callad y que el secreto
no salga de vosotros!
Callad que por mi parte
lo he olvidado todo;
y ella..., ella, ¡no hay máscara
semejante a su rostro!

XLI

*T*ú eras el huracán, y yo la alta
　　torre que desafía su poder.
¡Tenías que estrellarte o abatirme!...
　　¡No pudo ser!

Tú eras el Océano y yo la enhiesta
roca que firme aguarda su vaivén:
¡Tenías que romperte o que arrancarme!...
　　¡No pudo ser!

Hermosa tú, yo altivo; acostumbrados
una a arrollar, el otro a no ceder;
la senda estrecha, inevitable el choque...
　　¡No pudo ser!

LI

*D*e lo poco de vida que me resta,
dijera con gusto los mejores años
por saber lo que a otros
de mí has hablado.

Y esta vida mortal..., y de la eterna
lo que me toque, si me toca algo,
por saber lo que a solas
de mí has pensado.

LIII

*V*olverán las oscuras golondrinas
en tu balcón sus nidos a colgar,
y otra vez con el ala a sus cristales
jugando llamarán.
Pero aquéllas que el vuelo refrenaban,
tu hermosura y mi dicha al contemplar;
aquellas que aprendieron nuestros nombres,
ésas... ¡no volverán!

Volverán las tupidas madreselvas
de tu jardín las tapias a escalar,
y otra vez a la tarde, aún más hermosas,
sus flores se abrirán.
Pero aquellas cuajadas de rocío,
cuyas gotas mirábamos temblar
y caer, como lágrimas del día...
ésas... ¡no volverán!

Volverán del amor en tus oídos
las palabras ardientes a sonar;
tu corazón de su profundo sueño
tal vez despertará.
Pero mudo y absorto y de rodillas,
como se adora a Dios ante su altar,
como yo te he querido..., desengáñate:
¡así no te querrán!

LXXIX

*U*na mujer me ha envenenado el alma;
  otra mujer me ha envenenado el cuerpo;
ninguna de las dos vino a buscarme,
yo de ninguna de las dos me quejo.

Como el mundo es redondo, el mundo rueda.
Si mañana, rodando, este veneno
envenena a su vez, ¿por qué acusarme?
¿Puedo dar más de lo que a mí me dieron?

A CASTA

*T*u aliento es el aliento de las flores;
  tu voz es de los cisnes la armonía;
es tu mirada el esplendor del día,
y el color de la rosa es tu color.

Tú prestas nueva vida y esperanza
a un corazón para el amor ya muerto;
tú creces de mi vida en el desierto
como crece en un páramo la flor.

AMOR ETERNO

*P*odrá nublarse el sol eternamente;
  podrá secarse en un instante el mar;
podrá romperse el eje de la tierra
    como un débil cristal.

¡Todo sucederá! Podrá la muerte
cubrirme con su fúnebre crespón;
pero jamás en mí podrá apagarse
    la llama de tu amor.

*P*ara que los leas con tus ojos grises,
   para que los cantes con tu clara voz,
para que llenen de emoción tu pecho,
     hice mis versos yo.

Para que encuentren en tu pecho asilo
y les des juventud, vida y calor,
tres cosas que yo ya no puedo darles,
     hice mis versos yo.

Para hacerte gozar con mi alegría,
para que sufras tú con mi dolor,
para que sientas palpitar mi vida,
     hice mis versos yo.

Para poder poner ante tus plantas
la ofrenda de mi vida y de mi amor,
con alma, sueños rotos, risas, lágrimas,
     hice mis versos yo.

RUBÉN DARÍO

Nace en Metapa (Nicaragua) en 1867;
muere en León (Nicaragua) en 1916

Margarita

*R*ecuerdas que querías ser una Margarita
Gautier? Fijo en mi mente tu extraño rostro está,
cuando cenamos juntos, en la primera cita,
en una noche alegre que nunca volverá.

Tus labios escarlatas de púrpura maldita
sorbían el champaña del fino baccarat;
tus dedos deshojaban la blanca margarita:
«Sí... no... sí... no...» ¡y sabías que te adoraba ya!

Después, ¡oh flor de Histeria!, llorabas y reías;
tus besos y tus lágrimas tuve en mi boca yo;
tus risas, tus fragancias, tus quejas eran mías.

Y en una tarde triste de los más dulces días,
la Muerte, la celosa, por ver si me querías,
¡como a una margarita de amor te deshojó!

Era un aire suave...

*E*ra un aire suave, de pausados giros,
el hada Harmonía ritmaba sus vuelos,
e iban frases vagas y tenues suspiros
entre los sollozos de los violoncelos.

Sobre la terraza, junto a los ramajes,
diríase un trémolo de liras eolias
cuando acariciaban los sedosos trajes,
sobre el tallo erguidas las blancas magnolias.

La marquesa Eulalia risas y desvíos
daba a un tiempo mismo para dos rivales:
el vizconde rubio de los desafíos
y el abate joven de los madrigales.

Cerca, coronado con hojas de viña,
reía en su máscara Término barbudo,
y, como un efebo que fuese una niña,
mostraba una Diana su mármol desnudo.

Y bajo un boscaje del amor palestra,
sobre rico zócalo al modo de Jonia,
con un candelabro prendido en la diestra
volaba el Mercurio de Juan de Bolonia.

La orquesta perlaba sus mágicas notas,
un coro de sones alados se oía;
galantes pavanas, fugaces gavotas
cantaban los dulces violines de Hungría.

Al oír las quejas de sus caballeros
ríe, ríe, ríe la divina Eulalia,
pues son su tesoro las flechas de Eros,
el cinto de Cipria, la rueca de Onfalia.

¡Ay de quien sus mieles y frases recoja!
¡Ay de quien del canto de su amor se fíe!
Con sus ojos lindos y su boca roja,
la divina Eulalia ríe, ríe, ríe.

Tiene azules ojos, es maligna y bella;
cuando mira vierte viva luz extraña;
se asoma a sus húmedas pupilas de estrella
el alma del rubio cristal de Champaña.

Es noche de fiesta, y el baile de trajes
ostenta su gloria de triunfos mundanos.
La divina Eulalia, vestida de encajes,
una flor destroza con sus tersas manos.

El teclado harmónico de su risa fina
a la alegre música de un pájaro iguala,
con los *staccati* de una bailarina
y las locas fugas de una colegiala.

¡Amoroso pájaro que trinos exhala
bajo el ala a veces ocultando el pico;
que desdenes rudos lanza bajo el ala,
bajo el ala aleve del leve abanico!

Cuando a medianoche sus notas arranque
y en arpegios áureos gima Filomela,
y el ebúrneo cisne, sobre el quieto estanque
como blanca góndola imprima su estela,

la marquesa alegre llegará al boscaje,
boscaje que cubre la amable glorieta,
donde han de estrecharla los brazos de un paje,
que siendo su paje será su poeta.

Al compás de un canto de artista de Italia
que en la brisa errante la orquesta deslíe,
junto a los rivales, la divina Eulalia,
la divina Eulalia ríe, ríe, ríe.

¿Fue acaso en el tiempo del rey Luis de Francia,
sol con corte de astros, en campos de azur
cuando los alcázares llenó de fragancia
la regia y pomposa rosa Pompadour?

¿Fue cuando la bella su falda cogía
con dedos de ninfa, bailando el minué,
y de los compases el ritmo seguía
sobre el tacón rojo, lindo y leve el pie?

¿O cuando pastoras de floridos valles
ornaban con cintas sus albos corderos,
y oían, divinas Tirsis de Versalles,
las declaraciones de sus caballeros?

¿Fue en ese buen tiempo de duques pastores,
de amantes princesas y tiernos galanes,
cuando entre sonrisas y perlas y flores
iban las casacas de los chambelanes?

¿Fue acaso en el Norte o en el Mediodía?
Yo el tiempo y el día y el país ignoro,
pero sé que Eulalia ríe todavía,
¡y es cruel y eterna su risa de oro!

Sonatina

*L*a princesa está triste... ¿qué tendrá la princesa?
Los suspiros se escapan de su boca de fresa,
que ha perdido la risa, que ha perdido el color.
La princesa está pálida en su silla de oro,
está mudo el teclado de su clave sonoro;
y en un vaso, olvidada, se desmaya una flor.

El jardín puebla el triunfo de los pavos-reales.
Parlanchina, la dueña dice cosas banales,
y, vestido de rojo, piruetea el bufón.
La princesa no ríe, la princesa no siente;
la princesa persigue por el cielo de Oriente
la libélula vaga de una vaga ilusión.

¿Piensa acaso en el príncipe de Golconda o de China,
o en el que ha detenido su carroza argentina
para ver de sus ojos la dulzura de luz?
¿O en el rey de las Islas de las Rosas fragantes,
o en el que es soberano de los claros diamantes,
o en el dueño orgulloso de las perlas de Ormuz?

¡Ay! La pobre princesa de la boca de rosa
quiere ser golondrina, quiere ser mariposa,
tener alas ligeras, bajo el cielo volar,
ir al sol por la escala luminosa de un rayo,
saludar a los lirios con los versos de mayo,
o perderse en el viento sobre el trueno del mar.

Ya no quiere el palacio, ni la rueca de plata,
ni el halcón encantado, ni el bufón escarlata,
ni los cisnes unánimes en el lago de azur.
Y están tristes las flores por la flor de la corte,
los jazmines de Oriente, los nelumbos del Norte,
de Occidente las dalias y las rosas del Sur.

¡Pobrecita princesa de los ojos azules!
Está presa en sus oros, está presa en sus tules,
en la jaula de mármol del palacio real,

el palacio soberbio que vigilan los guardas,
que custodian cien negros con sus cien alabardas,
un lebrel que no duerme y un dragón colosal.

¡Oh, quién fuera hipsipila que dejó la crisálida!
(La princesa está triste. La princesa está pálida.)
¡Oh visión adorada de oro, rosa y marfil!
¡Quién volara a la tierra donde un príncipe existe
(La princesa está pálida. La princesa está triste)
más brillante que el alba, más hermoso que abril!

«¡Calla, calla, princesa —dice el hada madrina—,
en caballo con alas, hacia acá se encamina,
en el cinto la espada y en la mano el azor,
el feliz caballero que te adora sin verte,
y que llega de lejos, vencedor de la Muerte,
a encenderte los labios con su beso de amor!»

Lo fatal

*D*ichoso el árbol que es apenas sensitivo,
  y más la piedra dura porque ésa ya no siente,
pues no hay dolor más grande que el dolor de ser vivo,
ni mayor pesadumbre que la vida consciente.

Ser, y no saber nada, y ser sin rumbo cierto,
y el temor de haber sido y un futuro terror...
Y el espanto seguro de estar mañana muerto,
y sufrir por la vida y por la sombra y por

lo que no conocemos y apenas sospechamos,
y la carne que tienta con sus frescos racimos,
y la tumba que aguarda con sus fúnebres ramos,
¡y no saber adónde vamos,
ni de dónde venimos!...

Blasón

El olímpico cisne de nieve
con el ágata rosa del pico
lustra el ala eucarística y breve
que abre al sol como un casto abanico.

De la forma de un brazo de lira
y del asa de un ánfora griega
es su cándido cuello que inspira
como prora ideal que navega.

Es el cisne, de estirpe sagrada,
cuyo beso, por campos de seda,
ascendió hasta la cima rosada
de las dulces colinas de Leda.

Blanco rey de la fuente Castalia,
su victoria ilumina el Danubio;
Vinci fue su barón en Italia;
Lohengrín es su príncipe rubio.

Su blancura es hermana del lino,
del botón de los blancos rosales
y del albo toisón diamantino
de los tiernos corderos pascuales.

Rimador de ideal florilegio,
es de armiño su lírico manto,
y es el mágico pájaro regio
que al morir rima el alma en un canto.

El lado aristócrata muestra
lises albos en campo de azur,
y ha sentido en sus plumas la diestra
de la amable y gentil Pompadour.

Boga y boga en el lago sonoro
donde el sueño a los tristes espera,
donde aguarda una góndola de oro
a la novia de Luis de Baviera.

Dad, Marquesa, a los cisnes cariño,
dioses son de un país halagüeño
y hechos son de perfume, de armiño,
de luz alba, de seda y de sueño.

Leda

*E*l cisne en la sombra parece de nieve;
su pico es de ámbar, del alba al trasluz;
el suave crepúsculo que pasa tan breve
las cándidas alas sonrosa de luz.

Y luego, en las ondas del lago azulado,
después que la aurora perdió su arrebol,
las alas tendidas y el cuello enarcado,
el cisne es de plata, bañado de sol.

Tal es, cuando esponja las plumas de seda,
olímpico pájaro herido de amor,
y viola en las linfas sonoras a Leda,
buscando su pico los labios en flor.

Suspira la bella desnuda y vencida,
y en tanto que al aire sus quejas se van,
del fondo verdoso de fronda tupida
chispean turbados los ojos de Pan.

Madrigal exaltado

*D*ies irae, dies illa!
Solvet saeclum in favilla
cuando quema esa pupila!

La tierra se vuelve loca,
el cielo a la tierra invoca
cuando sonríe esa boca.

Tiemblan los lirios tempranos
y los árboles lozanos
al contacto de esas manos.

El bosque se encuentra estrecho
al egipán en acecho
cuando respira ese pecho.

Sobre los senderos, es
como una fiesta, después
que se han sentido esos pies;

y el Sol, sultán de orgullosas
rosas, dice a sus hermosas
cuando en primavera están:
¡Rosas, rosas, dadme rosas
para Adela Villagrán!

Amo, amas

A mar, amar, amar, amar siempre, con todo
el ser y con la tierra y con el cielo,
con lo claro del sol y lo obscuro del lodo;
Amar por toda ciencia y amar por todo anhelo.

Y cuando la montaña de la vida
nos sea dura y larga y alta y llena de abismos,
amar la inmensidad que es de amor encendida
¡y arder en la fusión de nuestros pechos mismos!

Abrojos

L loraba en mis brazos vestida de negro,
se oía el latido de su corazón,
cubríanle el cuello los rizos castaños
y toda temblaba de miedo y de amor.
¿Quién tuvo la culpa? La noche callada.
Ya iba a despedirme. Cuando dije «¡Adiós!»,
ella, sollozando, se abrazó a mi pecho
bajo aquel ramaje del almendro en flor.
Velaron las nubes la pálida luna...
Después, tristemente lloramos los dos.

Abrojos

Que lloras? Lo comprendo.
Todo concluido está.
Pero no quiero verte,
alma mía, llorar.
Nuestro amor, siempre, siempre...
Nuestras bodas... jamás.
¿Quién es ese bandido
que se vino a robar
tu corona florida
y tu velo nupcial?
Mas no, no me lo digas,
no lo quiero escuchar.
Tu nombre es Inocencia
y el de él es Satanás.
Un abismo a tus plantas,
una mano procaz
que te empuja; tú ruedas,
y mientras tanto, va
el ángel de tu guarda
triste y solo a llorar.
Pero ¿por qué derramas
tantas lágrimas?... ¡Ah!
Sí, todo lo comprendo...
No, no me digas más.

Carne celeste...

Carne, celeste carne de la mujer! Arcilla
—dijo Hugo—, ambrosía más bien, ¡oh maravilla!,
la vida se soporta,
tan doliente y tan corta,
solamente por eso:
¡roce, mordisco o beso
en ese pan divino
para el cual nuestra sangre es nuestro vino!
En ella está la lira,
en ella está la rosa,
en ella está la ciencia armoniosa,
en ella se respira
el perfume vital de toda cosa. [...]

Canción de Otoño en Primavera

Juventud, divino tesoro,
¡ya te vas para no volver!
Cuando quiero llorar, no lloro...
y a veces lloro sin querer...

Plural ha sido la celeste
historia de mi corazón.
Era una dulce niña, en este
mundo de duelo y aflicción.

Miraba como el alba pura;
sonreía como una flor.
Era su cabellera oscura
hecha de noche y de dolor.

Yo era tímido como un niño.
Ella, naturalmente, fue,
para mi amor hecho de armiño,
Herodías y Salomé...

Juventud, divino tesoro,
¡ya te vas para no volver!
Cuando quiero llorar, no lloro...
y a veces lloro sin querer...

Y más consoladora y más
halagadora y expresiva,
la otra fue más sensitiva
cual no pensé encontrar jamás.

Pues a su continua ternura
una pasión violenta unía.
En un peplo de gasa pura
una bacante se envolvía...

En sus brazos tomó mi ensueño
y lo arrulló como a un bebé...
y le mató, triste y pequeño,
falto de luz, falto de fe...

Juventud, divino tesoro,
¡te fuiste para no volver!
Cuando quiero llorar, no lloro...
y a veces lloro sin querer...

Otra juzgó que era mi boca
el estuche de su pasión;
y que me roería, loca,
con sus dientes el corazón,

poniendo en un amor de exceso
la mira de su voluntad,
mientras eran abrazo y beso
síntesis de la eternidad;

y de nuestra carne ligera
imaginar siempre un Edén,
sin pensar que la Primavera
y la carne acaban también...

Juventud, divino tesoro,
¡ya te vas para no volver!
Cuando quiero llorar, no lloro...
y a veces lloro sin querer.

¡Y las demás! En tantos climas,
en tantas tierras siempre son,
si no pretextos de mis rimas
fantasmas de mi corazón.

En vano busqué a la princesa
que estaba triste de esperar.
La vida es dura. Amarga y pesa.
¡Ya no hay princesa que cantar!

Mas a pesar del tiempo terco,
mi sed de amor no tiene fin;
con el cabello gris, me acerco
a los rosales del jardín...

Juventud divino tesoro,
¡ya te vas para no volver!
Cuando quiero llorar, no lloro...
y a veces lloro sin querer...

¡Mas es mía el Alba de oro!

JUAN RAMÓN JIMÉNEZ

Nace en Moguer (Huelva) en 1881;
muere en San Juan de Puerto Rico en 1958

Nocturnos

Yo no volveré. Y la noche
  tibia, serena y callada,
dormirá el mundo, a los rayos
de su luna solitaria.

Mi cuerpo no estará allí,
y por la abierta ventana
entrará una brisa fresca
preguntando por mi alma.

No sé si habrá quien me aguarde
de mi noble ausencia larga,
o quien bese mi recuerdo
entre caricias y lágrimas.

Pero habrá estrellas y flores,
y suspiros y esperanzas,
y amor en las avenidas,
a la sombra de las ramas.

Y sonará ese piano
como en esta noche plácida,
y no tendrá quien lo escuche,
pensativo, en mi ventana.

Jardines místicos

SIN SENTIDO

*M*ira, la luna es de plata
sobre los jeranios rosas;
mira, María, la luna
es de plata melancólica.

Mira, el jazmín verde y blanco
ya va afinando su aroma,
entre la maraña de
sombras azules y hojas.

—Es el jazmín... Es la luna...
Aún los jeranios son rosas.
Mira, el jazmín está triste,
y la luna, melancólica—.

Tu corazón y mi alma
yerran solos por la sombra
de esta larga tarde azul,
tarde doliente de aromas...

Y ya está hablando el jazmín
con tu alma..., y ya mis hojas
están de plata, a la luz
de la luna melancólica.

Jardines dolientes

*T*ú me mirarás llorando
      —será el tiempo de las flores—,
tú me mirarás llorando,
y yo te diré: —No llores.

Mi corazón, lentamente,
se irá durmiendo... Tu mano
acariciará la frente
sudorosa de tu hermano...

Tú me mirarás sufriendo,
yo sólo tendré tu pena;
tú me mirarás sufriendo,
tú, hermana, que eres tan buena.

Y tú me dirás: —¿Qué tienes?
Y yo miraré hacia el suelo.
Y tú me dirás: —¿Qué tienes?
Y yo miraré hacia el cielo.

Y yo me sonreiré
      —y tú estarás asustada—,
y yo me sonreiré
para decirte: —No es nada...

Parque doble

De prisa.

*H*ay arañas carceleras
de los bosques encantados?
... Y los troncos, a la lumbre
que decae, van pasando...

Por la sombra, medias almas,
todo piensa, en jesto lánguido
—alejado sueño fijo
de fantásticos acuarios—;
araucarias, magnolieros,
tilos, chopos, lilas, plátanos
—ramas de humo, mustias nieblas—,
aguas ciegas —plata, rasos...—

¡Oh, qué dulce es la penumbra!
—Me parece que mi llanto
ha posado su rocío
bajo todo el parque...— Yo amo
estos fondos de las tardes
—grises viejos, hondos, magos—
que entreabren el secreto
de los parques y los campos.

En su tenue opacidad,
se desnuda lo más almo;
y las rosas son más rosas
—y hay más besos en los labios—,
y hay más verdes en las yerbas
—y más joyas en las manos—,
y amarillos, y celestes,
y violetas ignorados.

—Una fábula de idilios
y de cuentos tristes, bajo
¿la pomposa cobrería?
de los árboles románticos.

¿Todo muerto? Todo un éstasis
—chorro, helechos, musgo, charco,

las hojitas verdes, finos
corazones que han volado—.

Todo oculto, ¿de qué? Todo,
como huido aquí, llevando
una vida defendida
por las redes del abajo.

Un esmalte de oros lentos,
un ensueño de hechos blancos
—¿gnomos, sátiros, ofelias?,
voces vagas, ojos trájicos...—

Pero el cielo... El cielo no
puede ser para este encanto:
el jardín está partido
a la altura de los brazos;
y el cenit se va rompiendo
de hoja en hoja... Sólo un algo
de amatista, ¿de qué mundo?,
de oro ignoto, de azul májico:
una luz de pesadilla
sobre los helechos blandos;
una nieve de sol: no, un
sol de luna; ¿estrellas, nardos?...

... ¡El sendero! Entre los cirros
de los cielos arrobados,
la arboleda alta —¡tiernos
píos de los vagos pájaros,
que estaban, sobre nosotros,
tan bajos, también tan altos!—
nuestra frente está amarilla,
frente al oro del ocaso.

Recogimiento

¡AMOR!...

*D*e tanto caminar por los alcores
agrios de mi vivir cansado y lento,
mi desencadenado pie sangriento
no gusta ya de ir entre las flores.

¡Qué bien se casan estos campeadores:
el pie que vence y el entendimiento!
El recio corazón, ¡con qué contento
piensa en mayo, brotado de dolores!

Es ya el otoño, y el yermo y puro
sendero de mi vida sin fragancia,
la hoja seca me dora la cabeza...

¡Amor! ¡Amor! ¡Que abril se torna oscuro!
¡Que no cojo al verano su abundancia!
¡Que encuentro ya divina mi tristeza!

Piedra y cielo

EL POEMA

*N*o le toques ya más,
que así es la rosa!

Adolescencia

*E*n el balcón, un instante
nos quedamos los dos solos.
Desde la dulce mañana
de aquel día, éramos novios.

—El paisaje soñoliento
dormía sus vagos tonos,

bajo el cielo gris y rosa
del crepúsculo de otoño—.

Le dije que iba a besarla;
bajó, serena, los ojos
y me ofreció sus mejillas,
como quien pierde un tesoro.

—Caían las hojas muertas
en el jardín silencioso,
y en el aire erraba aún
un perfume de heliotropos—.

No se atrevía a mirarme;
le dije que éramos novios,
... y las lágrimas rodaron
de sus ojos melancólicos.

Con lilas llenas de agua

*C*on lilas llenas de agua,
le golpeé las espaldas.

Y toda su carne blanca
se enjoyó de gotas claras.

¡Ay, fuga mojada y cándida,
sobre la arena perlada!

—La carne moría, pálida,
entre los rosales granas;
como manzana de plata,
amanecida de escarcha—.

Corría, huyendo del agua,
entre los rosales granas.

Y se reía, fantástica.
La risa se le mojaba.

Con lilas llenas de agua,
corriendo, la golpeaba...

El viaje definitivo

Y yo me iré. Y se quedarán los pájaros
   cantando;
y se quedará mi huerto, con su verde árbol,
y con su pozo blanco.

Todas las tardes, el cielo será azul y plácido;
y tocarán, como esta tarde están tocando,
las campanas del campanario.

Se morirán aquellos que me amaron;
y el pueblo se hará nuevo cada año;
y en el rincón aquel de mi huerto florido y encalado,
mi espíritu errará, nostáljico...

Y yo me iré; y estaré solo, sin hogar, sin árbol
verde, sin pozo blanco,
sin cielo azul y plácido...
Y se quedarán los pájaros cantando.

Retorno fugaz

C ómo era, Dios mío, cómo era?
   —¡Oh corazón falaz, mente indecisa!—
¿Era como el pasaje de la brisa?
¿Como la huida de la primavera?

Tan leve, tan voluble, tan lijera
cual estival vilano... ¡Sí! Imprecisa
como sonrisa que se pierde en risa...
¡Vana en el aire, igual que una bandera!

¡Bandera, sonreír, vilano, alada
primavera de junio, brisa pura...
¡Qué loco fue tu carnaval, qué triste!

Todo tu cambiar trocóse en nada
—¡memoria, ciega abeja de amargura!—
¡No sé cómo eras, yo que sé qué fuiste!

Octubre

*E*staba echado yo en la tierra, enfrente
del infinito campo de Castilla,
que el otoño envolvía en la amarilla
dulzura de su claro sol poniente.

Lento, el arado, paralelamente
abría el haza oscura, y la sencilla
mano abierta dejaba la semilla
en su entraña partida honradamente.

Pensé arrancarme el corazón, y echarlo,
pleno de su sentir alto y profundo,
al ancho surco del terruño tierno;

a ver si con romperlo y con sembrarlo,
la primavera le mostraba al mundo
el árbol puro del amor eterno.

Soledad

*E*n ti estás todo, mar, y sin embargo,
¡qué sin ti estás, qué solo,
qué lejos, siempre, de ti mismo!

Abierto en mil heridas, cada instante,
cual mi frente,
tus olas van, como mis pensamientos,
y vienen, van y vienen,
besándose, apartándose,
en un eterno conocerse,
mar, y desconocerse.

Eres tú, y no lo sabes,
tu corazón te late, y no lo siente...
¡Qué plenitud de soledad, mar solo!

*I*ntelijencia, dame
el nombre exacto de las cosas!
... Que mi palabra sea
la cosa misma
creada por mi alma nuevamente.
Que por mí vayan todos
los que no las conocen, a las cosas;
que por mí vayan todos
los que ya las olvidan, a las cosas;
que por mí vayan todos
los mismos que las aman, a las cosas...
¡Intelijencia, dame
el nombre exacto, y tuyo,
y suyo, y mío, de las cosas!

*V*ino, primero pura,
vestida de inocencia;
y la amé como un niño.

Luego se fue vistiendo
de no sé qué ropajes;
y la fui odiando, sin saberlo.

Llegó a ser una reina,
fastuosa de tesoros...
¡Qué iracundia de yel y sin sentido!

... Mas se fue desnudando.
Y yo le sonreía.

Se quedó con la túnica
de su inocencia antigua.
Creí de nuevo en ella.

Y se quitó la túnica,
y apareció desnuda toda...
¡Oh pasión de mi vida, poesía
desnuda, mía para siempre!

El nombre conseguido de los nombres

Si yo, por ti, he creado un mundo para ti,
    dios, tú tenías seguro que venir a él,
y tú has venido a él, a mí seguro,
porque mi mundo todo era mi esperanza.

Yo he acumulado mi esperanza
en lengua, en nombre hablado, en nombre escrito;
a todo yo le había puesto nombre
y tú has tomado el puesto
de toda esta nombradía.

Ahora puedo yo detener ya mi movimiento,
como la llama se detiene en ascua roja
con resplandor de aire inflamado azul,
en el ascua de mi perpetuo estar y ser;
ahora yo soy ya mi mar paralizado,
el mar que yo decía, mas no duro,
paralizado en olas de conciencia en luz
y vivas hacia arriba todas, hacia arriba.

Todos los nombres que yo puse
al universo que por ti me recreaba yo,
se me están convirtiendo en uno y en un
dios.

El dios que es siempre al fin,
el dios creado y recreado y recreado
por gracia y sin esfuerzo.
El Dios. El nombre conseguido de los nombres.

Aria triste

Cuando la mujer está,
    todo es, tranquilo, lo que es
—la llama, la flor, la música—.
Cuando la mujer se fue
—la luz, la canción, la llama—,
¡todo! es, loco, la mujer.

Sol en el camarote

(Vistiéndome, mientras cantan,
en trama fresca, los canarios
de la cubana y del peluquero,
a un sol momentáneo.)

*A*mor, rosa encendida,
¡bien tardaste en abrirte!
La lucha te sanó,
y ya eres invencible.

Sol y agua anduvieron
luchando en ti, en un triste
trastorno de colores...
¡Oh días imposibles!

Nada era, más que instantes,
lo que era siempre. Libre,
estaba presa el alma.
—A veces, el arco iris
lucía brevemente
cual un preludio insigne...—

Mas tu capullo, rosa,
dudaba más. Tuviste
como convalecencias
de males infantiles.
Pétalos amarillos
dabas en tu difícil
florecer... ¡Río inútil,
dolor, cómo corriste!

Hoy, amor, frente a frente
del sol, con él compites,
y no hay fulgor que copie
tu lucimiento virjen.
¡Amor, juventud sola!
¡Amor, fuerza en su orijen!
¡Amor, mano dispuesta
a todo alzar difícil!
¡Amor, mirar abierto,
voluntad indecible!

VICENTE ALEIXANDRE

Nace en Sevilla en 1898;
muere en Madrid en 1984

Unidad en ella

Cuerpo feliz que fluye entre mis manos,
rostro amado donde contemplo el mundo,
donde graciosos pájaros se copian fugitivos,
volando a la región donde nada se olvida.

Tu forma externa, diamante o rubí duro,
brillo de un sol que entre mis manos deslumbra,
cráter que me convoca con su música íntima,
con esa indescifrable llamada de tus dientes.

Muero porque me arrojo, porque quiero morir,
porque quiero vivir en el fuego, porque este aire de fuera
no es mío, sino el caliente aliento
que si me acerco quema y dora mis labios desde un fondo.

Deja, deja que mire, teñido del amor,
enrojecido el rostro por tu purpúrea vida,
deja que mire el hondo clamor de tus entrañas
donde muero y renuncio a vivir para siempre.

Quiero amor o la muerte, quiero morir del todo,
quiero ser tú, tu sangre, esa lava rugiente
que regando encerrada bellos miembros extremos
siente así los hermosos límites de la vida.

Este beso en tus labios como una lenta espina,
como un mar que voló hecho un espejo,
como el brillo de un ala,
es todavía unas manos, un repasar de tu crujiente pelo,
un crepitar de la luz vengadora,
luz o espada mortal que sobre mi cuello amenaza,
pero que nunca podrá destruir la unidad de este mundo.

Nacimiento del amor

¿Cómo nació el amor? Fue ya en otoño.
Maduro el mundo,
no te aguardaba ya. Llegaste alegre,
ligeramente rubia, resbalando en lo blando
del tiempo. Y te miré. ¡Qué hermosa
me pareciste aún, sonriente, vívida,
frente a la luna aún niña, prematura en la tarde,
sin luz, graciosa en aires dorados; como tú,
que llegabas sobre el azul, sin beso,
pero con dientes claros, con impaciente amor!

Te miré. La tristeza
se encogía a lo lejos, llena de paños largos,
como un poniente graso que sus ondas retira.
Casi una lluvia fina —¡el cielo, azul!— mojaba
tu frente nueva. ¡Amante, amante era el destino
de la luz! Tan dorada te miré que los soles
apenas se atrevían a insistir, a encenderse
por ti, de ti, a darte siempre
su pasión luminosa, ronda tierna
de soles que giraban en torno a ti, astro dulce,
en torno a un cuerpo casi transparente, gozoso,
que empapa luces húmedas, finales, de la tarde
y vierte, todavía matinal, sus auroras.

Eras tú, amor, destino, final amor luciente,
nacimiento penúltimo hacia la muerte acaso.
Pero no. Tú asomaste. ¿Eras ave, eras cuerpo,
alma sólo? Ah, tu carne traslúcida
besaba como dos alas tibias,
como el aire que mueve un pecho respirando,
y sentí tus palabras, tu perfume,
y en el alma profunda, clarividente
diste fondo. Calado de ti hasta el tuétano de la luz,
sentí tristeza, tristeza del amor: amor es triste.
En mi alma nacía el día. Brillando
estaba de ti; tu alma en mí estaba.
Sentí dentro, en mi boca, el sabor a la aurora.

Mis ojos dieron su dorada verdad. Sentí a los pájaros
en mi frente piar, ensordeciendo
mi corazón. Miré por dentro
los ramos, las cañadas luminosas, las alas variantes,
y un vuelo de plumajes de color, de encendidos
presentes me embriagó, mientras todo mi ser a un mediodía,
raudo, loco, creciente se incendiaba
y mi sangre ruidosa se despeñaba en gozos
de amor, de luz, de plenitud, de espuma.

Mano entregada

*P*ero otro día toco tu mano. Mano tibia.
   Tu delicada mano silente. A veces cierro
mis ojos y toco leve tu mano, leve toque
que comprueba su forma, que tienta
su estructura, sintiendo bajo la piel alada el duro hueso
insobornable, el triste hueso adonde no llega nunca
el amor. Oh carne dulce, que sí se empapa del amor
   hermoso.

Es por la piel secreta, secretamente abierta,
   invisiblemente entreabierta,
por donde el calor tibio propaga su voz, su afán dulce:
por donde mi voz penetra hasta tus venas tibias,
para rodar por ellas en tu escondida sangre,
como otra sangre que sonara oscura, que dulcemente
   oscura te besara
por dentro, recorriendo despacio como sonido puro
ese cuerpo, que ahora resuena mío, mío poblado de
   unas voces profundas,
oh resonado cuerpo de mi amor, oh, poseído cuerpo, oh
   cuerpo sólo sonido de mi voz poseyéndole.

Por eso, cuando acaricio tu mano, sé que sólo el
   hueso rehúsa
mi amor —el nunca incandescente hueso del hombre.
Y que una zona triste de tu ser se rehúsa,
mientras tu carne entera llega un instante lúcido

en que total flamea, por virtud de ese lento contacto
    de tu mano,
de tu porosa mano suavísima que gime,
tu delicada mano silente, por donde entro
despacio, despacísimo, secretamente en tu vida,
hasta tus venas hondas totales donde bogo,
donde te pueblo y canto completo entre tu carne.

Horas sesgas

Durante algunos años fui diferente,
    o fui el mismo. Evoqué principados, viles ejecutorias
o victoria sin par. Tristeza siempre.
Amé a quienes no quise. Y desamé a quien tuve.
Muralla fuera el mar, quizá puente ligero.
No sé si me conocí o si aprendí a ignorarme.
Si respeté a los peces, plata viva en las horas,
o intenté domeñar a la luz. Aquí palabras muertas.
Me levanté con enardecimiento, callé con sombra, y tarde.
Ávidamente ardí. Canté ceniza.
Y si metí en el agua un rostro no me reconocí. Narciso es triste.
Referí circunstancia. Imprequé a las esferas
y serví la materia de su música vana
con ademán intenso, sin saber si existía.
Entre las multitudes quise beber su sombra
como quien bebe el agua de un desierto engañoso.
Palmeras... Sí, yo canto... Pero nadie escuchaba.
Las dunas, las arenas palpitaban sin sueño.
Falaz escucho a veces una sombra corriendo
por un cuerpo creído. O escupo a solas. «Quémate.»
Pero yo no me quemo. Dormir, dormir... ¡Ah! «Acábate.»

Como la mar, los besos

No importan los emblemas
ni las vanas palabras que son un soplo sólo.
Importa el eco de lo que oí y escucho.
Tu voz, que muerta vive, como yo que al pasar
aquí aún te hablo.

Eras más consistente,
más duradera, no porque te besase,
ni porque en ti asiera firme a la existencia.
Sino porque como la mar
después que arena invade temerosa se ahonda.
En verdes o en espumas la mar, feliz, se aleja.
Como ella fue y volvió tú nunca vuelves. [...]

Unas pocas palabras

Unas pocas palabras
en tu oído diría. Poca es la fe de un hombre incierto.
Vivir mucho es oscuro, y de pronto saber no es conocerse.
Pero aún así diría. Pues mis ojos repiten lo que copian:
tu belleza, tu nombre, el son del río, el bosque,
        el alma a solas.

Todo lo vio y lo tienen. Eso dicen los ojos.
A quien los ve responden. Pero nunca preguntan.
Porque si sucesivamente van tomando
de la luz el color, del oro el cieno
y de todo el sabor el poso lúcido,
no desconocen besos, ni rumores, ni aromas;
han visto árboles grandes, murmullos silenciosos,
hogueras apagadas, ascuas, venas, ceniza,
y el mar, el mar al fondo, con sus lentas espinas,
restos de cuerpos bellos, que las playas devuelven.

Unas pocas palabras, mientras alguien callase;
las del viento en las hojas, mientras beso tus labios.
Unas claras palabras, mientras duermo en tu seno.
Suena el agua en la piedra. Mientras, quieto,
        estoy muerto.

Sin fe

*T*ienes ojos oscuros.
   Brillos allí que oscuridad prometen.
Ah, cuán cierta es tu noche,
cuán incierta mi duda.
Miro al fondo la luz, y creo a solas.

A solas pues que existes. Existir es vivir con ciencia a ciegas.
Pues oscura te acercas
y en mis ojos más luces
siéntense sin mirar que en ellos brillen.

No brillan, pues supieron.
¿Saber es conocer? No te conozco y supe.
Saber es alentar con los ojos abiertos.
¿Dudar...? Quien duda existe. Sólo morir es ciencia.

Supremo fondo

*H*emos visto
   rostros ilimitados, perfección de otros límites,
una montaña erguida con su perfil clarísimo
y allá la mar, con un barco tan sólo,
bogando en las espinas como olas.

Pero si el dolor de vivir como espumas fungibles
se funda en la experiencia de morir día a día,
no basta una palabra para honrar su memoria,
que la muerte en relámpagos como luz nos asedia.

Pájaros y clamores, soledad de más besos,
hombres que en la muralla como signos imploran.
Y allá la mar, la mar muy seca, cual su seno, y volada.
Su recuerdo son peces putrefactos al fondo.

Lluevan besos y vidas que poblaron un mundo.
Dominad vuestros ecos que repiten más nombres.
Sin memoria las voces nos llamaron, y sordos
o dormidos miramos a los que amar ya muertos.

Se querían

Se querían.
Sufrían por la luz, labios azules en la madrugada,
labios saliendo de la noche dura,
labios partidos, sangre, ¿sangre dónde?
Se querían en un lecho navío, mitad noche mitad luz.

Se querían como las flores a las espinas hondas,
a esa amorosa gema del amarillo nuevo,
cuando los rostros giran melancólicamente,
giralunas que brillan recibiendo aquel beso.

Se querían de noche, cuando los perros hondos
laten bajo la tierra y los valles se estiran
como lomos arcaicos que se sienten repasados:
caricia, seda, mano, luna que llega y toca.

Se querían de amor entre la madrugada,
entre las duras piedras cerradas de la noche,
duras como los cuerpos helados por las horas,
duras como los besos de diente a diente solo.

Se querían de día, playa que va creciendo,
ondas que por los pies acarician los muslos,
cuerpos que se levantan de la tierra y flotando...
Se querían de día, sobre el mar, bajo el cielo.

Mediodía perfecto, se querían tan íntimos,
mar altísimo y joven, intimidad extensa,
soledad de lo vivo, horizontes remotos
ligados como cuerpos en soledad cantando.

Amando. Se querían como la luna lúcida,
como ese mar redondo que se aplica a ese rostro,
dulce eclipse de agua, mejilla oscurecida,
donde los peces rojos van y vienen sin música.

Día, noche, ponientes, madrugadas, espacios,
ondas nuevas, antiguas, fugitivas, perpetuas,
mar o tierra, navío, lecho, pluma, cristal,
metal, música, labio, silencio, vegetal,
mundo, quietud, su forma. Se querían, sabedlo.

Los jóvenes

*U*nos miran despacio.
Morenos, casi minerales, quietos,
serían vida, cual la piedra, y cantan.
Canta la piedra, canta el que ha vivido.
Los minerales quietos desconocen
qué es muerte, y su moreno ardor gime en la sombra.

Jóvenes son los que despacio pisan. Los hay tristes,
pues la tristeza es juventud, o el beso.
Son numerosos, como los besos mismos, y en el labio
el sol no quema, pero se desposa. [...]

El cometa

*L*a cabellera larga es algo triste.
Acaso dura menos
que las estrellas, si pensadas. Y huye.
Huye como el cometa.
Como el cometa «Haléy» cuando fui niño.
Un niño mira y cree.
Ve los cabellos largos
y mira, y ve la cauda
de un cometa que un niño izó hasta el cielo.

Pero el hombre ha dudado.
Ya puede él ver el cielo
surcado de fulgores.
Nunca creerá, y sonríe. [...]

Conocimiento de Rubén Darío

[...] *A* esa luz más brillaron tus ojos fugitivos,
llegaderos del bien, del mundo amado.
Pues tú supiste que el amor no engaña.
Amar es conocer. Quien vive sabe.
Sólo porque es sapiencia fuiste vivo.

Todo el calor del mundo ardió en el labio.
Grueso labio muy lento, que rozaba
la vida; luego se alzó: la vida allí imprimida.
Por un beso viviste, mas de un cosmos.
Tu boca supo de las aguas largas.
De la escoria y su llaga. También allí del roble.
La enorme hoja y su silencio vivo.
Cual del nácar. Tritón; el labio sopla.

Pero el mar está abierto. Sobre un lomo bogaste.
Delfín ligero con tu cuerpo alegre.
Y nereidas también. Tu pecho una ola,
 y tal rodaste sobre el mundo. Arenas...

Rubén que un día con tu brazo extenso
batiste espumas o colores. Miras.
Quien mira ve. Quien calla ya ha vivido.
Pero tus ojos de misericordia,
tus ojos largos que se abrieron poco
a poco; tus nunca conocidos ojos bellos,
miraron más, y vieron en lo oscuro.
Oscuridad es claridad. Rubén segundo y nuevo.
Rubén erguido que en la bruma te abres
paso. Rubén callado que al mirar descubres.
Por dentro hay luz. Callada luz, si ardida,
quemada. La dulce quemazón no cubrió toda
tu pupila. La ahondó.
Quien a ti te miró conoció un mundo.
No músicas o ardor, no aromas fríos,
sino su pensamiento amanecido
hasta el color. Lo mismo que en la rosa la mejilla
está. Así el conocimiento está en la uva
y su diente. Está en la luz el ojo.
Como en el manantial la mar completa.

Rubén entero que al pasar congregas
en tu bulto el ayer, llegado, el hoy
que pisas, el mañana nuestro.
Quien es, miró hacia atrás y ve lo que esperamos.
El que algo dice dice todo, y quien
calla está hablando. Como tú que dices
lo que dijeron y ves lo que no han visto
y hablas lo que oscuro dirán. Porque sabías. [...]

Llueve

En esta tarde llueve, y llueve pura
tu imagen. En mi recuerdo el día se abre. Entraste.
No oigo. La memoria me da tu imagen sólo.
Sólo tu beso o lluvia cae en recuerdo.
Llueve tu voz, y llueve el beso triste,
el beso hondo,
beso mojado en lluvia. El labio es húmedo.
Húmedo de recuerdo el beso llora
desde unos cielos grises
delicados.
Llueve tu amor mojando mi memoria,
y cae y cae. El beso
al hondo cae. Y gris aún cae
la lluvia.

Pero nacido

Quien miró y quien no vio.
Quien amó a solas.
La juventud latiendo entre las manos.
Como una ofrenda para un árbol muerto.
Para un dios muerto, o más,
para un dios insepulto.
Quien padeció y gozó, quien miró a solas.
Quien vio y no comprendió.

Porque quien vio y miró, no nació. Y vive.

El poeta se acuerda de su vida

«Vivir, dormir, morir: soñar acaso.»
HAMLET

*P*erdonadme: he dormido.
   Y dormir no es vivir. Paz a los hombres.
Vivir no es suspirar o presentir palabras que aún nos vivan.
¿Vivir en ellas? Las palabras mueren.
Bellas son al sonar, mas nunca duran.
Así esta noche clara. Ayer cuando la aurora,
o cuando el día cumplido estira el rayo
final, y da en tu rostro acaso.
Con un pincel de luz cierra tus ojos.
Duerme.
La noche es larga, pero ya ha pasado.

Cueva de noche

*M*íralo. Aquí besándote, lo digo. Míralo.
   En esta cueva oscura, mira, mira
mi beso, mi oscuridad final que cubre en noche
definitiva
tu luminosa aurora
que en negro
rompe, y como sol dentro de mí me anuncia
otra verdad. Que tú, profunda, ignoras.
Desde tu ser mi claridad me llega toda
de ti, mi aurora funeral que en noche se abre.
Tú, mi nocturnidad que, luz, me ciegas.

El enterrado

*L*a tierra germinal acepta el beso
último. Este reposo en brazos de quien ama
sin tregua, conforta el corazón. Vida, tú empiezas.
Sábana de verdad que cubre el alma
dormida, mientras los brazos grandes no desmayan
jamás. Tenaz vivo del todo,
bajo un cielo inmediato: tierra, estrellas.

Deseo fantasma

(ADVENIMIENTO DE LA AMADA)

*E*l labio rojo no es rastro de la aurora tenaz,
     pues huyó, y queda.
¿Los dientes blancos huella de un beso son?
Espuma, o piedra.
La liviandad de un aire casi puede
deshacerse. Nunca te vi.

—Pues tenla.

Canción a una muchacha muerta

*D*ime, dime el secreto de tu corazón virgen,
     dime el secreto de tu cuerpo bajo tierra,
quiero saber por qué ahora eres un agua,
esas orillas frescas donde unos pies desnudos se bañan
                         [con espuma.

Dime por qué sobre tu pelo suelto,
sobre tu dulce hierba acariciada,
cae, resbala, acaricia, se va
un sol ardiente o reposado que te toca
como un viento que lleva sólo un pájaro o mano.

Dime por qué tu corazón como una selva diminuta
espera bajo tierra los imposibles pájaros,
esa canción total que por encima de los ojos
hacen los sueños cuando pasan sin ruido.

Oh tú, canción que a un cuerpo muerto o vivo,
que a un ser hermoso que bajo el suelo duerme,
cantas color de piedra, color de beso o labio,
cantas como si el nácar durmiera o respirara.

Esa cintura, ese débil volumen de un pecho triste,
ese rizo voluble que ignora el viento,
esos ojos por donde sólo boga el silencio,
esos dientes que son de marfil resguardado,
ese aire que no mueve unas hojas no verdes...

¡Oh tú, cielo riente que pasas como nube;
oh pájaro feliz que sobre un hombro ríes;
fuente que, chorro fresco, te enredas con la luna:
césped blando que pisan unos pies adorados!

Otra no amo

*T*ú, en cambio, sí que podrías quererme:
tú, a quien no amo.
A veces me quedo mirando tus ojos, ojos grandes, oscuros:
tu frente pálida, tu cabello sombrío,
tu espigada presencia que delicadamente se acerca en la tarde,
[sonríe,
se aquieta y espera con humildad que mi palabra le aliente.
Desde mi cansancio de otro amor padecido
te miro, oh pura muchacha pálida que yo podría amar y no amo.
Me asomo entonces a tu fina piel, al secreto visible de tu frente
[donde yo sé que habito,
y espío muy levemente, muy continuadamente, el brillo rehusado
[de tus ojos,
adivinando la diminuta imagen palpitante que de mí sé que
[llevan.
Hablo entonces de ti, de la vida, de tristeza, de tiempo

mientras mi pensamiento vaga lejos, penando allá donde vive
la otra descuidada existencia por quien sufro a tu lado.

Al lado de esta muchacha veo la injusticia del amor.
A veces, con estos labios fríos te beso en la frente, en súplica
helada, que tú ignoras, a tu amor: que me encienda.
Labios fríos en la tarde apagada. Labios convulsos, yertos, que
                                    [tenazmente ahondan
la frente cálida, pidiéndole entero su cabal fuego perdido.
Labios que se hunden en tu cabellera negrísima,
mientras cierro los ojos,
mientras siento a mis besos como un resplandeciente cabello rubio
                                    [donde quemo mi boca.
Un gemido, y despierto, heladamente cálido, febril, sobre el brusco
                    [negror que, de pronto, en tristeza a mis labios sorprende.
Otras veces, cerrados los ojos, desciende mi boca triste sobre la
                                    [frente tersa,
oh pálido campo de besos sin destino,
anónima piel donde ofrendo mis labios como un aire sin vida,
mientras gimo, mientras secretamente gimo de otra piel que
                                    [quemara.

Oh pálida joven sin amor de mi vida,
joven tenaz para amarme sin súplica,
recorren mis labios tu mejilla sin flor,
sin aroma, tu boca sin luz,
tu apagado cuello que dulce se inclina,
mientras yo me separo, oh inmediata que yo no pido,
oh cuerpo que no deseo,
oh cintura quebrada, pero nunca en mi abrazo.

Échate aquí y descansa de tu pálida fiebre.
Desnudo el pecho, un momento te miro.
Pálidamente hermosa, con ojos oscuros,
semidesnuda y quieta, muda y mirándome.
¡Cómo te olvido mientras te beso! El pecho
tuyo mi labio acepta, con amor, con tristeza.
Oh, tú no sabes... Y doliente sonríes.
Oh, cuánto pido que otra luz me alcanzase.

FEDERICO GARCÍA LORCA

Nace en Fuentevaqueros (Granada) en 1898;
muere en Granada en 1936

Soneto de la guirnalda de rosas

E sa guirnalda! ¡pronto! ¡que me muero!
   ¡Teje deprisa! ¡canta! ¡gime! ¡canta!
que la sombra me enturbia la garganta
y otra vez viene y mil la luz de enero.

Entre lo que me quieres y te quiero,
aire de estrellas y temblor de planta,
espesura de anémonas levanta
con oscuro gemir un año entero.

Goza el fresco paisaje de mi herida,
quiebra juncos y arroyos delicados.
Bebe en muslo de miel sangre vertida.

Pero ¡pronto! Que unidos, enlazados,
boca rota de amor y alma mordida,
el tiempo nos encuentre destrozados.

Soneto de la dulce queja

*T*engo miedo a perder la maravilla
    de tus ojos de estatua y el acento
que me pone de noche en la mejilla
la solitaria rosa de tu aliento.

Tengo pena de ser en esta orilla
tronco sin ramas, y lo que más siento
es no tener la flor, pulpa o arcilla,
para el gusano de mi sufrimiento.

Si tú eres el tesoro oculto mío,
si eres mi cruz y mi dolor mojado,
si soy el perro de tu señorío,

no me dejes perder lo que he ganado
y decora las aguas de tu río
con hojas de mi otoño enajenado.

Llagas de amor

*E*sta luz, este fuego que devora.
    Este paisaje gris que me rodea.
Este dolor por una sola idea.
Esta angustia de cielo, mundo y hora.

Este llanto de sangre que decora
lira sin pulso ya, lúbrica tea.
Este peso del mar que me golpea.
Este alacrán que por mi pecho mora.

Son guirnalda de amor, cama de herido,
donde sin sueño, sueño tu presencia
entre las ruinas de mi pecho hundido.

Y aunque busco la cumbre de prudencia,
me da tu corazón valle tendido
con cicuta y pasión de amarga ciencia.

El poeta dice la verdad

Quiero llorar mi pena y te lo digo
    para que tú me quieras y me llores
en un anochecer de ruiseñores,
con un puñal, con besos y contigo.

Quiero matar al único testigo
para el asesinato de mis flores
y convertir mi llanto y mis sudores
en eterno montón de duro trigo.

Que no se acabe nunca la madeja
del te quiero me quieres, siempre ardida
con decrépito sol y luna vieja.

Que lo que no me des y no te pida
será para la muerte, que no deja
ni sombra por la carne estremecida.

El poeta pide a su amor que le escriba

Amor de mis entrañas, viva muerte,
    en vano espero tu palabra escrita
y pienso, con la flor que se marchita,
que si vivo sin mí quiero perderte.

El aire es inmortal. La piedra inerte
ni conoce la sombra ni la evita.
Corazón interior no necesita
la miel helada que la luna vierte.

Pero yo te sufrí. Rasgué mis venas,
tigre y paloma, sobre tu cintura
en duelo de mordiscos y azucenas.

Llena, pues, de palabras mi locura
o déjame vivir en mi serena
noche del alma para siempre oscura.

FEDERICO GARCÍA LORCA

El poeta habla por teléfono con el amor

*T*u voz regó la duna de mi pecho
en la dulce cabina de madera.
Por el sur de mis pies fue primavera
y al norte de mi frente flor de helecho.

Pino de luz por el espacio estrecho
cantó sin alborada y sementera
y mi llanto prendió por vez primera
coronas de esperanza por el techo.

Dulce y lejana voz por mí vertida.
Dulce y lejana voz por mí gustada.
Lejana y dulce voz amortecida.

Lejana como oscura corza herida.
Dulce como un sollozo en la nevada.
¡Lejana y dulce en tuétano metida!

El poeta pregunta a su amor por la ciudad encantada de Cuenca

*T*e gustó la ciudad que gota a gota
labró el agua en el centro de los pinos?
¿Viste sueños y rostros y caminos
y muros de dolor que el aire azota?

¿Viste la grieta azul de luna rota
que el Júcar moja de cristal y trinos?
¿Han besado tus dedos los espinos
que coronan de amor piedra remota?

¿Te acordaste de mí cuando subías
al silencio que sufre la serpiente
prisionera de grillos y de umbrías?

¿No viste por el aire transparente
una dalia de penas y alegrías
que te mandó mi corazón caliente?

Soneto gongorino en que el poeta manda a su amor una paloma

*E*ste pichón del Turia que te mando,
de dulces ojos y de blanca pluma,
sobre laurel de Grecia vierte y suma
llama lenta de amor do estoy parando.

Su cándida virtud, su cuello blando,
en lirio doble de caliente espuma,
con un temblor de escarcha, perla y bruma
la ausencia de tu boca está marcando.

Pasa la mano sobre su blancura
y verás qué nevada melodía
esparce en copos sobre tu hermosura.

Así mi corazón de noche y día,
preso en la cárcel del amor oscura,
llora sin verte su melancolía.

¡Ay voz secreta del amor oscuro!

*A*y voz secreta del amor oscuro!
¡ay balido sin lanas! ¡ay herida!
¡ay aguja de hiel, camelia hundida!
¡ay corriente sin mar, ciudad sin muro!

¡Ay noche inmensa de perfil seguro,
montaña celestial de angustia erguida!
¡Ay perro en corazón, voz perseguida,
silencio sin confín, lirio maduro!

Huye de mí, caliente voz de hielo,
no me quieras perder en la maleza
donde sin fruto gimen carne y cielo.

Deja el duro marfil de mi cabeza,
apiádate de mí, ¡rompe mi duelo!,
¡que soy amor, que soy naturaleza!

El amor duerme en el pecho del poeta

*T*ú nunca entenderás lo que te quiero
porque duermes en mí y estás dormido.
Yo te oculto llorando, perseguido
por una voz de penetrante acero.

Norma que agita igual carne y lucero
traspasa ya mi pecho dolorido
y las turbias palabras han mordido
las alas de tu espíritu severo.

Grupo de gente salta en los jardines
esperando tu cuerpo y mi agonía
en caballos de luz y verdes crines.

Pero sigue durmiendo, vida mía.
¡Oye mi sangre rota en los violines!
¡Mira que nos acechan todavía!

Noche del amor insomne

*N*oche arriba los dos con luna llena,
yo me puse a llorar y tú reías.
Tu desdén era un dios, las quejas mías
momentos y palomas en cadena.

Noche abajo los dos. Cristal de pena,
llorabas tú por hondas lejanías.
Mi dolor era un grupo de agonías
sobre tu débil corazón de arena.

La aurora nos unió sobre la cama,
las bocas puestas sobre el chorro helado
de una sangre sin fin que se derrama.

Y el sol entró por el balcón cerrado
y el coral de la vida abrió su rama
sobre mi corazón amortajado.

Romance sonámbulo

*V*erde que te quiero verde.
   Verde viento. Verdes ramas.
El barco sobre la mar
y el caballo en la montaña.
Con la sombra en la cintura
ella sueña en su baranda,
verde carne, pelo verde,
con ojos de fría plata.
Verde que te quiero verde.
Bajo la luna gitana,
las cosas la están mirando
y ella no puede mirarlas.

Verde que te quiero verde.
Grandes estrellas de escarcha,
vienen con el pez de sombra
que abre el camino del alba.
La higuera flota su viento
con la lija de sus ramas,
y el monte, gato garduño,
eriza sus pitas agrias.
¿Pero quién vendrá? ¿Y por dónde...?
Ella sigue en su baranda,
verde carne, pelo verde,
soñando en la mar amarga.

Compadre, quiero cambiar
mi caballo por su casa,
mi montura por su espejo,
mi cuchillo por su manta.
Compadre, vengo sangrando,
desde los puertos de Cabra.
Si yo pudiera, mocito,
este trato se cerraba.
Pero yo ya no soy yo.
Ni mi casa es ya mi casa.
Compadre, quiero morir
decentemente en mi cama.

De acero, si puede ser,
con las sábanas de holanda.
¿No veis la herida que tengo
desde el pecho a la garganta?
Trescientas rosas morenas
lleva tu pechera blanca.
Tu sangre rezuma y huele
alrededor de tu faja.
Pero yo ya no soy yo.
Ni mi casa es ya mi casa.
Dejadme subir al menos
hasta las altas barandas,
¡dejadme subir!, dejadme
hasta las verdes barandas.
Barandales de la luna
por donde retumba el agua.

Ya suben los dos compadres
hacia las altas barandas.
Dejando un rastro de sangre.
Dejando un rastro de lágrimas.
Temblaban en los tejados
farolillos de hojalata.
Mil panderos de cristal,
herían la madrugada.

Verde que te quiero verde,
verde viento, verdes ramas.
Los dos compadres subieron.
El largo viento, dejaba
en la boca un raro gusto
de hiel, de menta y de albahaca.
¡Compadre! ¿Dónde está, dime?
¿Dónde está tu niña amarga?
¡Cuántas veces te esperó!
¡Cuántas veces te esperara,
cara fresca, negro pelo,
en esta verde baranda!

Sobre el rostro del aljibe,
se mecía la gitana.

Verde carne, pelo verde,
con ojos de fría plata.
Un carámbano de luna
la sostiene sobre el agua.
La noche se puso íntima
como una pequeña plaza.
Guardias civiles borrachos
en la puerta golpeaban.

Verde que te quiero verde.
Verde viento. Verdes ramas.
El barco sobre la mar.
Y el caballo en la montaña.

La casada infiel

Y que yo me la llevé al río
creyendo que era mozuela,
pero tenía marido.
Fue la noche de Santiago
y casi por compromiso.
Se apagaron los faroles
y se encendieron los grillos.
En las últimas esquinas
toqué sus pechos dormidos,
y se me abrieron de pronto
como ramos de jacintos.
El almidón de su enagua
me sonaba en el oído,
como una pieza de seda
rasgada por diez cuchillos.
Sin luz de plata en sus copas
los árboles han crecido
y un horizonte de perros
ladra muy lejos del río.

Pasadas las zarzamoras,
los juncos y los espinos,
bajo su mata de pelo
hice un hoyo sobre el limo.

Yo me quité la corbata.
Ella se quitó el vestido.
Yo el cinturón con revólver.
Ella sus cuatro corpiños.
Ni nardos ni caracolas
tienen el cutis tan fino,
ni los cristales con luna
relumbran con ese brillo.
Sus muslos se me escapaban
como peces sorprendidos,
la mitad llenos de lumbre,
la mitad llenos de frío.
Aquella noche corrí
el mejor de los caminos,
montado en potra de nácar
sin bridas y sin estribos.
No quiero decir, por hombre,
las cosas que ella me dijo.
La luz del entendimiento
me hace ser muy comedido.
Sucia de besos y arena,
yo me la llevé del río.
Con el aire se batían
las espadas de los lirios.

Me porté como quien soy.
Como un gitano legítimo.
La regalé un costurero
grande, de raso pajizo,
y no quise enamorarme
porque teniendo marido
me dijo que era mozuela
cuando la llevaba al río.

Romance de la pena negra

*L*as piquetas de los gallos
cavan buscando la aurora,
cuando por el monte oscuro
baja Soledad Montoya.
Cobre amarillo, su carne,
huele a caballo y a sombra.
Yunques ahumados sus pechos,
gimen canciones redondas.
Soledad: ¿por quién preguntas
sin compaña y a estas horas?
Pregunte por quien pregunte,
dime: ¿a ti qué se te importa?
Vengo a buscar lo que busco,
mi alegría y mi persona.

Soledad de mis pesares,
caballo que se desboca,
al fin encuentra la mar
y se lo tragan las olas.
No me recuerdes el mar,
que la pena negra, brota
en las tierras de aceituna
bajo el rumor de las hojas.
¡Soledad, qué pena tienes!
¡Qué pena tan lastimosa!
Lloras zumo de limón
agrio de espera y de boca.
¡Qué pena tan grande! Corro
mi casa como una loca,
mis dos trenzas por el suelo,
de la cocina a la alcoba.
¡Qué pena! Me estoy poniendo
de azabache, carne y ropa.
¡Ay mis camisas de hilo!
¡Ay mis muslos de amapola!
Soledad: lava tu cuerpo
con agua de las alondras,
y deja tu corazón
en paz, Soledad Montoya.

Por abajo canta el río:
volante de cielo y hojas.
Con flores de calabaza,
la nueva luz se corona.
¡Oh pena de los gitanos!
Pena limpia y siempre sola.
¡Oh pena de cauce oculto
y madrugada remota!

Casida de la mujer tendida

Verte desnuda es recordar la tierra.
La tierra lisa, limpia de caballos.
La tierra sin un junco, forma pura
cerrada al porvenir: confín de plata.

Verte desnuda es comprender el ansia
de la lluvia que busca débil talle,
o la fiebre del mar de inmenso rostro
sin encontrar la luz de su mejilla.

La sangre sonará por las alcobas
y vendrá con espadas fulgurantes,
pero tú no sabrás dónde se ocultan
el corazón de sapo o la violeta.

Tu vientre es una lucha de raíces,
tus labios son un alba sin contorno,
bajo las rosas tibias de la cama
los muertos gimen esperando turno.

Gacela del amor imprevisto

*N*adie comprendía el perfume
de la oscura magnolia de tu vientre.
Nadie sabía que martirizabas
un colibrí de amor entre los dientes.

Mil caballitos persas se dormían
en la plaza con luna de tu frente
mientras que yo enlazaba cuatro noches
tu cintura, enemiga de la nieve.

Entre yeso y jazmines, tu mirada
era un pálido ramo de simientes.
Yo busqué, para darte, por mi pecho
las letras de marfil que dicen «siempre».

Siempre, siempre», jardín de mi agonía,
tu cuerpo fugitivo para siempre,
la sangre de tus venas en mi boca,
tu boca ya sin luz para mi muerte.

Soneto

*L*argo espectro de plata conmovida,
el viento de la noche suspirando
abrió con mano gris mi vieja herida
y se alejó: yo estaba deseando.

Llaga de amor que me dará la vida
perpetua de sangre y pura luz brotando.
Grieta en que Filomela enmudecida
tendrá bosque, dolor y nido blando.

¡Ay qué dulce rumor en mi cabeza!
Me tenderé junto a la flor sencilla
donde flota sin alma tu belleza.

Y el agua errante se pondrá amarilla,
mientras corre mi sangre en la maleza
mojada y olorosa de la orilla.

FEDERICO GARCÍA LORCA

Apunte para una oda

*D*esnuda soledad sin gesto ni palabra,
    transparente en el huerto y untuosa por el monte;
soledad silenciosa sin olor ni veleta
que pesa en los remansos, siempre dormida y sola.
Soledad de lo alto, toda frente y luceros,
como una gran cabeza cortada y palidísima;
redonda soledad que nos deja en las manos
unos lirios suaves de pensativa escarcha.

En la curva del río te esperé largas horas,
limpio ya de arabescos y de ritmos fugaces.
Tu jardín de violetas nacía sobre el viento
y allí temblabas sola, queriéndote a ti misma.

Yo te he visto cortar el limón de la tarde
para teñir tus manos dormidas de amarillo,
y en momentos de dulce música de mi vida
te he visto en los rincones enlutada y pequeña,
pero lejana siempre, vieja y recién nacida.
Inmensa giraluna de fósforo y de plata,
pero lejana siempre, tendida, inaccesible
a la flauta que anhela clavar tu carne oscura.

Mi alma como una yedra de luz y verde escarcha
por el muro del día sube lenta a buscarte;
caracoles de plata las estrellas me envuelven,
pero nunca mis dedos hallarán tu perfume. [...]

118

Del amor desesperado

*L*a noche no quiere venir
    para que tú no vengas,
ni yo pueda ir.

Pero yo iré,
aunque un sol de alacranes me coma la sien.

Pero tú vendrás
con la lengua quemada por la lluvia de sal.

El día no quiere venir
para que tú no vengas,
ni yo pueda ir.

Peor yo iré
entregando a los sapos mi mordido clavel.

Pero tú vendrás
por las turbias cloacas de la oscuridad.

Ni la noche ni el día quieren venir
para que por ti muera
y tú mueras por mí.

Tres estampas del cielo

Dedicadas a la señorita
Argimira López,
que no me quiso

[Fragmento]

III
(Venus)

*E*fectivamente
tienes dos grandes senos
y un collar de perlas
en el cuello.

Un infante de bruma
te sostiene el espejo.

Aunque estás muy lejana,
Yo te veo
llevar la mano de iris
a tu sexo,
y arreglar indolente
el almohadón del cielo.

Te miramos con lupa
yo y el Renacimiento.

RAFAEL ALBERTI

Nace en El Puerto de Santa María (Cádiz) en 1902

Amaranta

*R*ubios, pulidos senos de Amaranta,
  por una lengua de lebrel limados.
Pórticos de limones desviados
por el canal que asciende a tu garganta.

Rojo, un puente de rizos se adelanta
e incendia tus marfiles ondulados.
Muerde, heridor, tus dientes desangrados,
y corvo, en vilo, al viento te levanta.

La soledad, dormida en la espesura
calza su pie de céfiro y desciende
del olmo alto al mar de la llanura.

Su cuerpo en sombra, oscuro, se le enciende,
y gladiadora, como un ascua impura,
entre Amaranta y su amador se tiende.

*S*e equivocó la paloma.
Se equivocaba.

Por ir al Norte, fue al Sur.
Creyó que el trigo era agua.
Se equivocaba.

Creyó que el mar era el cielo;
que la noche, la mañana.
Se equivocaba.

Que las estrellas, rocío;
que la calor, la nevada.
Se equivocaba.

Que tu falda era tu blusa;
que tu corazón, su casa.
Se equivocaba.

(Ella se durmió en la orilla.
Tú, en la cumbre de una rama.)

Diálogo entre Venus y Príapo

PRÍAPO

Despierta, sí, cerrada
caverna de coral. Voy por tus breñas,
cabeceante, ciego, perseguido.
Ábrete a mi llamada,
al mismo sueño que en tu gruta sueñas.
Tus rojas furias sueltas me han mordido.
¿Me escuchas en lo oscuro?
Sediento, he jadeado las colinas
y descendido al valle donde empieza
el caminar más duro,
pues todo, aunque cabellos, son espinas,
montes allí rizados de maleza.
¿Duermes aún? ¿No sientes
cómo mi flor, brillante y ruborosa
la piel, extensa y alta se desnuda,
y con labios calientes
—coral los tuyos y los míos rosa—
besa la noche de tus labios muda?
¡Despierta! [...]

VENUS

[...] ¡No! No me riegues,
amor, de blancos copos todavía.
Guarda, mi bien, esas nevadas flores
hasta que al fin me llegues
a lo más hondo de mi cueva umbría
con tus largos y ocultos surtidores. [...]

[...] PRÍAPO

Escondo,
también allá en lo hondo
de una caverna oscura,
de blancas y mordientes
almenas vigiladas,
una muy dulce y de humedad mojada
cautiva...

VENUS

Yo prosigo. Son los dientes
los que fijos la rondan y dan vela.
También yo otra cautiva
como la tuya guardo. ¿No la sientes?
A navegar sobre su propia estela
mírala aquí dispuesta, siempre viva.

PRÍAPO

¡Oh encendido alhelí, flor rumorosa!
Deja que tu saliva
de miel, que tu graciosa
corola lanceolada de rubíes
mojen mi lengua, ansiosa
de en la tuya mojar sus carmesíes. [...]

[...] PRÍAPO

Gruta sagrada, toco tus orillas.
Abre tus labios ya, siénteme dentro.

VENUS

¡Oh maravilla de las maravillas!
¡Luz que me quema el más profundo centro!

PRÍAPO

Se confunden los bosques, las lianas
se juntan y conmueven.
En el pomar revientan las manzanas
y en el jardín copos de nardos llueven.

VENUS

¡Qué bien cubres mis ámbitos! Sus muros
¡cómo me los ensanchas y los llenas!
¡Qué pleamar, qué viento acompasados!

PRÍAPO

Jaca y jinete, unísonos, seguros,
galopan, de corales y de arenas
y de espumas bañados.

VENUS

Detente, amor. No infundas ese aliento
tan rápido a las brisas. Aminora
un poco el paso. Da a tu movimiento
un nuevo ritmo ahora.

PRÍAPO

Pondré en mis alas un volar más lento.

VENUS

¡Dulce vaivén! Rezuman mis paredes
las más blandas esencias.

PRÍAPO

             Desasidas
de sus más hondas redes,
ya mis médulas saltan encendidas.

VENUS

Ten más el freno.

PRÍAPO

       ¿El freno? Querencioso,
mi caballo se pierde a la carrera.

VENUS

Sigo también su galopar furioso,
antes que derramado en mí se muera.

PRÍAPO

¡Amor!

VENUS

        ¡Amor! La noche se desvae.
Nos baña el mar. ¡Oh luz! El mundo canta.
Cae la luna... El viento...

PRÍAPO

          Todo cae
cuando el gallo del hombre se levanta.

Soneto

*O*h tú, mi amor, la de subidos senos
   en punta de rubíes levantados
los más firmes, pulidos, deseados,
llenos de luz y de penumbras llenos.

Hermosos, dulces, mágicos, serenos
o en la batalla erguidos, agitados,
o ya en juegos de puro amor besados,
gráciles corzas de dormir morenos.

Oh tú, mi amor, el esmerado estilo
de tu gran hermosura que en sigilo
casi muriendo alabo a toda hora.

Oh tú, mi amor, yo canto la armonía
de tus perfectos senos la alegría
al ver que se me abren cada aurora.

Sixtina

*T*ú, mi vida, esta noche me has borrado
   del corazón y hasta del pensamiento,
y tal vez, sin saberlo, me has negado
dándome por perdido ya en el viento.
Mas luego, vida, vi cómo llorabas,
entre mis brazos y que me besabas.

Soneto

*T*e digo adiós, amor, y no estoy triste.
    Gracias, mi amor, por lo que ya me has dado,
un solo beso lento y prolongado
que se truncó en dolor cuando partiste.

No supiste entender, no comprendiste
que era un amor final, desesperado,
ni intentaste arrancarme de tu lado
cuando con duro corazón me heriste.

Lloré tanto aquel día que no quiero
pensar que el mismo sufrimiento espero
cada vez que en tu vida reaparece

ese amor que al negarlo te ilumina.
Tu luz es él cuando mi luz decrece,
tu solo amor cuando mi amor declina.

Canciones a Altair

*C*uando abre sus piernas Altair
    en la mitad del cielo,
fulge en su centro la más bella noche
concentrada de estrellas
que palpitan lloviéndose en mis labios,
mientras aquí en la tierra,
una lejana, ardiente
pupila sola, anuncia la llegada
de una nueva; dichosa,
ciega constelación desconocida.

Altair

*O*h, soñar con tus siempre apetecidas
    altas colinas dulces y apretadas,
y con tus manos juntas resbaladas,
en el Monte de Venus escondidas!

Sabes tanto de mí

Sabes tanto de mí, que yo mismo quisiera
repetir con tus labios mi propia poesía,
elegir un pasaje de mi vida primera:
un cometa en la playa, peinado por Sofía.

No tengo que esperar ni que decirte espera
a ver en la memoria de la melancolía,
los pinares de Ibiza, la escondida trinchera,
el lento amanecer, sin que llegara el día.

Y luego, amor, y luego, ver que la vida avanza
plena de abiertos años y plena de colores,
sin final, no cerrada al sol por ningún muro.

Tú sabes bien que en mí no muere la esperanza,
que los años en mí no son hojas, son flores,
que nunca soy pasado, sino siempre futuro.

PABLO NERUDA

Nace en Parral (Chile) en 1904;
muere en Santiago de Chile en 1973

Cuerpo de mujer

Cuerpo de mujer, blancas colinas, muslos blancos,
te pareces al mundo en tu actitud de entrega.
Mi cuerpo de labriego salvaje te socava
y hace saltar el hijo del fondo de la tierra.

Fui solo como un túnel. De mí huían los pájaros
y en mí la noche entraba su invasión poderosa.
Para sobrevivirme te forjé como un arma,
como una flecha en mi arco, como una piedra en mi honda.

Pero cae la hora de la venganza, y te amo.
Cuerpo de piel, de musgo, de leche ávida y firme.
Ah los vasos del pecho! Ah los ojos de ausencia!
Ah las rosas del pubis! Ah tu voz lenta y triste!

Cuerpo de mujer mía, persistiré en tu gracia.
Mi sed, mi ansia sin límite, mi camino indeciso!
Oscuros cauces donde la sed eterna sigue,
y la fatiga sigue, y el dolor infinito.

Ah vastedad de pinos...

*A*h vastedad de pinos, rumor de olas quebrándose,
lento juego de luces, campana solitaria,
crepúsculo cayendo en tus ojos, muñeca
caracola terrestre, en ti la tierra canta!

En ti los ríos cantan y mi alma en ellos huye
como tú lo desees y hacia donde tú quieras.
Márcame mi camino en tu arco de esperanza
y soltaré en delirio mi bandada de flechas.

En torno a mí estoy viendo tu cintura de niebla
y tu silencio acosa mis horas perseguidas,
y eres tú con tus brazos de piedra transparente
donde mis besos anclan y mi húmeda ansia anida.

Ah tu voz misteriosa que el amor tiñe y dobla
en el atardecer resonante y muriendo!
Así en horas profundas sobre los campos he visto
doblarse las espigas en la boca del viento.

Poema en diez versos

*E*ra mi corazón un ala viva y turbia
y pavorosa ala de anhelo.

Era la Primavera sobre los campos verdes.
Azul era la altura y era esmeralda el suelo.

Ella —la que me amaba— se murió en Primavera.
Recuerdo aún sus ojos de paloma en desvelo.

Ella —la que me amaba— cerró los ojos. Tarde.
Tarde de campo, azul. Tarde de alas y vuelos.

Ella —la que me amaba— se murió en Primavera.
Y se llevó la Primavera al cielo.

Para que tú me oigas...

*P*ara que tú me oigas
    mis palabras
se adelgazan a veces
como las huellas de las gaviotas en las playas.

Collar, cascabel ebrio
para tus manos suaves como las uvas.

Y las miro lejanas mis palabras.
Más que mías son tuyas.
Van trepando en mi viejo dolor como las yedras.

Ellas trepan así por las paredes húmedas.
Eres tú la culpable de este juego sangriento.
Ellas están huyendo de mi guarida oscura.
Todo lo llenas tú, todo lo llenas. [...]

[...] Llanto de viejas bocas, sangre de viejas súplicas.
Ámame, compañera. No me abandones. Sígueme.
Sígueme, compañera, en esa ola de angustia.

Pero se van tiñendo con tu amor mis palabras.
Todo lo ocupas tú, todo lo ocupas.

Voy haciendo de todas un collar infinito
para tus blancas manos, suaves como las uvas.

Te recuerdo como eras...

*T*e recuerdo como eras en el último otoño.
    Eras la boina gris y el corazón en calma.
En tus ojos peleaban las llamas del crepúsculo
y las hojas caían en el agua de tu alma.

Apegada a mis brazos como una enredadera,
las hojas recogían tu voz lenta y en calma.
Hoguera de estupor en que mi sed ardía.
Dulce jacinto azul torcido sobre mi alma.

Siento viajar tus ojos y es distante el otoño:
boina gris, voz de pájaro y corazón de casa
hacia donde emigraban mis profundos anhelos
y caían mis besos alegres como brasas.

Cielo desde un navío. Campo desde los cerros:
Tu recuerdo es de luz, de humo, de estanque en calma!
Más allá de tus ojos ardían los crepúsculos.
Hojas secas de otoño giraban en tu alma.

Inclinado en las tardes...

*I*nclinado en las tardes tiro mis tristes redes
a tus ojos oceánicos.

Allí se estira y arde en la más alta hoguera
mi soledad que da vueltas los brazos como un náufrago.

Hago rojas señales sobre tus ojos ausentes
que olean como el mar a la orilla de un faro.

Sólo guardas tinieblas, hembra distante y mía,
de tu mirada emerge a veces la costa del espanto.

Inclinado en las tardes echo mis tristes redes
a ese mar que sacude tus ojos oceánicos.

Los pájaros nocturnos picotean las primeras estrellas
que centellean como mi alma cuando te amo.

Galopa la noche en su yegua sombría
desparramando espigas azules sobre el campo.

Hemos perdido aun...

*H*emos perdido aun este crepúsculo.
   Nadie nos vio esta tarde con las manos unidas
mientras la noche azul caía sobre el mundo.

He visto desde mi ventana
la fiesta del poniente en los cerros lejanos.

A veces como una moneda
se encendía un pedazo de sol entre mis manos.

Yo te recordaba con el alma apretada
de esa tristeza que tú me conoces.

Entonces, dónde estabas?
Entre qué gentes?
Diciendo qué palabras?
Por qué se me vendrá todo el amor de golpe
cuando me siento triste, y te siento lejana?

Cayó el libro que siempre se toma en el crepúsculo,
y como un perro herido rodó a mis pies mi capa.

Siempre, siempre te alejas en las tardes
hacia donde el crepúsculo corre borrando estatuas.

Me gustas cuando callas...

*M*e gustas cuando callas porque estás como ausente,
   y me oyes desde lejos, y mi voz no te toca.
Parece que los ojos se te hubieran volado
y parece que un beso te cerrara la boca.

Como todas las cosas están llenas de mi alma
emerges de las cosas, llena del alma mía.
Mariposa de sueño, te pareces a mi alma,
y te pareces a la palabra melancolía.

Me gustas cuando callas y estás como distante.
Y estás como quejándote, mariposa en arrullo.
Y me oyes desde lejos, y mi voz no te alcanza:
Déjame que me calle con el silencio tuyo.

Déjame que te hable también con tu silencio
claro como una lámpara, simple como un anillo.
Eres como la noche, callada y constelada.
Tu silencio es de estrella, tan lejano y sencillo.

Me gustas cuando callas porque estás como ausente.
Distante y dolorosa como si hubieras muerto.
Una palabra entonces, una sonrisa bastan.
Y estoy alegre, alegre de que no sea cierto.

Niña morena y ágil...

Niña morena y ágil, el sol que hace las frutas,
el que cuaja los trigos, el que tuerce las algas,
hizo tu cuerpo alegre, tus luminosos ojos
y tu boca que tiene la sonrisa del agua.

Un sol negro y ansioso se te arrolla en las hebras
de la negra melena, cuando estiras los brazos.
Tú juegas con el sol como con un estero
y él te deja en los ojos dos oscuros remansos.

Niña morena y ágil, nada hacia ti me acerca.
Todo de ti me aleja, como del mediodía.
Eres la delirante juventud de la abeja,
la embriaguez de la ola, la fuerza de la espiga.

Mi corazón sombrío te busca, sin embargo,
y amo tu cuerpo alegre, tu voz suelta y delgada.
Mariposa morena dulce y definitiva
como el trigal y el sol, la amapola y el agua.

Puedo escribir los versos...

*P*uedo escribir los versos más tristes esta noche.

Escribir, por ejemplo: «La noche está estrellada,
y tiritan, azules, los astros, a lo lejos.»

El viento de la noche gira en el cielo y canta.

Puedo escribir los versos más tristes esta noche.
Yo la quise, y a veces ella también me quiso.

En las noches como ésta la tuve entre mis brazos.
La besé tantas veces bajo el cielo infinito.

Ella me quiso, a veces yo también la quería.
Cómo no haber amado sus grandes ojos fijos.

Puedo escribir los versos más tristes esta noche.
Pensar que no la tengo. Sentir que la he perdido.

Oír la noche inmensa, más inmensa sin ella.
Y el verso cae al alma como al pasto el rocío.

Qué importa que mi amor no pudiera guardarla.
La noche está estrellada y ella no está conmigo.

Eso es todo. A lo lejos alguien canta. A lo lejos.
Mi alma no se contenta con haberla perdido.

Como para acercarla mi mirada la busca.
Mi corazón la busca, y ella no está conmigo.

La misma noche que hace blanquear los mismos árboles.
Nosotros, los de entonces, ya no somos los mismos.

Ya no la quiero, es cierto, pero cuánto la quise.
Mi voz buscaba el viento para tocar su oído.

De otro. Será de otro. Como antes de mis besos.
Su voz, su cuerpo claro. Sus ojos infinitos.

Ya no la quiero, es cierto, pero tal vez la quiero.
Es tan corto el amor, y es tan largo el olvido.

Porque en noches como ésta la tuve entre mis brazos,
mi alma no se contenta con haberla perdido.

Aunque éste sea el último dolor que ella me causa,
y éstos sean los últimos versos que yo le escribo.

Es como una marea...

*E*s como una marea, cuando ella clava en mí
sus ojos enlutados,
cuando siento su cuerpo de greda blanca y móvil
estirarse y latir junto al mío,
es como una marea, cuando ella está a mi lado. [...]

[...] Ella, tallada en el corazón de la noche,
por la inquietud de mis ojos alucinados;
ella, grabada en los maderos del bosque
por los cuchillos de mis manos,
ella, su goce junto al mío,
ella, sus ojos enlutados,
ella, su corazón, mariposa sangrienta
que con sus dos antenas de instinto me ha tocado!

No cabe en esta estrecha meseta de mi vida!
Es como un viento desatado!

Si mis palabras clavan apenas como agujas
debieran desgarrar como espadas o arados!

Es como una marea que me arrastra y me dobla,
es como una marea, cuando ella está a mi lado!

Eres toda de espumas...

*E*res toda de espumas delgadas y ligeras
y te cruzan los besos y te riegan los días.
Mi gesto, mi ansiedad cuelgan de tu mirada.
Vaso de resonancias y de estrellas cautivas.
Estoy cansado: todas las hojas caen, mueren.
Caen, mueren los pájaros. Caen, mueren las vidas.

Cansado, estoy cansado. Ven, anhélame, víbrame.
Oh, mi pobre ilusión, mi guirnalda encendida!
El ansia cae, muere. Cae, muere el deseo.
Caen, mueren las llamas en la noche infinita.

Fogonazo de luces, paloma de gredas rubias,
líbrame de esta noche que acosa y aniquila.
Sumérgeme en tu nido de vértigo y caricia.
Anhélame, retiéneme.
La embriaguez a la sombra florida de tus ojos,
las caídas, los triunfos, los saltos de la fiebre.
Ámame, ámame, ámame.
De pie te grito! Quiéreme. [...]

Amiga, no te mueras

Amiga, no te mueras.

Óyeme estas palabras que me salen ardiendo
y que nadie diría si yo no las dijera.

Amiga, no te mueras.

Yo soy el que te espera en la estrellada noche.
El que bajo el sangriento sol poniente te espera.

Miro caer los frutos en la tierra sombría.
Miro bailar las gotas del rocío en las hierbas.

En la noche al espeso perfume de las rosas,
cuando danza la ronda de las sombras inmensas.

Bajo el cielo del Sur, el que te espera cuando
el aire de la tarde como una boca besa.

Amiga, no te mueras.

Yo soy el que cortó las guirnaldas rebeldes
para el lecho selvático fragante a sol y a selva.

El que trajo en los brazos jacintos amarillos.
Y rosas desgarradas. Y amapolas sangrientas.

El que cruzó los brazos por esperarte, ahora.
El que quebró sus arcos. El que dobló sus flechas.

Yo soy el que en los labios guarda sabor de uvas.
Racimos refregados. Mordeduras bermejas.

El que te llama desde las llanuras brotadas.
Yo soy el que en la hora del amor te desea.

El aire de la tarde cimbra las ramas altas.
Ebrio, mi corazón, bajo Dios, tambalea.

El río desatado rompe a llorar y a veces
se adelgaza su voz y se hace pura y trémula.

Retumba, atardecida, la queja azul del agua.
Amiga, no te mueras!

Yo soy el que te espera en la estrellada noche,
sobre las playas áureas, sobre las rubias eras.

El que cortó jacintos para tu lecho, y rosas.
Tendido entre las hierbas yo soy el que te espera!

Déjame sueltas las manos...

Déjame sueltas las manos
y el corazón, déjame libre!
Deja que mis dedos corran
por los caminos de tu cuerpo.
La pasión —sangre, fuego, besos—
me incendia a llamaradas trémulas.
Ay, tú no sabes lo que es esto!

Es la tempestad de mis sentidos
doblegando la selva sensible de mis nervios.
Es la carne que grita con sus ardientes lenguas!
Es el incendio!
Y estás aquí, mujer, como un madero intacto
ahora que vuela toda mi vida hecha cenizas
hacia tu cuerpo lleno, como la noche, de astros!

Déjame libres las manos
y el corazón, déjame libre!
Yo sólo te deseo, yo sólo te deseo!
No es amor, es deseo que se agosta y se extingue,
es precipitación de furias,

acercamiento de lo imposible,
pero estás tú,
estás para dármelo todo,
y a darme lo que tienes a la tierra viniste—
como yo para contenerte,
y desearte,
y recibirte!

Llénate de mí

Llénate de mí.
Ansíame, agótame, viérteme, sacrifícame.
Pídeme. Recógeme, contiéneme, ocúltame.
Quiero ser de alguien, quiero ser tuyo, es tu hora.
Soy el que pasó saltando sobre las cosas,
el fugante, el doliente.

Pero siento tu hora,
la hora de que mi vida gotee sobre tu alma,
la hora de las ternuras que no derramé nunca,
la hora de los silencios que no tienen palabras,
tu hora, alba de sangre que me nutrió de angustias,
tu hora, medianoche que me fue solitaria.

Libértame de mí. Quiero salir de mi alma.
Yo soy esto que gime, esto que arde, esto que sufre.
Yo soy esto que ataca, esto que aúlla, esto que canta.
No, no quiero ser esto.
Ayúdame a romper estas puertas inmensas.
Con tus hombros de seda desentierra estas anclas.
Así crucificaron mi dolor una tarde. [...]

Canción del macho...

*C*anción del macho y de la hembra!
La fruta de los siglos
exprimiendo su jugo
en nuestras venas.

Mi alma derramándose en tu carne extendida
para salir de ti más buena,
el corazón desparramándose
estirándose como una pantera,
y mi vida, hecha astillas, anudándose
a ti como la luz a las estrellas!

Me recibes
como al viento la vela.

Te recibo
como el surco a la siembra.

Duérmete sobre mis dolores
si mis dolores no te queman,
amárrate a mis alas
acaso mis alas te llevan,
endereza mis deseos
acaso te lastima su pelea.

Tú eres lo único que tengo
desde que perdí mi tristeza!
Desgárrame como una espada
o táctame como una antena!
Bésame,
muérdeme,
incéndiame,
que yo vengo a la tierra
sólo por el naufragio de mis ojos de macho
en el agua infinita de tus ojos de hembra!

Sed de ti...

Sed de ti me acosa en las noches hambrientas.
Trémula mano roja que hasta su vida se alza.
Ebria de sed, loca sed, sed de selva en sequía.
Sed de metal ardiendo, sed de raíces ávidas. [...]

[...] Por eso eres la sed y lo que ha de saciarla.
Cómo poder no amarte si he de amarte por eso.
Si ésa es la amarra cómo poder cortarla, cómo.
Cómo si hasta mis huesos tienen sed de tus huesos.
Sed de ti, sed de ti, guirnalda atroz y dulce.
Sed de ti que en las noches me muerde como un perro.
Los ojos tienen sed, para qué están tus ojos.

La boca tiene sed, para qué están tus besos.
El alma está incendiada de estas brasas que te aman.
El cuerpo incendio vivo que ha de quemar tu cuerpo.
De sed. Sed infinita. Sed que busca tu sed.
Y en ella se aniquila como el agua en el fuego.

Juntos nosotros

Qué pura eres de sol o de noche caída,
qué triunfal desmedida tu órbita de blanco,
y tu pecho de pan, alto de clima,
tu corona de árboles negros, bienamada,
y tu nariz de animal solitario, de oveja salvaje
que huele a sombra y a precipitada fuga tiránica. [...]

[...] Y tú como un mes de estrellas, como un beso fijo,
como estructura de ala, o comienzos de otoño,
niña, mi partidaria, mi amorosa,
la luz hace su lecho bajo tus grandes párpados,
dorados como bueyes, y la paloma redonda
hace sus nidos blancos frecuentemente en ti.

Hecha de ola en lingotes y tenazas blancas,
tu salud de manzana furiosa se estira sin límite,
el tonel temblador en que escucha tu estómago,
tus manos hijas de la harina y del cielo.

Qué parecida eres al más largo beso,
su sacudida fija parece nutrirte,
y su empuje de brasa, de bandera revuelta,
va latiendo en tus dominios y subiendo temblando,
y entonces tu cabeza se adelgaza en cabellos,
y su forma guerrera, su círculo seco,
se desploma de súbito en hilos lineales
como filos de espadas o herencias del humo.

Ángela Adónica

Hoy me he tendido junto a una joven pura
como a la orilla de un océano blanco,
como en el centro de una ardiente estrella
   de lento espacio.

De su mirada largamente verde
la luz caía como un agua seca,
en transparentes y profundos círculos
   de fresca fuerza.

Su pecho como un fuego de dos llamas
ardía en dos regiones levantado,
y en doble río llegaba a sus pies,
   grandes y claros.

Un clima de oro maduraba apenas
las diurnas longitudes de su cuerpo
llenándolo de frutas extendidas
   y oculto fuego.

Oda con un lamento

Oh niña entre las rosas, oh presión de palomas,
   oh presidio de peces y rosales,
tu alma es una botella llena de sal sedienta
y una campana llena de uvas es tu piel. [...]

Alianza

Sobre tus pechos de corriente inmóvil,
sobre tus piernas de dureza y agua,
sobre la permanencia y el orgullo
de tu pelo desnudo,
quiero estar, amor mío, ya tiradas las lágrimas
al ronco cesto donde se acumulan,
quiero estar, amor mío, solo con una sílaba
de plata destrozada, solo con una punta
de tu pecho de nieve. [...]

Oda a la bella desnuda

Con casto corazón, con ojos
puros,
te celebro, belleza,
reteniendo la sangre
para que surja y siga
la línea, tu contorno,
para
que te acuestes en mi oda
como en tierra de bosques o en espuma:
en aroma terrestre
o en música marina. [...]
Tu cuerpo, en qué materia,
ágata, cuarzo, trigo,
se plasmó, fue subiendo
como el pan se levanta
de la temperatura,
y señaló colinas
plateadas,
valles de un solo pétalo, dulzuras
de profundo terciopelo,
hasta quedar cuajada
la fina y firme forma femenina?
No sólo es luz que cae
sobre el mundo
la que alarga en tu cuerpo

su nieve sofocada,
sino que se desprende
de ti la claridad como si fueras
encendida por dentro.

Debajo de tu piel vive la luna.

Testamento de otoño

(Fragmento)

Matilde Urrutia, aquí te dejo
lo que tuve y lo que no tuve,
lo que soy y lo que no soy.
Mi amor es un niño que llora,
no quiere salir de tus brazos,
yo te lo dejo para siempre:
eres para mí la más bella. [...]

De Sur a Sur se abren tus ojos
y de Este a Oeste tu sonrisa,
no se te pueden ver los pies
y el sol se entretiene estrellando
el amanecer en tu pelo.
Tu cuerpo y tu rostro llegaron,
como yo, de regiones duras,
de ceremonias lluviosas,
de antiguas tierras y martirios. [...]

Tú fuiste mi vencedora
por el amor y por la tierra,
porque tu boca me traía
antepasados manantiales,
citas en bosques de otra edad,
oscuros tambores mojados:
de pronto ví que me llamaban:
era de lejos y de cuando

me acerqué al antiguo follaje
y besé mi sangre en tu boca
corazón mío, mi araucana. [...]

Alguna vez si ya no somos,
si ya no vamos ni venimos
bajo siete capas de polvo
y los pies secos de la muerte,
estaremos juntos, amor,
extrañamente confundidos.
Nuestras espinas diferentes,
nuestros ojos maleducados,
nuestros pies que no se encontraban
y nuestros besos indelebles,
todo estará por fin reunido,
pero de qué nos servirá
la unidad en un cementerio?

Que no nos separe la vida
y se vaya al diablo la muerte!

Soneto

De viajes y dolores yo regresé, amor mío,
a tu voz, a tu mano volando en la guitarra,
al fuego que interrumpe con besos el otoño,
a la circulación de la noche en el cielo.

Para todos los hombres pido pan y reinado,
pido tierra para el labrador sin ventura,
que nadie espere tregua de mi sangre o mi canto.
Pero a tu amor no puedo renunciar sin morirme.

Por eso toca el vals de la serena luna,
la barcarola en el agua de la guitarra
hasta que se doblegue mi cabeza soñando:

que todos los desvelos de mi vida tejieron
esta enramada en donde tu mano vive y vuela
custodiando la noche del viajero dormido.

Soneto

Quiénes se amaron como nosotros? Busquemos
las antiguas cenizas del corazón quemado
y allí que caigan uno por uno nuestros besos
hasta que resucite la flor deshabitada.

Amemos el amor que consumió su fruto
y descendió a la tierra con rostro y poderío:
tú y yo somos la luz que continúa,
su inquebrantable espiga delicada.

Al amor sepultado por tanto tiempo frío,
por nieve y primavera, por olvido y otoño,
acerquemos la luz de una nueva manzana,

de la frescura abierta por una nueva herida,
como el amor antiguo que camina en silencio
por una eternidad de bocas enterradas.

OCTAVIO PAZ

Nace en Ciudad de México en 1914;
muere en Ciudad de México en 1998

Primer día

*D*el verdecido júbilo del cielo
luces recobras que la luna pierde
porque la luz de sí misma recuerde
relámpagos y otoños en tu pelo.

El viento bebe viento en su revuelo,
mueve las hojas y su lluvia verde,
moja tus hombros, tus espaldas muerde
y te desnuda y quema y vuelve yelo

Dos barcos de velamen desplegado
tus dos pechos. Tu espalda es un torrente.
Tu vientre es un jardín petrificado.

Es otoño en tu nuca: sol y bruma.
Bajo del verde cielo adolescente
tu cuerpo da su enamorada suma.

Piedra de sol

[...] Voy por tu cuerpo como por el mundo,
tu vientre es una plaza soleada,
tus pechos dos iglesias donde oficia
la sangre sus misterios paralelos,
mis miradas te cubren como yedra,
eres una ciudad que el mar asedia,
una muralla que la luz divide
en dos mitades de color durazno,
un paraje de sal, rocas y pájaros
bajo la ley del mediodía absorto,

vestida del color de mis deseos
como mi pensamiento vas desnuda,
voy por tus ojos como por el agua,
los tigres beben sueño en esos ojos,
el colibrí se quema en esas llamas,
voy por tu frente como por la luna,
como la nube por tu pensamiento,
voy por tu vientre como por tus sueños,

tu falda de maíz ondula y canta,
tu falda de cristal, tu falda de agua,
tus labios, tus cabellos, tus miradas,
toda la noche llueves, todo el día
abres mi pecho con tus dedos de agua,
cierras mis ojos con tu boca de agua,
sobre mis huesos llueves, en mi pecho
hunde raíces de agua un árbol líquido,

voy por tu talle como por un río,
voy por tu cuerpo como por un bosque,
como por un sendero en la montaña
que en un abismo brusco se termina,
voy por tus pensamientos afilados
y a la salida de tu blanca frente
mi sombra despeñada se destroza,
recojo mis fragmentos uno a uno
y prosigo sin cuerpo, busco a tientas,

corredores sin fin de la memoria,
puertas abiertas a un salón vacío
donde se pudren todos los veranos,
las joyas de la sed arden al fondo,
rostro desvanecido al recordarlo,
mano que se deshace si la toco,
cabelleras de arañas en tumulto
sobre sonrisas de hace muchos años,

a la salida de mi frente busco,
busco sin encontrar, busco un instante,
un rostro de relámpago y tormenta
corriendo entre los árboles nocturnos,
rostro de lluvia en un jardín a obscuras,
agua tenaz que fluye a mi costado,

busco sin encontrar, escribo a solas,
no hay nadie, cae el día, cae el año,
caigo con el instante, caigo a fondo,
invisible camino sobre espejos
que repiten mi imagen destrozada,
piso días, instantes caminados,
piso los pensamientos de mi sombra,
piso mi sombra en busca de un instante... [...]

Garabato

C on un trozo de carbón
     con mi gis roto y mi lápiz rojo
dibujar tu nombre
el nombre de tu boca
el signo de tus piernas
en la pared de nadie
En la puerta prohibida
grabar el nombre de tu cuerpo
hasta que la hoja de mi navaja
sangre
          y la piedra grite
y el muro respire como un pecho

149

Raíz del hombre

II

[...] Amante, todo calla
bajo la voz ardiente de tu nombre.
Amante, todo calla. Tú, sin nombre,
en la noche desnuda de palabras.

III

É sta es tu sangre,
desconocida y honda,
que penetra tu cuerpo
y baña orillas ciegas
de ti misma ignoradas.

Inocente, remota,
en su denso insistir, en su carrera,
detiene a la carrera de mi sangre.
Una pequeña herida
y conoce a la luz,
al aire que la ignora, a mis miradas.

Ésta es tu sangre, y éste
el prófugo rumor que la delata.

Y se agolpan los tiempos
y vuelven al origen de los días,
como tu pelo eléctrico si vibra
la escondida raíz en que se ahonda,
porque la vida gira en ese instante,
y el tiempo es una muerte de los tiempos
y se olvidan los nombres y las formas.

Ésta es tu sangre, digo,
y el alma se suspende en el vacío
ante la viva nada de tu sangre.

Bajo tu clara sombra

I

*B*ajo tu clara sombra
vivo como la llama al aire,
en tenso aprendizaje de lucero.

II

*T*engo que hablaros de ella.
Suscita fuentes en el día,
puebla de mármoles la noche.
La huella de su pie
es el centro visible de la tierra,
la frontera del mundo,
sitio sutil, encadenado y libre;
discípula de pájaros y nubes
hace girar al cielo;
su voz, alba terrestre,
nos anuncia el rescate de las aguas,
el regreso del fuego,
la vuelta de la espiga,
las primeras palabras de los árboles,
la blanca monarquía de las alas.

No vio nacer al mundo,
mas se enciende su sangre cada noche
con la sangre nocturna de las cosas
y en su latir reanuda
el son de las mareas
que alzan las orillas del planeta,
un pasado de agua y de silencio
y las primeras formas de la materia fértil.

Tengo que hablaros de ella,
de su fresca costumbre
de ser simple tormenta, rama tierna.

III

Mira el poder del mundo,
mira el poder del polvo, mira el agua.

Mira los fresnos en callado círculo,
toca su reino de silencio y savia,
toca su piel de sol y lluvia y tiempo,
mira sus verdes ramas cara al cielo,
oye cantar sus hojas como agua.

Mira después la nube,
anclada en el espacio sin mareas,
alta espuma visible
de celestes corrientes invisibles.

Mira el poder del mundo,
mira su forma tensa,
su hermosura inconsciente, luminosa.

Toca mi piel, de barro, de diamante,
oye mi voz en fuentes subterráneas,
mira mi boca en esa lluvia obscura,
mi sexo en esa brusca sacudida
con que desnuda el aire los jardines.

Toca tu desnudez en la del agua,
desnúdate de ti, llueve en ti misma,
mira tus piernas como dos arroyos,
mira tu cuerpo como un largo río,
son dos islas gemelas tus dos pechos,
en la noche tu sexo es una estrella,
alba, luz rosa entre dos mundos ciegos,
mar profundo que duerme entre dos mares.

Mira el poder del mundo:
reconócete ya, al reconocerme.

IV

*U*n cuerpo, un cuerpo solo, sólo un cuerpo,
 un cuerpo como día derramado
y noche devorada;
la luz de unos cabellos
que no apaciguan nunca
la sombra de mi tacto;
una garganta, un vientre que amanece
como el mar que se enciende
cuando toca la frente de la aurora;
unos tobillos, puentes del verano;
unos muslos nocturnos que se hunden
en la música verde de la tarde;
un pecho que se alza
y arrasa las espumas;
un cuello, sólo un cuello,
unas manos tan sólo,
unas palabras lentas que descienden
como arena caída en otra arena...

Esto que se me escapa,
agua y delicia obscura,
mar naciendo o muriendo;
estos labios y dientes,
estos ojos hambrientos,
me desnudan de mí
y su furiosa gracia me levanta
hasta los quietos cielos
donde vibra el instante:
la cima de los besos,
la plenitud del mundo y de sus formas.

Nuevo rostro

L a noche borra noches en tu rostro,
   derrama aceites en tus secos párpados,
quema en tu frente el pensamiento
y atrás del pensamiento la memoria.

Entre las sombras que te anegan
otro rostro amanece.
Y siento que a mi lado
no eres tú la que duerme,
sino la niña aquella que fuiste
y que esperaba sólo que durmïeras
para volver y conocerme.

Los novios

T endidos en la yerba
   una muchacha y un muchacho.
Comen naranjas, cambian besos
como las olas cambian sus espumas.

Tendidos en la playa
una muchacha y un muchacho.
Comen limones, cambian besos
como las nubes cambian sus espumas.

Tendidos bajo tierra
una muchacha y un muchacho.
No dicen nada, no se besan,
cambian silencio por silencio.

Dos cuerpos

*D*os cuerpos frente a frente
son a veces dos olas
y la noche es océano.

Dos cuerpos frente a frente
son a veces dos piedras
y la noche desierto.

Dos cuerpos frente a frente
son a veces raíces
en la noche enlazadas.

Dos cuerpos frente a frente
son a veces navajas
y la noche relámpago.

Dos cuerpos frente a frente
son dos astros que caen
en un cielo vacío.

Tus ojos

*T*us ojos son la patria del relámpago y de la lágrima,
silencio que habla,
tempestades sin viento, mar sin olas,
pájaros presos, doradas fieras adormecidas,
topacios impíos como la verdad,
otoño en un claro del bosque en donde la luz canta en el hombro
de un árbol y son pájaros todas las hojas,
playa que la mañana encuentra constelada de ojos,
cesta de frutos de fuego,
mentira que alimenta,
espejos de este mundo, puertas del más allá,
pulsación tranquila del mar a mediodía,
absoluto que parpadea,
páramo.

Cuerpo a la vista

Y las sombras se abrieron otra vez y mostraron un cuerpo:
  tu pelo, otoño espeso, caída de agua solar,
tu boca y la blanca disciplina de sus dientes caníbales, prisioneros
                                                    [en llamas,
tu piel de pan apenas dorado y tus ojos de azúcar quemada,
sitios en donde el tiempo no transcurre,
valles que sólo mis labios conocen,
desfiladero de la luna que asciende a tu garganta entre tus senos,
cascada petrificada de la nuca,
alta meseta de tu vientre,
playa sin fin de tu costado.

Tus ojos son los ojos fijos del tigre
y un minuto después son los ojos húmedos del perro.

Siempre hay abejas en tu pelo.

Tu espalda fluye tranquila bajo mis ojos
como la espalda del río a la luz del incendio.

Aguas dormidas golpean día y noche tu cintura de arcilla
y en tus costas, inmensas como los arenales de la luna,
el viento sopla por mi boca y su largo quejido cubre con sus dos
                                                    [alas grises
la noche de los cuerpos,
como la sombra del águila la soledad del páramo.

Las uñas de los dedos de tus pies están hechas del cristal del
                                                    [verano.
Entre tus piernas hay un pozo de agua dormida,
bahía donde el mar de noche se aquieta, negro caballo
                                                    [de espuma,
cueva al pie de la montaña que esconde un tesoro,
boca del horno donde se hacen las hostias,
sonrientes labios entreabiertos y atroces,
nupcias de la luz y la sombra, de lo visible y lo invisible
(allí espera la carne su resurrección y el día de la vida
                                                    [perdurable).

Patria de sangre,
única tierra que conozco y me conoce,
única patria en la que creo,
única puerta al infinito.

Agua nocturna

*L*a noche de ojos de caballo que tiemblan en la noche,
  la noche de ojos de agua en el campo dormido,
está en tus ojos de caballo que tiembla,
está en tus ojos de agua secreta.

Ojos de agua de sombra,
ojos de agua de pozo,
ojos de agua de sueño.

El silencio y la soledad,
como dos pequeños animales a quienes guía la luna,
beben en esos ojos,
beben en esas aguas.

Si abres los ojos,
se abre la noche de puertas de musgo,
se abre el reino secreto del agua
que mana del centro de la noche.

Y si los cierras,
un río, una corriente dulce y silenciosa,
te inunda por dentro, avanza, te hace obscura:
la noche moja riberas en tu alma.

Hermosura que vuelve

*E*n un rincón del salón crepuscular
  O al volver una esquina en la hora indecisa y blasfema,
O una mañana parecida a un navío atado al horizonte,
O en Morelia, bajo los arcos rosados del antiguo acueducto,
Ni desdeñosa ni entregada, centelleas.

El telón de este mundo se abre en dos.
Cesa la vieja oposición entre verdad y fábula,
Apariencia y realidad celebran al fin sus bodas,
Sobre las cenizas de las mentirosas evidencias
Se levanta una columna de seda y electricidad,
Un pausado chorro de belleza.
Tú sonríes, arma blanca a medias desenvainada.

Niegas al sueño en pleno sueño,
Desmientes al tacto y a los ojos en pleno día.
Tú existes de otro modo que nosotros,
No eres la vida pero tampoco la muerte.
Tú nada más estás,
Nada más fulges, engastada en la noche.

Estrella interior

[...] *A* islada en su esplendor
La mujer brilla como una alhaja
Como un arma dormida y temible
Reposa la mujer en la noche
Como agua fresca con los ojos cerrados
A la sombra del árbol
Como una cascada detenida en mitad de su salto
Como el río de rápida cintura helado de pronto
Al pie de la gran roca sin facciones
Al pie de la montaña
Como el agua del estanque en verano reposa
En su fondo se enlazan álamos y eucaliptos
Astros o peces brillan entre sus piernas
La sombra de los pájaros apenas obscurece su sexo
Sus pechos son dos aldeas dormidas
Como una piedra blanca reposa la mujer
Como el agua lunar en un cráter extinto
Nada se oye en la noche de musgo y arena
Sólo el lento brotar de estas palabras
A la orilla del agua a la orilla de un cuerpo
Pausado manantial

Oh transparente monumento
Donde el instante brilla y se repite
Y se abisma en sí mismo y nunca se consume [...]

Rotación

*A*lta columna de latidos
    sobre el eje inmóvil del tiempo
el sol te viste y te desnuda
El día se desprende de tu cuerpo
y se pierde en tu noche
La noche se desprende de tu día
y se pierde en tu cuerpo
Nunca eres la misma
acabas siempre de llegar
estás aquí desde el principio

Cabellera

II

*Q*ué hermoso, verde día,
    estremecido, luminoso río,
corre bajo tus pies,
te ciñe y te ilumina?

El mes de Junio, amante,
el implacable y tierno mes de Junio,
transparente, sin cuerpo,
envolviendo en su luz tu cabellera,
el puro mes de nubes deslumbradas,
follajes de presencias invisibles.

¡Qué soles, nubes, montes,
acantilados diáfanos,
nupcias vertiginosas en el cielo!
El mes de Junio, amante, te arrebata,
te cerca de latidos y de luces,
de sonoras presencias
y formas navegando entre los aires.

159

V

H oras, desnudas horas.
¿Qué mano corta el tiempo,
despedaza mi cuerpo, abre mis venas
y hace correr mi sangre
en un obscuro mundo
de latidos, relámpagos, silencio?

¿Qué terrenal aliento, qué latido,
tu vivo cuerpo crea
y entre mis manos lentas lo deshace?

Horas, desnudas horas.
Desnuda, entre mi sangre, en mis raíces,
más hondo que mis huesos,
más hondo que la llama de que nacen,
más hondo que la sangre que los baña,
desnuda y silenciosa.

Horas, desnudas horas.
¿Qué mano corta el tiempo,
despedaza mi cuerpo, abre mis venas
y hace correr mi sangre
en negras horas, en espesas olas?
¿Qué hermosa, mortal mano,
corta la música del mundo
y el tallo de tu voz, en que florece?

VI

E n los últimos límites carnales
tu sangre quietamente te descubre;
invencible latir, olas obscuras,
te atan a la muerte que nos sitia,
a mi mano mortal, al tiempo inmóvil
que llena nuestro amor y nuestro olvido.

En el aire poblado de alas ciegas,
de pájaros o llamas invisibles

que nacen de tu aliento y agonizan,
¿dónde tu voz, tu nombre mismo, dónde?,
¿dónde nosotros, tú, si sólo somos
en la música un poco de ternura?

Amor, amor, ¡qué sombras nos oprimen!,
¡qué lentos aires tibios nos devoran!,
¡qué fértiles incendios en la noche
nos cubren de presagios y de llamas!,
¡qué silencios nos ciñen y destruyen!
¡qué derrotas, amor, o qué victorias,
nos alzan, nos sepultan en sus olas,
océano de sombras y de nada!

VII

*T*endida y desgarrada,
 a la derecha de mis venas, muda;
en mortales orillas infinita,
inmóvil y serpiente.

Toco tu delirante superficie,
los poros silenciosos, jadeantes,
la circular carrera de tu sangre,
su reiterado golpe, verde y tibio.

Primero es un aliento amanecido,
una obscura presencia de latidos
que recorren tu piel, toda de labios,
resplandeciente tacto de caricias.

El arco de las cejas se hace ojera.
Ay, sed, desgarradura,
horror de heridos ojos
donde mi origen y mi muerte veo,
graves ojos de náufraga
citándome a la espuma,
a la blanca región de los desmayos
en un voraz vacío
que nos hunde en nosotros.

Arrojados a blancas espirales
rozamos nuestro origen,
el vegetal nos llama,
la piedra nos recuerda
y la raíz sedienta
del árbol que creció de nuestro polvo.

Adivino tu rostro entre estas sombras,
el terrible sollozo de tu sexo,
todos tus nacimientos
y la muerte que llevas escondida.
En tus ojos navegan niños, sombras,
relámpagos, mis ojos, el vacío.

SIETE SIGLOS DE POESÍA DE AMOR EN LENGUA ESPAÑOLA

LIBRO DE APOLONIO

Siglo XIII

AMORES DE APOLONIO Y LUCIANA

Apolonio, rey de Tiro, náufrago, consigue salvarse cerca de la ciudad del rey Arquitrastes. Juega a la pelota con unos jóvenes de la ciudad, por donde cae en gracia al rey y halla entrada en Palacio. Se casa con Luciana, hija de Arquitrastes.

*A*un por venir era la hora de yantar
   saliénse los donzeles fuera a deportar,
comenzaron luego la pellota a jugar,
que solían a esse tiempo aver esse jugar.

Metióse Apolonio maguer mal adobado,
con ellos al trebejo, su manto afiblado,
abinié en el juego, fazié tan aguisado
como si fuesse de pequenyo i criado. [...]

El rey hace llamar a Apolonio y le sienta a su mesa. Ordena el rey a su hija Luciana que consuele la tristeza de Apolonio. Luciana lo intenta en los versos siguientes:

Aguisósse la duenya fiziéronle logar;
tempró bien la vihuella en un son natural,
dexó cayer el manto, paróse en un brial,
començó una leude, omne non vio atal. [...]

*M*aestro —dixo ella—, si amor te tocase,
　»non querriés que tu lazerio otrie lograse,
»nunca lo creyería fasta que lo provase,
»que del rey de Tiro desdenyada fincase.»

Escrivió una carta, e cerróla con cera;
diola a Apolonio que mensajero era,
que la diese al rey que estaba en la glera.
Sabet que fue aína andada la carrera.

Abrió el rey la carta, e fízola catar,
la carta dizía esto, sópola bien dictar;
que con el pelegrino quería ella casar,
que con el cuerpo solo estorció de la mar.

Fízose de esta cosa el rey maravillado,
non podía entender la fuerça del dictado,
demandó que cuál era ell infante venturado,
que lidió con las ondas e con el mar airado...

Dio Apolonio la carta a leyer
si podrié por ventura la cosa entender;
vio el rey de Tiro qué avía de seyer,
començóle la carta toda a embermejar.

Fue el rey metiendo mientras en la razón,
fuésele demudando todo el corazón,
echó a Apolonio mano al cabeçón,
apartóse con éll sin otro nuyll varón.

Dixo: «Yo te conjuro, maestro e amigo,
»por ell amor que yo tengo establecido contigo,
»como tú lo entiendes, que lo fables conmigo;
»si non, por tu fazienda non daría un figo.»

Respuso Apolonio: «Rey, mucho me embargas,
»fuertes paraulas me dizes, e mucho me amargas;
»creio que de mí traen estas nuevas tan largas;
»mas si a ti non plazen son para mi amargas.»

Recudióle el rey como leyal varón:
«Non te mintré, maestro, que sería traiçón,
»cuando ella lo quiere, plázeme de corazón,
»otorgada la ayas sin nulla condición...»

Entraron a la villa, que ya querién comer,
subieron al castiello la enferma veyer,
ella cuando vido al rey cerca de sí seyer,
fízose más enferma, començó de tremer. [...]

«Padre, bien vos lo digo cuando me lo demandades,
»que si de Apolonio en otro me cambiades,
»non vos miento, desto bien seguro seyades,
»en pie non me veredes cuantos días bivades.»

«Fija —dixo el rey—, grant placer me ficiestes;
»de Dios vos vino esto que tan bien escogiestes.
»Condonado vos seya esto que vos pidiestes,
»bien lo queremos todos cuando vos lo quisiestes.»

Sallió, esto partido, el rey por el corral,
fallóse con su yerno en medio del portal,
afirmaron la cosa en recabdo cabdal,
luego fue abaxando a la duenya el mal.

Fueron las bodas fechas ricas e abondadas,
fueron muchas de yentes a ellas combidadas,
duraron muchos días que non eran pasadas,
por esos grandes tiempos non fueron olvidadas.

Entró entre los novios muy grant dilección,
el Criador entre ellos metió su bendición;
nunca varón a fembra, nin fembra a varón
non servió en este mundo de mejor coraçón. [...]

RAZÓN DE AMOR

Siglo XIII

Qui triste tiene su coraçón
　benga oír esta razón.
Odrá razón acabada,
feita d'amor e bien rimada.
Un escolar la rimó,
que siempre dueñas amó,
mas siempre ovo criança
en Alemania y en Francia;
moró mucho en Lombardía
pora aprender cortesía.

En el mes d'abril, después yantar,
estava so un olivar.

Entre cimas d'un mançanar
un vaso de plata vi estar.
Pleno era d'un claro vino
que era bermejo e fino;
cubierto era de tal mesura
no lo tocás' la calentura.
Una dueña lo í eva puesto,
que era señora del uerto,
que, cuan' su amigo viniese,
d'aquel vino a bever le diesse.
Qui de tal vino oviesse
en la mañana cuan' comiesse
e dello oviesse cada día
nunca más enfermaría. [...]

De las flores viene tomando,
en alta voz d'amor cantando,
e decía: «¡Ay, meu amigo,

»si me veré ya más contigo!
»Amet' siempre e amaré
»cuanto que biva seré.

»Porque eres escolar
»quisquiere te devría más amar.
»Nunqua odí de homne decir
»que tanta bona manera ovo en sí.
»Más amaría contigo estar
»que toda España mandar;
mas d'una cosa so cuitada:
»he miedo de seder enganada,
»que dizen que otra dona,
»cortesa e bela e bona,
»te quiere tan grant ben,
»por ti pierde su sen,
»e por eso he pavor
»que a esa quieras mejor,
»¡Mas si io te vies' una vegada,
»a plan me queriés por amada!» [...]

ROMANCES

Romance de doña Alda

*E*n París está doña Alda,
la esposa de don Roldán,
trescientas damas con ella
para bien la acompañar:
todas visten un vestido,
todas calzan un calzar,
todas comen a una mesa,
todas comían de un pan.
Las ciento hilaban el oro,
las ciento tejen cendal,
ciento tañen instrumentos
para a doña Alda alegrar.
Al son de los instrumentos
doña Alda adormido se ha;
ensoñado había un sueño,
un sueño de gran pesar.
Despertó despavorida
con un dolor sin igual,
los gritos daba tan grandes
se oían en la ciudad.
—¿Qué es aquesto, mi señora,
qué es lo que os hizo mal?
—Un sueño soñé, doncellas,
que me ha dado gran pesar:
que me veía en un monte,
en un desierto lugar,
y de so los montes altos
un azor vide volar;
tras dél viene una aguililla
que lo ahincaba muy mal.
El azor con grande cuita
metióse so mi brial;

171

el águila con gran ira
de allí lo iba a sacar;
con las uñas lo despluma,
con el pico lo deshace.
Allí habló su camarera,
bien oiréis lo que dirá:
—Aquese sueño, señora,
bien os lo entiendo soltar:
el azor es vuestro esposo,
que de España viene ya;
el águila sodes vos,
con la cual ha de casar,
y aquel monte era la iglesia
donde os han de velar.
—Si es así, mi camarera,
bien te lo entiendo pagar.
Otro día de mañana
cartas de lejos le traen;
tintas venían de fuera,
de dentro escritas con sangre,
que su Roldán era muerto
en la caza de Roncesvalles.
Cuando tal oyó doña Alda
muerta en el suelo se cae.

Romance del prisionero

Que por mayo era por mayo
cuando hace la calor,
cuando los trigos encañan
y están los campos en flor,
cuando canta la calandria
y responde el ruiseñor,
cuando los enamorados
van a servir al amor,
sino yo, triste, cuitado,
que vivo en esta prisión;
que ni sé cuándo es de día
ni cuándo las noches son,

sino por una avecilla
que me cantaba al albor.
Matómela un ballestero;
déle Dios mal galardón.

Anónimo

ROMANCE

*M*al ferida iba la garza
enamorada.
Sola va, y gritos daba.

Romance de Fonte frida y con amor

*F*onte frida, Fonte frida,
Fonte frida y con amor,
do todas las avecicas
van tomar consolación,
si no es la Tortolica,
que está viuda y con dolor.
Por allí fuera a pasar
el traidor de Ruiseñor;
las palabras que le dice
llenas son de traición:
—Si tú quisieses, señora,
yo sería tu servidor.
—Vete de ahí, enemigo,
malo, falso, engañador,
que ni poso en ramo verde
ni en prado que tenga flor;
que si el agua hallo clara
turbia la bebía yo;
que no quiero haber marido
porque hijos no haya, no;
no quiero placer con ellos,
ni menos consolación.

¡Déjame, triste enemigo,
malo, falso, ruin traidor,
que no quiero ser tu amiga
ni casar contigo, no!

Romance del infante Arnaldos

Quién hubiera tal ventura
sobre las aguas del mar
como hubo el infante Arnaldos
la mañana de San Juan!
Andando a buscar la caza
para su falcón cebar,
vio venir una galera
que a tierra quiere llegar;
las velas trae de sedas,
la ejarcia de oro torzal,
áncoras tiene de plata,
tablas de fino coral.
Marinero que la guía,
diciendo viene un cantar,
que la mar ponía en calma,
los vientos hace amainar;
los peces que andan al hondo,
arriba los hace andar;
las aves que van volando,
al mástil vienen posar.
Allí habló el infante Arnaldos,
bien oiréis lo que dirá:
—Por tu vida, el marinero,
dígasme ora ese cantar.
Respondióle el marinero,
tal respuesta le fue a dar:
—Yo no digo mi canción
sino a quien conmigo va.

JUAN RUIZ, ARCIPRESTE DE HITA

Nace en Alcalá de Henares (?) en 1283 (?);
muere en Guadalajara (?) en 1350 (?)

*E*l oír e el oler, el tañer, el gustar,
todos los çinco sesos tú los vienes tomar;
non ay omne que te sepa del todo denostar
quanto eres denostada do te vienes acostar.

Tiras toda Vergüença, desfeas Fermosura,
desadonas la Graçia, denuestas la Mesura,
enflaquesçes la Fuerça, enloquesçes Cordura,
lo dulçe fazes fiel con tu mucha amargura.

Despreçias Loçanía, el oro escureçes,
desfazes la Fechura, Alegría entristezes,
manzillas la Linpieza, Cortesía envileçes:
Muerte, matas la Vida, el Amor aborresçes.

DON SEM TOB (o SANTOB) DE CARRIÓN

Nace en Carrión de los Condes (?) (Palencia) en 1290 (?);
muere en 1369 (?)

Proverbios morales

[...] *Q* uando la rosa seca
e en su tienpo sale,
el agua della fynca,
rosada, que mas vale. [...]

En sueño una fermosa
besaba una vegada,
estando muy medrosa
delos de su posada.

Fallé boca sabrosa,
saliva muy tenprada;
non vi tan dulce cosa,
mas agra a la dexada. [...]

ALFONSO ÁLVAREZ DE VILLASANDINO

Nace en Villasandino en 1340 (?);
muere en 1425 (?)

Q uien de linda se enamora
atender debe perdón,
en caso que sea mora.

El amor e la ventura
me fizieron ir mirar
muy graciosa criatura
de linaje de Aguar;
quien fablare verdad pura,
bien puede dezir que non
tiene talle de pastora.

Linda rosa muy suave
vi plantada en un vergel,
puesta so secreta llave,
de la liña de Ismael:
maguer sea cosa grave,
con todo mi coraçón
la rescibo por señora.

Mahomad el atrevido
ordenó que fuese tal,
de aseo noble, complido,
albos pechos de cristal;
de alabasto muy broñido
debié ser con grant razón
lo que cubre su alcandora.

Dióle tanta fermosura
que lo non puedo dezir;
cuantos miran su figura
todos la aman servir;
con lindeza e apostura
vence a todas cuantas son
de alcuña donde mora.

Non sé hombre tan guardado
que viese su resplandor,
que non fuese conquistado
en un punto de su amor;
por haber tal gasajado
yo pornía en condición
la mi alma pecadora.

ÁLVARO DE LUNA

Nace en Cañete (Cuenca) en 1388;
muere en Valladolid en 1453

Canciones

I

Si Dios, nuestro Salvador,
    ovier de tomar amiga,
fuera mi competidor.

Aun se m'antoxa, senyor,
si esta tema tomaras,
que justas e quebrar varas
ficieras por su amor.

Si fueras mantenedor,
contigo me las pagara,
e non te alzara la vara,
por ser mi competidor.

II

Porque de llorar
    et de sospirar
ya non cesaré,
pues que por loar
a quien fuy amar,
yo nunca cobré.

Lo que deseé
et desearé
ya más todavía.
Aunque çierto sé
que menos habré
que en el primer día.

De quien su porfía
me quita alegría,
después que la vi.
Que ya más querría
morir algún día
que bevir ansí.

Mas pues presomí
que desque nasçí
por ti padescer,
pues gran mal sofrí
resciba de ti
agora placer.

III

*M*i persona siempre fue
et assí será toda ora,
servidor de una senyora
la qual yo nunca diré.

Ya de Dios fue ordenado,
quando me fizo nacer,
que fuesse luego ofreçer
mi serviçio a vos de grado.

Tomat, senyora, cuidado
de mí, que soy todo vuestro,
pues que me fallastes presto
al tiempo que no diré.

ANTÓN DE MONTORO

Nace en Montoro (Córdoba) en 1404 (?);
muere en 1480 (?)

Amor que yo vi

A mor que yo vi
por mi pesar
quiero olvidar.

Mi coraçón se fue a perder
amando a quien no pudo aver.
Si lo perdí
por mi mal buscar,
¿dó lo iré fallar?

Por se perder cuitas le dan,
et puso a mí en tal afán,
que bivo así
sin le cobrar
por le contentar.

Allí do piensa bevir
faze a mí solo morir.
Mas pues allí
piensa durar,
dévolo dexar.

ÍÑIGO LÓPEZ DE MENDOZA, MARQUÉS DE SANTILLANA

Nace en Carrión de los Condes (Palencia) en 1398;
muere en Guadalajara en 1458

Serranillas

*M*oça tan fermosa
non vi en la frontera
como una vaquera
de la Finojosa.

Faciendo la vía
del Calatraveño
a Santa María,
vençido del sueño,
por tierra fragosa
perdí la carrera,
do vi la vaquera
de la Finojosa.

En un verde prado
de rosas e flores,
guardando ganado
con otros pastores,
la vi tan graçiosa,
que apenas creyera
que fuese vaquera
de la Finojosa.

Non creo las rosas
de la primavera
sean tan fermosas
nin de tal manera,
fablando sin glosa
si antes supiera
de aquella vaquera
de la Finojosa.

Non tanto mirara
su mucha beldad,
porque me dejara
en mi libertad.
Mas dije: «Donosa,
por saber quién era,
¿aquella vaquera
de la Finojosa?...»

Bien como riendo,
dijo: «Bien vengades,
que ya bien entiendo
lo que demandades:
non es desseosa
de amar, nin lo espera,
aquessa vaquera
de la Finojosa.»

La moçuela de Bores

*M*oçuela de Bores,
allá do la Lama,
pusom' en amores.

Cuidé qu' olvidado
amor me tenía,
como quien s' havía
grand tiempo dexado
de tales dolores
que más que la llama
queman, amadores.

Mas vi la fermosa
de buen continente,
la cara plaziente,
fresca como rosa,
de tales colores
cual nunca vi dama,
nin otra, señores.

Por lo cual: «Señora»,
le dixe, «en verdad
la vuestra beldad
saldrá desd' agora
dentr' estos alcores,
pues meresce fama
de grandes loores».

Dixo: «Cavallero,
tiradvos afuera:
dexad la vaquera
passar al otero;
ca dos labradores
me piden de Frama,
entrambos pastores».

«Señora, pastor
seré, si queredes:
mandarme podedes
como a servidor;
mayores dulçores
será a mí la brama
que oír ruiseñores.»

Assí concluimos
el nuestro processo,
sin fazer excesso,
e nos avenimos.
E fueron las flores
de cabe Espinama
los encubridores.

Recuérdate de mi vida,
pues que viste
mi partir e despedida
ser tan triste.

Recuérdate que padesco
e padescí
las penas que non meresco,
desque oí

la respuesta non devida
que me diste,
por la cual mi despedida
fue tan triste.

Pero non cuides, señora,
que por esto
te fue nin te sea agora
menos presto,
que de llaga non fengida
me feriste
assí que mi despedida
fue tan triste.

COSTANA

Segunda mitad del siglo XV

Conjuros de amor

[...] *A*quel amor que publica
con su llanto de amargura
desmedido
la vïuda tortolica,
cuando llora con tristura
su marido
     y se busca soledad
donde su llanto concierte
muy esquivo,
te haga haber piedad
de la dolorosa muerte
que recibo.

Aquel amor tan derecho
y querencias tan estrañas
sin temor,
del ave que rompe el pecho
y da comer sus entrañas
por amor,
     en ti misma lo recibas,
y tan poderoso sea
con sus llamas,
que rompas tus carnes vivas,
porque yo solo te crea
que me amas. [...]

¡Oh Amor! ¿y dónde miras?
Tu fuerça que no paresce,
dime, ¿dóla?
¿contra quién obran tus iras?
¿quién mejor te las meresce
que ésta sola?

Vuelve tus sañas en ella,
muestre tu poder cumplido
cuánto pueden,
porque con muerte de aquella
que tus leyes ha rompido
firmes queden.

A éste con rabia pido
que de su mano herida
tal te veas
cual se vio la reina Dido
a la muy triste partida
de su Eneas:
    y con el golpe mortal
que dio fin a sus amores
te conjuro
que tu vevir desleal
no jamás de sus dolores
veas seguro. [...]

Fin

Amor que prende y quebranta,
fuerça que fuerças derriba
muy entera,
y al mismo temor espanta
y a lo más libre cativa
sin que quiera,
    a ti, muy desconoscida,
tan cruelmente cative,
pues que sabe
que la mi penosa vida
que en tal dolor siempre vive
no s'acabe.

MACÍAS «EL ENAMORADO»

Nace en Padrón (La Coruña) en el siglo XV;
muere en Arjonilla (Jaén) en 1434

Cantigas en loores de Amor

*C*on tan alto poderyo
   Amor nunca fue juntado
nin con tal orgullo e brío
qual yo uy por mi pecado
contra mí, que fuy sandío
denodado en yr a ver
     su grant poder
e muy alto señoryo.

Con él venía Messura,
e la noble Cortesya,
la poderosa Cordura,
la briosa Loçanía;
rreglávalos Fermosura
que traya gran valor,
     porque Amor
vençió la mi grant locura.

El mi coraçón syn seso
desque los sus ases vydo,
fallesçióme e fuy preso,
e finqué muy mal ferido:
la mi vida es en pesso
sy acorro non me ven,
     ora de quen
el desir ni era defeso.

Rendyme a su altesa
desque fuy desbaratado,
e priso me con cruesa
onde bivo encarçelado:
las mis guardas son Tristura
e Cuydado en que biví,
     después que vy
la su muy gran rrealesa.

191

FRANCISCO BOCANEGRA

Nace en el siglo xv

Serrana

*L*legando a Pineda,
  del monte cansado,
serrana muy leda
vi en un verde prado.

Vila, acompañada
de muchos garçones,
en dança reglada
d'acordados sones.

Qualquier que la viera,
como yo, ¡cuitado!...,
en gran dicha oviera
el ser della amado.

Sola fermosura
tiene por arreo,
de gran apostura,
et muy grant asseo.

Cierto es que l' amara,
car fui demudado,
si non m' acordara
qu' era enamorado.

PEDRO DE CARTAGENA

Nace en 1456;
muere en 1486

Coplas

QUE HIZO TENIENDO EL AMOR EN EL ESTRECHO QUE AQUÍ DIZE

*L*a fuerça del fuego que alumbra, que ciega
  mi cuerpo, mi alma, mi muerte, mi vida,
do entra, do hiere, do toca, do llega,
mata y no muere su llama encendida:
pues ¿qué haré, triste, que todo m' ofende?
Lo bueno y lo malo me causan congoxa;
quemándome el fuego que mata, qu' enciende,
su fuerça que fuerça, que ata, que prende,
que prende, que suelta, que tira, que afloxa.

¿A do yré, triste, que alegre me halle,
pues tantos peligros me tienen en medio?
Que llore, que ría, que grite, que calle,
ni tengo, ni quiero, ni espero remedio:
ni quiero qué quiera, ni quiero querer,
pues tanto que quiere tan rauiosa plaga:
ni ser yo vencido, ni quiero vencer,
ni quiero pesar, ni quiero plazer,
ni sé qué me diga, ni sé qué me haga.

Pues ¿qué haré, triste, con tan gran fatiga?
¿A quién me mandáys que mis males quexe?
¿Qué me mandáys que siga, que diga,
que sienta, que tome, que haya, que dexe?
Dadme remedio que yo no lo hallo
para este mi mal que no es escondido;
que muestro, que cubro, que sufro, que callo,
que biuo me mata y no puedo dexallo,
por donde de vida ya soy despedido.

195

GÓMEZ MANRIQUE

Nace en Amusco (tierra de Campos) en 1412 (?);
muere en Toledo en 1490 (?)

Sentimiento de partida

*Y*o parto de vos, doncella,
    fuera de mi libertad;
yo parto con gran querella
de vuestra pura bondad.

Yo parto con gran tormento
por esta triste partida,
e llevo tal pensamiento
que fará corta mi vida.

Yo parto con gran dolor
por ir de vos apartado:
yo parto muy amador
de vos, que voy desamado.

Yo parto en vuestra cadena
de que no cuido salir,
e llevo tan cruda pena,
que no vos la sé decir.

Yo parto mucho contento
de vuestra gentil figura;
yo parto bien descontento
de vuestra poca mesura.

Yo parto, mas non se parte
siempre de vos mi pensar;
e lievo la mayor parte
de dolor y de pesar.

Yo parto por que me alejo
el más triste que me vi;

yo parto, mas con vos dejo
la mayor parte de mí.

Yo parto triste por que
vuestro mirar me robó,
e lievo por buena fe
gran quexa de vuestro no.

Yo parto por que me aparta
la mi no buena fortuna;
yo parto con pena farta
sin esperança ninguna.

Yo me parto de mirarvos
con dolor muy dolorido,
e lievo de bien amarvos
prosupuesto no fengido.

Fin.

No quiero más enojarvos,
mas por merçed yo vos pido
que vos plaga recordarvos
de cuán triste me despido.

Canciones

*D*esnuda en una queça,
lavando a la fontana,
estava la niña loçana,
las manos sobre la treça.

Sin çarcillos nin sartal,
en una corta camisa,
fermosura natural,
la boca llena de risa,
descubierta la cabeza
como ninfa de Diana,
miraba la niña loçana
las manos sobre la treça.

JORGE MANRIQUE

Nace en Paredes de Nava (Palencia) en 1440;
muere en el castillo de Garci-Muñoz en 1479

Diciendo qué cosa es amor

*E*s amor fuerça tan fuerte
que fuerça toda razón;
una fuerça de tal suerte,
que todo seso convierte
en su fuerça y afición;
     una porfía forçosa
que no se puede vencer,
cuya fuerça porfiosa
hacemos más poderosa
queriéndonos defender.

Es placer en c'hay dolores,
dolores en c'hay alegría,
un pesar en c'hay dulçores,
un esfuerço en c'hay temores,
temor en c'hay osadía;
     un placer en c'hay enojos,
una gloria en c'hay pasión,
una fe en c'hay antojos,
fuerça que hacen los ojos
al seso y al coraçón.

Es una catividad,
sin parescer las prisiones;
un robo de libertad,
un forzar de voluntad
donde no valen razones;
     una sospecha celosa
causada por el querer,
una rabia deseosa
que no sabe qu'es la cosa
que desea tanto ver.

Es un modo de locura
con las mudanças que hace:
una vez pone tristura,
otra vez causa holgura,
como lo quiere y le place;
 un deseo que al ausente
trabaja, pena y fatiga;
un recelo que al presente
hace callar lo que siente,
temiendo pena que diga.

Fin.

Todas estas propiedades
tiene el verdadero amor;
el falso, mil falsedades,
mil mentiras, mil maldades
como fengido traidor;
 el toque para tocar
cuál amor es bien forjado,
es sofrir el desamar,
que no puede comportar
el falso sobredorado.

Canciones

No tardes, Muerte, que muero;
ven, porque viva contigo;
quiéreme, pues que te quiero,
que con tu venida espero
no tener guerra conmigo.

Remedio de alegre vida
no lo hay por ningún medio,
porque mi grave herida
es de tal parte venida
qu'eres tú sola remedio.

Ven aquí, pues, ya que muero;
búscame, pues que te sigo;
quiéreme, pues que te quiero,
e con tu venida espero
no tener vida conmigo.

JOAN ESCRIVÁ

Nace en Valencia hacia 1450;
muere a finales del siglo XV

Canción

*V*en, muerte, tan escondida,
   que no te sienta conmigo,
porqu'el gozo de contigo
no me torne a dar la vida.

Ven como rayo que hiere,
que hasta que ha herido
no se siente su ruydo,
por mejor herir do quiere:
assí sea tu venida;
si no, desde aquí me obligo
que el gozo que auré contigo
me dará de nueuo vida.

GARCI SÁNCHEZ DE BADAJOZ

Nace en Écija (Sevilla) en 1460 (?);
muere en 1526 (?)

Infierno de amor

*C*aminando en las honduras
de mis tristes pensamientos,
tanto anduve en mis tristuras,
que me hallé en los tormentos
de las tinieblas escuras;
vime entre los amadores
en el *Infierno de amores*
de quien escribe Guevara;
vime dónde me quedara
si alguno con mis dolores
en ser penado igualara.

Vilo todo torreado
de estraña labor de nuevo,
en el cual después de entrado,
vi estar solo un mancebo
en una silla asentado;
hízele la cortesía
que a su estado requería,
que bien vi que era el Amor,
al cual le dixe: —«Señor,
yo vengo en busca mía,
que me perdí de amador.»

Respondióme: —«Pues que vienes
a ver mi casa real,
quiero mostrarte los bienes,
pues que has visto mi mal
y lo sientes y lo tienes.»
Levantóse y luego entramos
a otra casa do hallamos
penando los amadores

entre los grandes señores,
en las manos sendos ramos,
todos cubiertos de flores.

Díxome: —«Si en una renta
vieres andar mis cativos,
no te ponga sobrevienta,
que de muertos y de vivos
de todos hago una cuenta;
todos los tengo encantados,
los vivos y los finados,
con las penas que tovieron,
de la misma edad que fueron,
cuando más enamorados
en este mundo se vieron.»

En entrando vi asentado
en una silla a Macías,
de las heridas llagado
que dieron fin a sus días,
y de flores coronado;
en son de triste amador
diziendo con gran dolor,
una cadena al pescueço,
de su canción el empieço:
Loado seas amor
por cuantas penas padeço.

Vi también a Juan Rodríguez
del Padrón decir penado:
Amor, ¿por qué me persigues,
no basta ser desterrado,
aun el alcance me sigues?
Éste estaba un poco atrás,
pero no mucho compás
de Macías padesciendo,
su misma canción diciendo:
Vive leda si podrás
y no penes atendiendo.

Vide luego a una ventana
de una rexa estar parado
al Marqués de Santillana,
preso y muy bien recabdado,
porque estaba de su gana:
y diziendo: *Mi penar,*
aunque no fue a mi pesar
ni son de oro mis cadenas,
siempre las terné por buenas;
mas no puedo comportar
el gran dolor de mis penas. [...]

JUAN DEL ENZINA

Nace en La Encina (Salamanca) en 1468 (?);
muere en León en 1530

No te tardes que me muero,
    carcelero,
no te tardes que me muero.

Apresura tu venida
porque no pierda la vida,
que la fe no está perdida.
Carcelero,
no te tardes que me muero.

Bien sabes que la tardanza
trae gran desconfianza;
ven y cumple mi esperanza.
Carcelero,
no te tardes que me muero.

Sácame d'esta cadena,
que recibo muy gran pena,
pues tu tardar me condena.
Carcelero,
no te tardes que me muero.

La primer vez que me viste,
sin te vencer me venciste;
suéltame, pues me prendiste.
Carcelero,
no te tardes que me muero.

La llave para soltarme
ha de ser galardonarme,
propiniendo no olvidarme.
Carcelero,
no te tardes que me muero.

Fin

Y siempre cuanto vivieres
haré lo que tú quisieres
si merced hacerme quieres.
Carcelero,
no te tardes que me muero.

GIL VICENTE

Nace en Lisboa (?) en 1465/1470 (?);
muere en Evora en 1536 (?)

*M*uy graciosa es la doncella,
¡cómo es bella y hermosa!

Digas tú, el marinero
que en las naves vivías
si la nave o la vela o la estrella
es tan bella.

Digas tú, el caballero
que las armas vestías,
si el caballo o las armas o la guerra
es tan bella.

Digas tú, el pastorcico
que el ganadico guardas,
si el ganado o los valles o la sierra
es tan bella.

Villancetes

*D*icen que me case yo:
no quiero marido, no.

Más quiero vivir segura
n'esta sierra a mi soltura
que no estar en ventura,
si casaré bien o no.
Dicen que me case yo:
no quiero marido, no.

Madre, no seré casada
por no ver vida cansada,
o quizá mal empleada
la gracia que Dios me dio.

Dicen que me case yo:
no quiero marido, no.

No será ni es nacido
tal para ser mi marido;
y pues que tengo sabido
que la flor yo me la so,
dicen que me case yo:
no quiero marido, no.

Los amores de la niña
que tan lindos ojos ha,
que tan lindos ojos ha,
¡Ay, Dios!, ¿quién los servirá?
¡Ay, Dios!, ¿quién los haberá?

Tiene los ojos de azor,
hermosos como la flor;
quien los sirviere de amor,
no sé cómo vivirá,
que tan lindos ojos ha.
¡Ay, Dios!, ¿quién los servirá?
¡Ay, Dios!, ¿quien los haberá?

Sus ojos son naturales
de las águilas reales,
los vivos hacen mortales,
los muertos suspiran allá,
que tan lindos ojos ha.
¡Ay, Dios!, ¿quién los servirá?
¡Ay, Dios!, ¿quién los haberá?

BARTOLOMÉ DE TORRES NAHARRO

Nace en Torre de Miguel Sexmero (Extremadura) en 1476 (?); muere en
Sevilla (?) en 1520/1530 (?)

Lamentación de amor

Mete las armas, traidora,
vuelve tus ojos vellidos,
oye mis llantos agora,
quita las manos, señora,
con que arapas los oídos.
Tus deseos son cumplidos
y mis días,
ora harás alegrías
si alguna pasión te daba
el gran despecho que habías
cuando de mí conoscías
que en verte resucitaba.
Si por amarte esperaba
cortesía,
por mis huesos la querría
si viniesen en tus manos,
que la triste carne mía
sé que en antes de año y día
será un montón de gusanos.
Mis ruegos, si no son vanos,
y mandares,
cuando mi huesa topares
hecha de tristes agüeros,
si por encima pasares
y de mí te recordares,
haz tus pies algo ligeros,
y con ojos halagüeros,
do estoviere,
di, pasando, el miserere,
que de nobles ganas nasce;
si largo te paresciere,
al menos, por quien te viere,
di tú: *requiescat in pace*.

211

FERNANDO DE ROJAS

Nace en Puebla de Montalbán (Toledo) en 1465 (?);
muere en Talavera de la Reina en 1541 (?)

Canción intercalada en *La Celestina*

ACTO XIX

LUCRECIA

*O*h quién fuese la hortelana
  de aquestas viciosas flores,
por prender cada mañana
al partir a tus amores;

Vístanse nuevas colores
los lirios y la azucena;
derramen frescos olores
cuando entre por estrena.

Alegre es la fuente clara
a quien con gran sed la vea;
mas muy más dulce es la cara
de Calisto a Melibea.

Pues aunque más noche sea,
con su vista gozará.
¡Oh cuando saltar le vea,
qué de abrazos le dará!

Saltos de gozo infinitos
da el lobo, viendo al ganado;
con las tetas los cabritos;
Melibea con su amado.

Nunca fue más deseado
amador de la su amiga;
ni huerto más visitado,
ni noche tan sin fatiga.

LUCRECIA Y MELIBEA
Dulces árboles sombrosos,
humillaos cuando veáis
aquellos ojos graciosos
del que tanto deseáis.

Estrellas que relumbráis,
norte y lucero del día,
¿por qué no le despertáis,
si aún duerme mi alegría?

MELIBEA
Papagayos, ruiseñores,
que cantáis al alborada,
llevad nueva a mis amores
cómo espero aquí asentada.

La medianoche es pasada
y no viene:
sabedme si otra amada
lo detiene.

JUAN BOSCÁN

Nace en Barcelona en 1487/1492 (?);
muere en Barcelona en 1542

Señora doña Isabel,
tan cruel
es la vida que consiento,
que me mata mi tormento
cuando menos tengo dél.

Pero vivo,
con la gloria que recibo,
tan ufano en los amores,
que procuro de estar vivo
porque vivan mis dolores.

Vivo de mi pensamiento
tan contento,
que es mi congoja mayor,
si no hallo el sufrimiento
conforme con el dolor.

Yo querella
no puedo de vos tenella:
solo de mí estoy quejoso
si mi pena en padecella
me conoce temeroso.

La pena queda vencida,
ya perdida,
pues vuestra merced, señora,
ha sido la vencedora
de las fuerzas de mi vida.

De tal suerte
que no puede ya la muerte
ser conmigo sino muerta,
pues tengo por buena suerte
ser en mí la pena cierta.

Mis congojas de bien llenas
son tan buenas,
por la causa que es tan buena,
que no podéis darme pena
sino con no darme penas.

Mas parece
que un contrario se me ofrece,
tan grave, que ved cuál quedo:
que el alma dice: «Padece»,
y el cuerpo dice: «No puedo.»

Ausencia

Quien dice que la ausencia causa olvido
merece ser de todos olvidado.
El verdadero y firme enamorado
está, cuando está ausente, más perdido.

Aviva la memoria su sentido;
la soledad levanta su cuidado;
hallarse de su bien tan apartado
hace su desear más encendido.

No sanan las heridas en él dadas,
aunque cese el mirar que las causó,
si quedan en el alma confirmadas.

Que si uno está con muchas cuchilladas,
porque huya de quien lo acuchilló,
no por eso serán mejor curadas.

Capítulo

[...] Era éste tu cuerpo, el cual yo viendo,
tan grande era mi miedo y mi deseo
que moría entre yelo y fuego ardiendo.

Pues ya de tu alma si escribir deseo,
tanto he de andar por lo alto rodeando
que habrá de ser perderme en el rodeo.

Andaré, pues, así como trazando
las figuras por sí, sin las colores,
la obra con mis fuerzas conformando.

No basta amor, ni bastan los amores,
a levantar tan alto mi sentido
que muy bajos no queden mis loores.

El saber de tu alma es infinido:
¿cómo podré de vista no perdelle,
con este mi entender que es tan finido?

Harto será de lejos sólo velle;
y aun este ver será en mí tan confuso
que su bulto veré sin conocelle.

El cielo acá en el mundo te dispuso
con obra tal que, al tiempo que te hizo,
el bien que en él pusieron en ti puso. [...]

DIEGO HURTADO DE MENDOZA

Nace en Granada en 1503;
muere en Madrid en 1575

Definición de los celos

*D*ama de gran perfección,
   valor y merecimiento,
aquí, señora, os presento
aquesta definición
de celos y su tormento.

Y aunque no sea de mi oficio
ni toque a mi profesión,
con entrañable afición
de haceros algún servicio,
diré qué son y no son.

No es padre, suegro ni yerno,
ni es hijo, hermano ni tío,
ni el mar, arroyo ni río,
ni es verano ni es invierno,
ni es otoño ni es estío.

No es ave ni es animal,
ni es luna, sombra ni sol,
becuadrado ni bemol,
piedra, planta ni metal,
ni pece ni caracol.

Tampoco es noche ni día,
ni hora, ni mes, ni año,
ni es lienzo, seda ni paño,
ni es latín ni algarabía,
ni es ogaño ni fue antaño.

Y por más no ir dilatando,
ni proceder a infinito,

mil cosas de decir quito,
y ahora iré declarando
lo que dellos hallo escrito.

Son celos exhalaciones
que nacen del corazón,
sofística presunción
que pare imaginaciones
de muy pequeña ocasión.

Es envidia conocida,
que no sabe contentarse;
una paz interrompida,
yerba en el alma nacida,
muy difícil de arrancarse.

Es jara en yerba tocada,
aljaba que pare flechas,
una traición embozada
de contrarios rodeada,
cárcel de dos mil sospechas.

Sello, que donde se sella,
tarde o nunca se desprende,
purga que mata bebella,
y es un fuego que se enciende
de muy pequeña centella.

Es una fuente de enojos,
río de muchas corrientes,
camisa hecha de abrojos,
rejalgar para los ojos,
neguijón para los dientes.

Es una fiera muy brava,
que allá en las entrañas mora;
casa do siempre se llora,
y la verdad es esclava
y la sospecha señora.

Manjar de ruin digestión,
que mandan que no se coma;
es un pasquín que hay en Roma,
un doméstico ladrón,
de las entrañas carcoma.

Dice un devoto señor,
a quien esta plaga alcanza,
que celos nacen de amor;
y respóndele un doctor:
«No hay amor sin confianza.»

Ellos son que es cosa, y cosa
que no se deja entender:
un querer y no querer;
no es rosa ni mariposa,
ni son comer ni beber.

Pero si pensar queréis
más de lo que digo yo,
veréis que no es sí ni no,
ni cosa que hallaréis,
porque sola se crió.

No les puso nombre Adán,
ni ellos tienen haz ni envés:
pero si hallarlos queréis,
sabed, señora, que están
donde vos tenéis los pies.

SANTA TERESA DE JESÚS

Nace en Ávila en 1515;
muere en Alba de Tormes en 1582

Nacidos del fuego del amor de Dios que en sí tenía

Vivo sin vivir en mí,
y tan alta vida espero,
que muero porque no muero.

Vivo ya fuera de mí
después que muero de amor,
porque vivo en el Señor
que me quiso para sí.
Cuando el corazón le di,
puso en él este letrero:
que muero porque no muero.
Esta divina prisión
del amor con que yo vivo,
ha hecho a Dios mi cautivo,
y libre mi corazón;
y causa en mí tal pasión
ver a Dios mi prisionero,
que muero porque no muero.

¡Ay! ¡Qué larga es esta vida!
¡Qué duros estos destierros,
esta cárcel, estos hierros
en que el alma está metida!
Solo esperar la salida
me causa un dolor tan fiero,
que muero porque no muero.

¡Ay! ¡Qué vida tan amarga
do no se goza el Señor!
Porque si es dulce el amor,
no lo es la esperanza larga;

quíteme Dios esta carga,
más pesada que el acero,
que muero porque no muero.

Solo con la confianza
vivo de que he de morir,
¡porque muriendo el vivir
me asegura mi esperanza;
muerte do el vivir se alcanza,
no te tardes, que te espero,
que muero porque no muero.

Mira que el amor es fuerte:
vida, no me seas molesta;
mira que solo te resta,
para ganarte, perderte;
venga ya la dulce muerte,
venga el morir muy ligero,
que muero porque no muero.

Aquella vida de arriba
es la vida verdadera,
hasta que esta vida muera,
no se goza estando viva:
muerte, no me seas esquiva;
viva muriendo primero,
que muero porque no muero.

Vida, ¿qué puedo yo darle
a mi Dios, que vive en mí
si no es perderte a ti,
para mejor a Él gozarle?
Quiero muriendo alcanzarle,
pues a Él solo es el que quiero,
que muero porque no muero.

Estando ausente de ti,
¿qué vida puedo tener,
sino muerte padecer
la mayor que nunca vi?

Lástima tengo de mí,
por ser mi mal tan entero,
que muero porque no muero.

Mi Amado para mí

Yo toda me entregué y di,
y de tal suerte he trocado,
que mi Amado para mí
y yo soy para mi Amado.

Cuando el dulce Cazador
me tiró y dejó herida
en los brazos del amor,
mi alma quedó rendida;
y cobrando nueva vida
de tal manera he trocado,
que mi Amado para mí
y yo soy para mi Amado.

Hirióme con una flecha
enherbolada de amor,
y mi alma quedó hecha
una con su Criador.
Ya yo no quiero otro amor,
pues a mi Dios me he entregado,
y mi Amado para mí
y yo soy para mi Amado.

Nada te turbe...

Nada te turbe,
nada te espante,
todo se pasa,
Dios no se muda;
la paciencia
todo lo alcanza;
quien a Dios tiene,
nada le falta:
solo Dios basta.

Canción

*E*l ciervo viene herido
de la yerba de amor;
caza tiene el pecador.

Allá en el monte vedado
la montera libertada,
con saeta enherbolada
de corazón humillado,
tan lindo tiro ha tirado
que hizo siervo al señor.
Caza tiene el pecador.

Como a Dios le tocó allá
aquél veis aquí la sierva;
quedó preso de la yerba
y al fin de amor morirá.

En el corazón le da
la saeta del amor;
caza tiene el pecador.

De nuestras culpas llagado,
de nuestra salud ardiente,
viene a matar en la fuente
la sed de nuestro pecado;
¡tiro bien aventurado
que a Dios enclavó de amor!
Caza tiene el cazador.

Alzó su voz la doncella,
y al son de su dulce canto,
vino el unicornio santo
a echarse en las faldas della.

¡Qué caza tan bella
que a Dios y su señor
dio por caza al pecador!

Dulce Jesús bueno

Véante mis ojos,
dulce Jesús bueno;
véante mis ojos,
muérame yo luego.

Vea quien quisiere
rosas y jazmines,
que si yo te viere
veré mil jardines.
Flor de serafines,
Jesús Nazareno,
véante mis ojos,
muérame yo luego.

No quiero contento,
mi Jesús ausente,
que todo es tormento
a quien esto siente;
sólo me sustente
tu amor y deseo.
Véante mis ojos,
dulce Jesús bueno;
véante mis ojos,
muérame yo luego.

GUTIERRE DE CETINA

Nace en Sevilla en 1520;
muere en México en 1557

*O*jos claros, serenos,
　si de un dulce mirar sois alabados,
¿por qué, si me miráis, miráis airados?
Si cuanto más piadosos
más bellos parecéis a aquel que os mira,
no me miréis con ira
porque no parezcáis menos hermosos.
¡Ay, tormentos rabiosos!
Ojos claros, serenos,
ya que así me miráis, miradme al menos.

LUIS DE CAMÕES

Nace en Coimbra (?) (Portugal) en 1524;
muere en Lisboa en 1580

MOTE

Ojos, herido me habéis,
acabad ya de matarme;
mas, muerto, volvé a mirarme,
porque me resuscitéis.

VOLTAS

Pues me distes tal herida
con gana de darme muerte,
el morir me es dulce suerte,
pues con morir me dais vida.
Ojos, ¿qué os detenéis?
Acabad ya de matarme;
mas, muerto, volvé a mirarme,
porque me resuscitéis.

La llaga, cierto, ya es mía,
aunque, ojos, vos no querráis;
mas si la muerte me dais,
el morir me es alegría.
Y así digo que acabéis,
oh ojos, ya de matarme;
mas, muerto, volvé a mirarme,
porque me resuscitéis.

MOTE

Irme quiero, madre,
a aquella galera,
con el marinero
a ser marinera.

VOLTAS

Madre, si me fuere,
do quiera que yo,
no lo quiero yo,
que el Amor lo quiere.
Aquel niño fiero
hace que me muera
por un marinero
a ser marinera.

Él, que todo puede,
madre, no podrá,
pues el alma va,
que el cuerpo se quede.
Con él, por quien muero
voy, porque no muera:
que si es marinero,
seré marinera.

Es tirana ley
del niño señor
que por un amor
se deseche un rey.
Pues desta manera
quiero irme, quiero,
por un marinero
a ser marinera.

Decid, ondas, ¿cuándo
vistes vos doncella,
siendo tierna y bella,
andar navegando?
Mas ¿qué no se espera
daquel niño fiero?
Vea yo quien quiero:
sea marinera.

FRAY LUIS DE LEÓN

Nace en Belmonte (Cuenca) en 1527;
muere en Madrigal de las Altas Torres (Ávila) en 1591

Vida retirada

Qué descansada vida
la del que huye el mundanal rüido,
y sigue la escondida
senda por donde han ido
los pocos sabios que en el mundo han sido!

Que no le enturbia el pecho
de los soberbios grandes el estado,
ni del dorado techo
se admira, fabricado
del sabio moro, en jaspes sustentado.

No cura si la fama
canta con voz su nombre pregonera,
ni cura si encarama
la lengua lisonjera
lo que condena la verdad sincera.

¿Qué presta a mi contento
si soy del vano dedo señalado;
si, en busca de este viento,
ando desalentado
con ansias vivas, con mortal cuidado?

¡Oh monte, oh fuente, oh río!
¡Oh secreto seguro deleitoso!,
roto casi el navío,
a vuestro almo reposo
huyo de aqueste mar tempestuoso.

Un no rompido sueño,
un día puro, alegre, libre quiero;

no quiero ver el ceño
vanamente severo
de a quien la sangre ensalza o el dinero.

Despiértenme las aves
con su cantar suave no aprendido;
no los cuidados graves
de que es siempre seguido
quien al ajeno arbitrio está atenido.

Vivir quiero conmigo,
gozar quiero del bien que debo al cielo,
a solas, sin testigo,
libre de amor, de celo,
de odio, de esperanzas, de recelo.

Del monte en la ladera
por mi mano plantado tengo un huerto,
que con la primavera,
de bella flor cubierto,
ya muestra en esperanza el fruto cierto;

y como codiciosa
por ver y acrecentar su hermosura,
desde la cumbre airosa
una fontana pura
hasta llegar corriendo se apresura;

y luego, sosegada,
el paso entre los árboles torciendo,
el suelo de pasada,
de verdura vistiendo
y con diversas flores va esparciendo.

El aire el huerto orea,
y ofrece mil olores al sentido;
los árboles menea
con un manso rüido,
que del oro y del cetro pone olvido.

Téngase su tesoro
los que de un flaco leño se confían;
no es mío ver el lloro
de los que desconfían
cuando el cierzo y el ábrego porfían.

La combatida entena
cruje, y en ciega noche el claro día
se torna; al cielo suena
confusa vocería,
y la mar enriquecen a porfía.

A mí una pobrecilla
mesa, de amable paz bien abastada,
me baste, y la vajilla
de fino oro labrada
sea de quien la mar no teme airada.

Y mientras miserable-
mente se están los otros abrasando
en sed insacïable
del peligroso mando,
tendido yo a la sombra esté cantando.

A la sombra tendido
de yedra y lauro eterno coronado,
puesto el atento oído
al son dulce acordado
del plectro sabiamente meneado.

En la Ascensión

¿Y dejas, Pastor santo,
   tu grey en este valle hondo, escuro
con soledad y llanto,
y tú, rompiendo el puro
aire, te vas al inmortal seguro?

Los antes bienhadados,
y los agora tristes y afligidos,

a tus pechos criados,
de ti desposeídos,
¿a dó convertirán ya sus sentidos?

¿Qué mirarán los ojos
que vieron de tu rostro la hermosura,
que no les sea enojos?
Quién oyó tu dulzura,
¿qué no tendrá por sordo y desventura?

Aqueste mar turbado,
¿quién le pondrá ya freno? ¿Quién concierto
al viento fiero airado?
Estando tu encubierto,
¿qué norte guiará la nave al puerto?

¡Ay!, nube envidïosa,
aun de este breve gozo, ¿qué te aquejas?
¿Dó vuelas presurosa?
¡Cuán rica tú te alejas!
¡Cuán pobres y cuán ciegos, ¡ay!, nos dejas!

Noche serena

*C*uando contemplo el cielo
de innumerables luces adornado,
y miro hacia el suelo
de noche rodeado,
en sueño y en olvido sepultado,

el amor y la pena
despiertan en mi pecho un ansia ardiente;
despiden larga vena
los ojos hechos fuente,
Loarte, y digo al fin con voz doliente:

«Morada de grandeza,
templo de claridad y hermosura,
mi alma que a tu alteza

nació, ¿qué desventura
la tiene en esta cárcel baja, escura?

¿Qué mortal desatino
de la verdad aleja así el sentido,
que de tu bien divino
olvidado, perdido
sigue la vana sombra, el bien fingido?»

El hombre está entregado
al sueño, de su suerte no cuidando;
y con paso callado
el cielo vueltas dando
las horas del vivir le va hurtando.

¡Oh!, despertad, mortales;
mirad con atención en vuestro daño;
¿las almas inmortales
hechas a bien tamaño
podrán vivir de sombra y de engaño?

¡Ay!, levantad los ojos
a aquesta celestial eterna esfera,
burlaréis los antojos
de aquesta lisonjera
vida, con cuanto teme y cuanto espera.

¿Es más que un breve punto
el bajo y torpe suelo comparado
con ese gran trasunto,
do vive mejorado
lo que es, lo que será, lo que ha pasado?

Quien mira el gran concierto
de aquestos resplandores eternales,
su movimiento cierto,
sus pasos desiguales,
y en proporción concorde tan iguales;

la luna cómo mueve
la plateada rueda, y va en pos de ella

la luz do el saber llueve,
y la graciosa estrella
de amor la sigue reluciente y bella;

y cómo otro camino
prosigue el sanguinoso Marte airado,
y el Júpiter benino
de bienes mil cercado
serena el cielo con su rayo amado;

rodéase en la cumbre
Saturno, padre de los siglos de oro,
tras él la muchedumbre
del reluciente coro
su luz va repartiendo y su tesoro;

¿quién es el que esto mira,
y precia la bajeza de la tierra,
y no gime y suspira,
y rompe lo que encierra
el alma, y de estos bienes la destierra?

Aquí vive el contento,
aquí reina la paz; aquí asentado
en rico y alto asiento
está el amor sagrado
de honra y deleites rodeado.

Inmensa hermosura
aquí se muestra toda; y resplandece
clarísima luz pura,
que jamás anochece;
eterna primavera aquí florece.

¡Oh campos verdaderos!
¡Oh prados con verdad frescos y amenos!
¡Riquísimos mineros!
¡Oh deleitosos senos!
¡Repuestos valles de mil bienes llenos!

BALTASAR DEL ALCÁZAR

Nace en Sevilla en 1530;
muere en Sevilla en 1606

Canción

*T*res cosas me tienen preso
    de amores el corazón:
la bella Inés, y jamón,
y berenjenas con queso.

Una Inés, amantes, es
quien no tuvo en mí tal poder,
que me hizo aborrecer
todo lo que no era Inés:
trájome un año sin seso,
hasta que en una ocasión
me dio a merendar jamón
y berenjenas con queso.

Fue de Inés la primer palma,
pero ya juzgarse ha mal
entre todos ellos cuál
tiene más parte en mi alma.
En gusto, medida y peso
no les hallo distinción;
ya quiero Inés, ya jamón,
ya berenjenas con queso.

Alega Inés su beldad;
el jamón, que es de Aracena;
el queso y la berenjena,
su andaluza antigüedad.

Y está tan en fil el peso,
que, juzgado sin pasión,
todo es uno; Inés, jamón
y berenjenas con queso.

Servirá este nuevo trato
destos mis nuevos amores
para que Inés sus favores
nos los venda más barato;
pues tendrá por contrapeso,
si no hiciera razón,
una lonja de jamón
y berenjenas con queso.

FERNANDO DE HERRERA

Nace en Sevilla en 1534;
muere en Sevilla en 1597

*P*resa soy de vos solo, y por vos muero
     (mi bella Luz me dixo dulçemente),
y en este dulçe error y bien presente,
por vuestra causa sufro el dolor fiero.

»Regalo y amor mío, a quien más quiero,
si muriéramos ambos juntamente,
poco dolor tuviera, pues ausente
no estaría de vos, como ya espero.»

Yo, que tan tierno engaño oí, cuitado,
abrí todas las puertas al desseo,
por no quedar ingrato al amor mío.

Ahora entiendo el mal, y que engañado
fui de mi Luz, y tarde el daño veo,
sugeto a voluntad de su albedrío.

*Y*o vi unos bellos ojos que hirieron
    con dulce flecha un corazón cuitado,
y que, para encender nuevo cuidado,
su fuerza toda contra mí pusieron.

Yo vi que muchas veces prometieron
remedio al mal que sufro, no cansado,
y que, cuando esperé vello acabado,
poco mis esperanzas me valieron.

Yo veo que se esconden ya mis ojos,
y crece mi dolor, y llevo ausente
en el rendido pecho el golpe fiero.

Yo veo ya perderse los despojos
y la membranza de mi bien presente;
y en ciego engaño de esperanza muero.

FRANCISCO DE FIGUEROA

Nace en Alcalá de Henares (Madrid) en 1536;
muere Alcalá de Henares en 1617 (?)

*P*artiendo de la luz, donde solía
    venir su luz, mis ojos han cegado;
perdió también el corazón cuitado
el precioso manjar de que vivía.

El alma desechó la compañía
del cuerpo, y fuese tras el rostro amado;
así en mi triste ausencia he siempre estado
ciego y con hambre y sin el alma mía.

Agora que al lugar, que el pensamiento
nunca dejó, mis pasos presurosos
después de mil trabajos me han traído,

cobraron luz mis ojos tenebrosos
y su pastura el corazón hambriento,
pero no tornará el alma a su nido.

*P*erdido ando, señora, entre la gente,
    sin vos, sin mí, sin ser, sin Dios, sin vida:
sin vos, porque no sois de mí servida;
sin mí, porque no estoy con vos presente;

sin ser, porque de vos estando ausente
no hay cosa que del ser no me despida;
sin Dios, porque mi alma a Dios olvida
por contemplar en vos continuamente;

sin vida, porque ya que haya vivido,
cien mil veces mejor morir me fuera
que no un dolor tan grave y tan extraño.

¡Que preso yo por vos, por vos herido,
y muerto yo por vos d'esta manera,
estéis tan descuidada de mi daño!

MIGUEL DE CERVANTES

Nace en Alcalá de Henares en 1547;
muere en Madrid en 1616

La gitanilla

Cuando Preciosa el panderete toca
y hiere el dulce son los aires vanos,
perlas son que derrama con las manos;
flores son que despide de la boca.

Suspensa el alma, y la cordura loca,
queda a los dulces actos sobrehumanos,
que, de limpios, de honestos y de sanos,
su fama al cielo levantado toca.

Colgadas del menor de sus cabellos
mil almas lleva, y a sus plantas tiene
amor rendidas una y otra flecha.

Ciega y alumbra con sus soles bellos,
su imperio amor por ellas le mantiene,
y aún más grandezas de su ser sospecha.

Seguirillas

Por un sevillano rufo a lo valón,
tengo socarrado todo el corazón.

Por un morenico de color verde,
¿cuál es la fogosa que no se pierde?

Riñen dos amantes; hácese la paz;
si el enojo es grande, es el gusto más.

Deténte, enojado, no me azotes más;
que si bien lo miras, a tus carnes das.

Ovillejos

Quién menoscaba mis bienes?
                 ¡Desdenes!
¿Y quién aumenta mis duelos?
                 ¡Los celos!
¿Y quién prueba mi paciencia?
                 ¡Ausencia!
De ese modo en mi dolencia
ningún remedio me alcanza,
pues me manda la esperanza,
desdenes, celos y ausencia.

¿Quién me causa este dolor?
                 ¡Amor!
¿Y quién mi gloria repuna?
                 ¡Fortuna!
¿Y quién consiente mi duelo?
                 ¡El cielo!
De ese modo yo recelo
morir deste mal extraño,
pues se aúnan en mi daño
amor, fortuna y el cielo.

¿Quién mejorará mi suerte?
                 ¡La muerte!
Y el bien de amor, ¿quién le alcanza?
                 ¡Mudanza!
Y sus males, ¿quién los cura?
                 ¡Locura!
De ese modo no es cordura
querer curar la pasión,
cuando los remedios son
muerte, mudanza y locura.

LUIS GÁLVEZ DE MONTALVO

Nace en Guadalajara en 1549;
muere en Palermo (Italia) en 1591 (?)

Canciones

*P*astora, tus ojos bellos
    mi cielo puedo llamallos,
pues en llegando a mirallos,
se me pasa el alma a ellos.

Ojos cuya perfección
desprecia humanos despojos,
los ojos los llamen ojos,
qu'el alma sabe quién son.

Pastora, la fuerza dellos
por espejo hace estimallos,
pues viene junto el mirallos
y el pasarse el alma a ellos.

Muchas cosas dan señal
desta verdad sin recelo:
que tus ojos son del cielo
y su poder celestial.

Pastora, pues solo vellos
fuerza el corazón a amallos,
y la gloria de mirallos,
a pasarse el alma a ellos.

LUPERCIO LEONARDO DE ARGENSOLA

Nace en Barbastro (Huesca) en 1559;
muere en Nápoles en 1613

No fueron tus divinos ojos, Ana,
los que al yugo amoroso me han rendido;
ni los rosados labios, dulce nido
del ciego niño, donde néctar mana;

ni las mejillas de color de grana;
ni el cabello, que al oro es preferido;
ni las manos, que a tantos han vencido;
ni la voz, que está en duda si es humana.

Tu alma, que en tus obras se trasluce,
es la que sujetar pudo la mía,
porque fuese inmortal su cautiverio.

Así todo lo dicho se reduce
a solo su poder, porque tenía
por ella cada cual su ministerio.

LUIS DE GÓNGORA

Nace en Córdoba en 1561;
muere en Córdoba en 1627

Sonetos

LA DULCE BOCA QUE A GUSTAR CONVIDA

*L*a dulce boca que a gustar convida
un humor entre perlas destilado,
y a no envidiar aquel licor sagrado
que a Júpiter ministra el garzón de Ida,

amantes, no toquéis, si queréis vida;
porque entre un labio y otro colorado
Amor está, de su veneno armado,
cual entre flor y flor sierpe escondida.

No os engañen las rosas, que la Aurora
diréis que, aljofaradas y olorosas,
se le cayeron del purpúreo seno;

¡manzanas son de Tántalo, y no rosas,
que después huyen del que incitan ahora,
y sólo del Amor queda el veneno!

MIENTRAS POR COMPETIR CON TU CABELLO...

*M*ientras por competir con tu cabello,
oro bruñido al sol relumbra en vano;
mientras con menosprecio en medio el llano
mira tu blanca frente el lilio bello;

mientras a cada labio, por cogello,
siguen más ojos que al clavel temprano,
y mientras triunfa con desdén lozano
del luciente cristal tu gentil cuello,

goza cuello, cabello, labio y frente,
antes que lo que fue en tu edad dorada
oro, lilio, clavel, cristal luciente,

no sólo en plata o viola troncada
se vuelva, mas tú y ello juntamente
en tierra, en humo, en polvo, en sombra, en nada.

AL TRAMONTAR DEL SOL LA NINFA MÍA

*A*l tramontar del sol la Ninfa mía,
de flores despojando el verde llano,
cuantas troncaba la hermosa mano,
tantas el blanco pie crecer hacía.

Ondeábale el viento que corría
el oro fino con error galano,
cual verde hoja de álamo lozano
se mueve al rojo despuntar del día.

Mas luego que ciñó sus sienes bellas
de los varios despojos de su falda
(término puesto al oro y a la nieve),

juraré que lució más su guirnalda
con ser de flores, la otra ser de estrellas,
que la que ilustra el cielo en luces nueve.

AL SOL PORQUE SALIÓ ESTANDO CON UNA DAMA Y LE FUE FORZOSO DEJARLA

*Y*a besando unas manos cristalinas,
ya anudándome a un blanco y liso cuello,
ya esparciendo por él aquel cabello,
que Amor sacó entre el oro de sus minas;

ya quebrando en aquellas perlas finas
palabras dulces mil sin merecello,
ya cogiendo de cada labio bello
purpúreas rosas sin temor de espinas,

estaba, oh claro sol, invidïoso,
cuando tu luz, hiriéndome los ojos,
mató mi gloria y acabó mi suerte.

Si el cielo ya no es menos poderoso,
porque no den los tuyos más enojos,
rayo, como a tu hijo, te den muerte.

Romance

Servía en Orán al rey
un español con dos lanzas,
y con el alma y la vida
a una gallarda africana,
tan noble como hermosa,
tan amante como amada,
con quien estaba una noche
cuando tocaron al arma.
Trescientos Zenetes eran
deste rebato la causa,
que los rayos de la luna
descubrieron las adargas;
las adargas avisaron
a las mudas atalayas,
las atalayas los fuegos,
los fuegos a las campanas;
y ellas al enamorado,
que en los brazos de su dama
oyó el militar estruendo
de las trompas y las cajas.
Espuelas de honor le pican
y freno de amor le para;
no salir es cobardía,
ingratitud es dejalla.
Del cuello pendiente de ella
viéndole tomar la espada,
con lágrimas y suspiros
le dice aquestas palabras:

«Salid al campo, señor,
bañen mis ojos la cama;
que ella me será también,
sin vos, campo de batalla.
Vestíos y salid apriesa,
que el general os aguarda;
yo os hago a vos mucha sobra
y vos a él mucha falta.
Bien podéis salir desnudo
pues mi llanto no os ablanda;
que tenéis de acero el pecho
y no habéis menester armas.»
Viendo el español brioso
cuánto le detiene el habla,
le dice así: «Mi señora,
tan dulce como enojada,
porque con honra y amor
yo me quede, cumpla y vaya,
vaya a los moros el cuerpo,
y quede con vos el alma.
Concededme, dueña mía,
licencia para que salga
al rebato en vuestro nombre
y en vuestro nombre combata.» [...]

Romance

*A*marrado a un duro banco
de una galera turquesca,
ambas manos en el remo
y ambos ojos en la tierra,
un forzado de Dragut
en la playa de Marbella
se quejaba al ronco son
del remo y de la cadena:
«¡Oh sagrado mar de España,
famosa playa serena,
teatro donde se han hecho
cien mil navales tragedias!
Pues eres tú el mismo mar
que con tus crecientes besas
las murallas de mi patria,
coronadas y soberbias,
tráeme nuevas de mi esposa,
y dime si han sido ciertas
las lágrimas y suspiros
que me dice por sus letras;
porque si es verdad que llora
mi cautiverio en su arena,
bien puedes al mar del Sur
vencer en lucientes perlas.
Dame ya, sagrado mar,
a mis demandas respuesta;
que bien puedes, si es verdad
que las aguas tienen lenguas;
pero, pues no me respondes,
sin duda alguna que es muerta,
aunque no lo debe ser,
pues que vivo yo en su ausencia;
pues he vivido diez años
sin libertad y sin ella,
siempre al remo condenado,
a nadie matarán penas.»

En esto se descubrieron
de la religión seis velas
y el cómitre mandó usar
al forzado de su fuerza.

Romancillo

*L*a más bella niña
de nuestro lugar,
hoy viuda y sola,
ayer por casar,
viendo que sus ojos
a la guerra van,
a su madre dice,
que escucha su mal:
«Dejadme llorar
orillas del mar.

»Pues me distes, madre,
en tan tierna edad
tan corto el placer,
tan largo el pesar,
y me cautivastes
de quien hoy se va
y lleva las llaves
de mi libertad:
dejadme llorar
orillas del mar.

»En llorar conviertan
mis ojos, de hoy más,
el sabroso oficio
del dulce mirar,
pues que no se pueden
mejor ocupar,
yéndose a la guerra
quien era mi paz:
dejadme llorar
orillas del mar.

»No me pongáis freno
ni queráis culpar;
que lo uno es justo,
lo otro por demás.
Si me queréis bien
no me hagáis mal;
harto peor fuera
morir y callar:
dejadme llorar
orillas del mar.

»Dulce madre mía,
¿quién no llorará
aunque tenga el pecho
como un pedernal,
y no dará voces
viendo marchitar
los más verdes años
de mi mocedad?
Dejadme llorar
orillas del mar.

»Váyanse las noches,
pues ido se han
los ojos que hacían
los míos velar;
váyanse y no vean
tanta soledad,
después que en mi lecho
sobra la mitad:
dejadme llorar
orillas del mar».

Celos

Las flores del romero,
niña Isabel,
hoy son flores azules,
mañana serán miel.

Celosa estás, la niña,
celosa estás de aquel
dichoso, pues lo buscas;
ciego, pues no te ve;
    ingrato, pues te enoja,
y confiado, pues
no se disculpa hoy
de lo que hizo ayer.
    Enjuguen esperanzas
lo que lloras por él,
que celos entre aquellos
que se han querido bien,
    hoy son flores azules,
mañana serán miel.

Aurora de ti misma,
que cuando a amanecer
a tu placer empiezas,
te eclipsan tu placer,
    serénense tus ojos,
y más perlas no des,
porque al Sol le está mal
lo que a la Aurora bien.
    Desata, como nieblas,
todo lo que no ves,
que sospechas de amantes
y querellas después,
    hoy son flores azules,
mañana serán miel.

FRANCISCO DE MEDRANO

Nace en Sevilla en 1570;
muere en Sevilla en 1607 (?)

A Flora

*T*us ojos, bella Flora, soberanos,
    y la bruñida plata de tu cuello,
y ese, envidia del oro, tu cabello,
y el marfil torneado de tus manos,

no fueron, no, los que de tan ufanos
cuanto unos pensamientos pueden sello,
hicieron a los míos, sin querello,
tan a su gusto victorioso llanos.

Tu alma fue la que venció la mía,
que, expirando con fuerza aventajada
por ese corporal apto instrumento,

lanzó dentro de mí, donde no había
quien resistiese al vencedor la entrada,
porque tuve por gloria el vencimiento.

CRISTÓBAL SUÁREZ DE FIGUEROA

Nace en Valladolid en 1571;
muere en Nápoles en 1639 (?)

Endechas

*B*ella zagaleja
del color moreno,
blanco milagroso
de mi pensamiento;

gallarda triguera,
de belleza extremo,
ardor de las almas
y de amor trofeo;

suave sirena,
que con tus acentos
detienes el curso
de los pasajeros;

desde que te vi
tal estoy, que siento
preso el albedrío
y abrasado el pecho.

Hasta donde estás
vuelan mis deseos
llenos de afición,
y de miedo llenos,

viendo que te ama
más digno sujeto,
dueño de tus ojos,
de tu gusto cielo.

Mas ya que se fue,
dando al agua remos,

sienta de mudanza
el antiguo fuero.

Al presente olvidan;
y quien fuere cuerdo,
en estando ausente
téngase por muerto;

y pues vive el tuyo
en extraño reino,
por ventura esclavo
de rubios cabellos,

antes que los tuyos
se cubran de hielo,
con piedad acoge
suspiros y ruegos.

Permite a mis brazos
que se miren hechos
hiedras amorosas
de tu airoso cuerpo;

que a tu fresca boca
robaré el aliento,
y en ti transformado,
moriré viviendo.

Himeneo haga
nuestro amor eterno,
nazcan de nosotros
hermoso renuevos.

Tu beldad celebren
mis sonoros versos,
por quien no te ofendan
olvido mi tiempo.

JUAN DE TASSIS, CONDE DE VILLAMEDIANA

Nace en Lisboa en 1582;
muere en Madrid en 1622

Nadie escuche mi voz y triste acento,
de suspiros y lágrimas mezclado,
si no es que tenga el pecho lastimado
de dolor semejante al que yo siento.

Que no pretendo ejemplo ni escarmiento
que rescate a los otros de mi estado,
sin mostrar creído, y no aliviado,
de un firme amor el justo sentimiento.

Juntóse con el cielo a perseguirme,
la que tuvo mi vida en opiniones,
y de mí mismo a mí como en destierro.

Quisieron persuadirme las razones,
hasta que en el propósito más firme
fue disculpa del yerro el mismo yerro.

Es la mujer un mar todo fortuna,
una mudable vela a todo viento;
es cometa de fácil movimiento,
sol en el rostro y en el alma luna.

Fe de enemigo sin lealtad ninguna,
breve descanso e inmortal tormento,
ligera más que el mismo pensamiento,
y de sufrir pesada e importuna.

Es más que un áspid arrogante y fiera;
a su gusto, de cera derretida,
y al ajeno, más dura que la palma;

es cobre dentro y oro por de fuera,
y es un dulce veneno de la vida
que nos mata sangrándonos el alma.

FRANCISCO DE RIOJA

Nace en Sevilla en 1583;
muere en Madrid en 1659

*P*ura, encendida rosa,
   émula de la llama
que sale con el día,
¿cómo naces tan llena de alegría
si sabes que la edad que te da el cielo
es apenas un breve y veloz vuelo,
y ni valdrán las puntas de tu rama
ni púrpura hermosa
a detener un punto
la ejecución del hado presurosa?
El mismo cerco alado
que estoy viendo rïente,
ya temo amortiguado,
presto despojo de la llama ardiente.

Para las hojas de tu crespo seno
te dio Amor de sus alas blandas plumas,
y oro de su cabello dio a tu frente.
¡Oh fiel imagen suya peregrina!
Bañóte en su color sangre divina
de la deidad que dieron las espumas;
y esto, purpúrea flor, esto ¿no pudo
hacer menos violento el rayo agudo?

Róbate en una hora,
róbate licencioso su ardimiento
el color y el aliento.
Tiendes aún no las alas abrasadas
y ya vuelan al suelo desmayadas.
Tan cerca, tan unida
está al morir tu vida,
que dudo si en sus lágrimas la Aurora
mustia, tu nacimiento o muerte llora.

ESTEBAN MANUEL DE VILLEGAS

Nace en Matute (Logroño) en 1589;
muere en Nájera (La Rioja) en 1669

Sáficos

*D*ulce vecino de la verde selva,
   huésped eterno del abril florido,
vital aliento de la madre Venus,
      céfiro blando.

Si de mis ansias el amor supiste,
tú que las quejas de mi voz llevaste,
oye, no temas, y a mi ninfa dile,
      dile que muero.

Filis un tiempo mi dolor sabía,
Filis un tiempo mi dolor lloraba,
quísome un tiempo, mas agora temo,
      temo sus iras.

Así los dioses con amor paterno,
así los cielos con amor benigno,
nieguen al tiempo que feliz volares
      nieve a la tierra.

Jamás el peso de la nube parda,
cuando amenace la elevada cumbre,
toque tus hombros, ni su mal granizo
      hiera tus alas.

PEDRO CALDERÓN DE LA BARCA

Nace en Madrid en 1600;
muere en Madrid en 1681

*E*stas que fueron pompa y alegría,
despertando al albor de la mañana,
a la tarde serán lástima vana,
durmiendo en brazos de la noche fría.

Este matiz que al cielo desafía,
iris listado de oro, nieve y grana,
será escarmiento de la vida humana:
¡tanto se emprende en término de un día!

A florecer las rosas madrugaron
y para envejecerse florecieron;
cuna y sepulcro en un botón hallaron.

Tales los hombres sus fortunas vieron:
en un día nacieron y expiraron;
que, pasados los siglos, horas fueron.

SOR JUANA INÉS DE LA CRUZ

Nace en San Miguel de Nepantla (México) en 1651;
muere en Ciudad de México en 1695

Soneto

AL QUE INGRATO ME DEJA, BUSCO AMANTE...

Al que ingrato me deja, busco amante;
al que amante me sigue, dejo ingrata;
constante adoro a quien mi amor maltrata,
maltrato a quien mi amor busca constante.

Al que trato de amor, hallo diamante,
y soy diamante al que de amor me trata;
triunfante quiero ver al que me mata
y mato al que me quiere ver triunfante.

Si a éste pago, padece mi deseo;
si ruego a aquél, mi pundonor enojo:
de entrambos modos infeliz me veo.

Pero yo, por mejor partido, escojo,
de quien no quiero, ser violento empleo,
que de quien no me quiere, vil despojo.

Liras que expresan sentimientos del ausente

*A*mado dueño mío,
  escucha un rato mis cansadas quejas,
pues del viento las fío,
que breve las conduzca a tus orejas,
si no se desvanece el triste acento
con mis esperanzas en el viento.

Óyeme con los ojos,
ya que están tan distantes los oídos
y de ausentes enojos,
en ecos de mi pluma mis gemidos,
y ya que a ti no llega mi voz ruda,
óyeme sordo, pues me quejo muda.

Si del campo te agradas,
goza de sus frescuras venturosas,
sin que aquestas cansadas
lágrimas te detengan, enfadosas;
que en él verás, si atento te entretienes,
ejemplo de mis males y mis bienes.

Si al arroyo parlero
ves, galán de las flores en el prado,
que, amante lisonjero,
a cuantas mira intima su cuidado,
en su corriente mi dolor te avisa
que a costa de mi llanto tiene risa.

Si ves que triste llora
su esperanza marchita, en ramo verde,
tórtola gemidora,
en él y en ella mi dolor te acuerde,
que imitan con verdor y con lamento,
él mi esperanza y ella mi tormento.

Si la flor delicada,
si la peña, que altiva no consiente
del tiempo ser hollada,

ambas me imitan, aunque variamente,
ya con fragilidad, ya con dureza,
mi dicha aquélla y ésta mi firmeza.

Si ves el ciervo herido,
que baja por el monte, acelerado,
buscando, dolorido,
alivio al mal en un arroyo helado,
y sediento al cristal se precipita,
no en el alivio, en el dolor me imita.

Si la liebre encogida
huye medrosa de los galgos fieros
y, por salvar la vida,
no deja estampa de los pies ligeros,
tal mi esperanza, en dudas y recelos,
se ve acosada de villanos celos.

Si ves el cielo claro,
tal es la sencillez del alma mía;
y, si de luz avaro,
de tinieblas emboza el nuevo día,
es con su obscuridad y su inclemencia
imagen de mi vida en esta ausencia.

Así que, Fabio amado,
saber puedes mis males sin costarte
la noticia cuidado,
pues puedes de los campos informarte,
y pues yo a todo mi dolor ajusto,
saber mi pena sin dejar tu gusto.

Mas ¿cuándo, ¡ay gloria mía!,
mereceré gozar tu luz serena?
¿Cuándo llegará el día
que pongas dulce fin a tanta pena?
¿Cuándo veré tus ojos, dulce encanto,
y de los míos quitarás el llanto?

¿Cuándo tu voz sonora
herirá mis oídos, delicada,
y el alma que te adora,

de inundación de gozos anegada,
a recibirte con amante prisa
saldrá a los ojos, desatada en risa?

¿Cuándo tu luz hermosa
revestirá de gloria mis sentidos?
¿Y cuándo yo, dichosa,
mis suspiros daré por bien perdidos,
teniendo en poco el precio de mi llanto?
Que tanto ha de penar quien goza tanto.

¿Cuándo de tu apacible
rostro alegre veré el semblante afable,
y aquel bien indecible,
a toda humana pluma inexplicable,
que mal se ceñirá a lo definido
lo que no cabe en todo lo sentido?

Ven, pues, mi prenda amada;
que ya fallece mi cansada vida
de esta ausencia pesada;
ven, pues: que mientras tarda tu venida,
aunque me cueste su verdor enojos,
regaré mi esperanza con mis ojos.

Redondillas

*H*ombres necios que acusáis
a la mujer sin razón,
sin ver que sois la ocasión
de lo mismo que culpáis.

Si con ansia sin igual
solicitáis su desdén,
¿por qué queréis que obre bien
si la incitáis al mal?

Combatís su resistencia,
y luego, con gravedad,

decís que fue liviandad
lo que hizo la diligencia.

Parecer quiere el denuedo
de vuestro parecer loco
al niño que pone el coco
y luego le tiene miedo.

Queréis con presunción necia
hallar a la que buscáis,
para pretendida, Thais,
y en la posesión, Lucrecia.

¿Qué humor puede haber más raro
que el que, falto de consejo,
él mismo empaña el espejo
y siente que no esté claro?

Con el favor y el desdén
tenéis condición igual,
quejándoos, si os tratan mal,
burlándoos, si os quieren bien.

Opinión ninguna gana,
pues la que más se recata,
si no os admite, es ingrata;
y, si os admite, es liviana.

Siempre tan necios andáis,
que con desigual nivel
a una culpáis por cruel
y a otra por fácil culpáis. [...]

EUGENIO GERARDO LOBO

Nace en Cuerva (Toledo) en 1679;
muere en Barcelona en 1750

*A*rder en viva llama, helarme luego,
mezclar fúnebre queja y dulce canto,
equivocar la risa con el llanto,
no saber distinguir nieve ni fuego.

Confianza y temor, ansia y sosiego,
aliento del espíritu y quebranto,
efecto natural, fuerza de encanto,
ver que estoy viendo y contemplarme ciego;

la razón libre, preso el albedrío,
querer y no querer a cualquier hora,
poquísimo valor y mucho brío;

contrariedad que el alma sabe e ignora,
es, Marsia soberana, el amor mío.
¿Preguntáis quién lo causa? Vos, Señora.

IGNACIO DE LUZÁN

Nace en Zaragoza en 1702;
muere en Madrid en 1754

Leandro y Hero

*M*usa, tú que conoces
los yerros, los delirios,
los bienes y los males
de los amantes finos,

dime quién fue Leandro,
qué dios o qué maligno
astro en las fieras ondas
cortó a su vida el hilo.

Leandro, a quien mil veces
los duros ejercicios
del estadio ciñeron
de rosas y de mirtos

ya en la robusta lucha,
ya con el fuerte disco,
ya corriendo o nadando
diestro, gallardo, invicto,

amaba a Hero divina,
bellísimo prodigio
sobre cuantas bellezas
Sesto admiró y Abido.

Negro el cabello, ufano
de naturales rizos,
realzaba del cuello
los cándidos armiños. [...]

Vióla Leandro un día
en los cultos festivos

que a Venus tributaban
de Sesto los vecinos.

(Que era sacerdotisa
del templo y sacrificio,
y aun emulaba en todo
al sacro numen ciprio.)

Vióla en el gran concurso
de los solemnes ritos
brillar, único asombro:
vióla, y quedó perdido.

Y a la deidad del templo,
con el nuevo, excesivo
ardor que le abrasaba,
frenético le dijo:

«Gran diosa de Citera,
de Pafos y de Gnido,
esta mortal belleza
es tu traslado vivo.

»Perdona, pues, si a ella
tus mismos cultos rindo
y si un traslado adoro
equívoco contigo.»

Oyó Venus sus voces,
oyólas el dios niño,
y decretaron ambos
venganzas y castigos.

¿Tanto el enojo puede
en ánimos divinos?
¿Un lenguaje del alma
ha de ser un delito?

Dígame el que conozca
a Venus y a Cupido

si es más cruel la madre
o es más cruel el hijo.

Qué sé yo: cruel la madre,
crüel y vengativo
es el hijo, que ejerce
tiránicos caprichos.

Miró tierno Leandro,
habló amante, instó fino,
ya mudo, ya elocuente,
con ojos y suspiros.

Oyóle Hero con pecho
ya tímido, ya esquivo,
mas poco a poco un fuego
la entró por los sentidos:

un fuego que es veneno,
un fuego que es martirio;
si es martirio y veneno,
¿cómo es apetecido?

De una torre en la playa
el murado recinto
de esta sacerdotisa
era albergue y retiro.

Allí, cautos, sus padres
del concurso y bullicio
este bello tesoro
guardaban escondido.

Mas contra amor, ¿qué muro
será seguro asilo
si todo lo penetran
sus vencedores tiros?

Leandro, enamorado,
resuelto y atrevido,

los reparos allana,
desprecia los peligros.

Pasar nadando ofrece
del uno al otro sitio,
prometiendo himeneos
nocturnos y furtivos. [...]

El joven en la playa,
arrojando el vestido,
a las ondas se entrega
con intrépido brío,

y alternando de brazos
y pies el ejercicio,
ágil y diestro rompe
el ímpetu marino. [...]

Fuese el favor del numen
o fuese el norte fijo
del farol, que ya cerca
vio arder con grato auspicio,

o fuese amor, que suele
con prósperos principios
atraer los amantes
a infaustos precipicios,

cobrando nuevo aliento
a esfuerzos repetidos,
afierra de la arena
el suelo movedizo.

Allí a guardarle sola
su fina esposa vino,
y al verle tiembla toda
de susto y regocijo.

«Ven, esposo —le dice—,
llega a los brazos míos;

para exponerte tanto,
¿cómo ha de haber motivo?

»Amor venció tan duro
insólito camino.
¿Cómo vienes? ¿Qué numen
tu conductor ha sido?»

Así diciendo, enjuga
los restos del rocío
salobre que del cuerpo
corrían hilo a hilo,

y a la torre le guía,
aliviando el prolijo
afán con oficiosos
brazos entretejidos.

Entretanto Himeneo,
volando en torno, el vivo
sagrado fuego enciende
de sus nupciales pinos.

Pero antes que saliese
el astro matutino,
ya volvía Leandro
a su confín nativo.

Así todas las noches
por el silencio amigo
iba nadando a Sesto,
centro de sus cariños. [...]

En fin, salió una aurora
con ceño y desaliño;
siguióse triste día
en tenebroso Olimpo.

La noche añadió horrores,
y para más cumplirlos

dio licencia a los vientos
Éolo, su caudillo. [...]

Leandro, en tanto, triste,
anhela ver tranquilo
el mar, y ya calmados
los vientos enemigos.

Pero al fin, impaciente,
cediendo a su destino,
fuese a la playa, y de esta
manera habló consigo:

«Corazón, ¿qué te espanta?
¿Qué importará que, tibios,
huyamos de una muerte
si de otra nos morimos?»

Dijo, y de su arrestado
amante desvarío
impelido, se arroja
al mar embravecido.

Y a pesar de su furia,
contra los torbellinos
lucha con fuerte brazo
por no poco distrito.

Pero ya se redoblan
del Aquilón los silbos,
levanta el mar sus olas,
aumenta sus bramidos.

¡Ay, mísero Leandro,
ya con dolor te miro
contiguo a las estrellas
y al Tártaro contiguo!

Agotadas las fuerzas,
sin aliento, sin tino,

y del farol amado
el claro norte extinto,

viendo por todas partes
presente a los sentidos
de la pálida muerte
el bárbaro cuchillo,

a las ondas se vuelve
trémulo y semivivo,
hallar piedad pensando
donde nunca la ha habido:

«Ondas, si darme muerte
es decreto preciso,
no a la ida, a la vuelta
matadme a vuestro arbitrio.»

Las crueles ondas niegan
al ruego los oídos
y le sepultan dentro
de su profundo abismo.

Entonces, exhalando
el último suspiro,
tres veces a Hero llama
con lamentable grito. [...]

JOSÉ DE CADALSO

Nace en Cádiz en 1741;
muere en Gibraltar en 1782

A la peligrosa enfermedad de Filis

Si el cielo está sin luces,
    el campo está sin flores,
los pájaros no cantan,
los arroyos no corren,
no saltan los corderos,
no bailan los pastores,
los troncos no dan frutos,
los ecos no responden...
es que enfermó mi Filis
y está suspenso el orbe.

A la muerte de Filis

En lúgubres cipreses
he visto convertidos
los pámpanos de Baco
y de Venus los mirtos;
cual ronca voz del cuervo
hiere mi triste oído
el siempre dulce tono
del tierno jilguerillo;
ni murmura el arroyo
con delicioso trino;
resuena cual peñasco
con olas combatido.
En vez de los corderos
de los montes vecinos
rebaños de leones
bajar con furia he visto;
del sol y de la luna
los carros fugitivos

esparcen negras sombras
mientras dura su giro;
las pastoriles flautas,
que tañen mis amigos,
resuenan como truenos
del que reina en Olimpo.
Pues Baco, Venus, aves,
arroyos, pastorcillos,
sol, luna, todos juntos
miradme compasivos,
y a la ninfa que amaba
al infeliz Narciso,
mandad que diga al orbe
la pena de Dalmiro.

JOSÉ IGLESIAS DE LA CASA

Nace en Salamanca en 1748;
muere en Carbajosa de la Sagrada (Salamanca) en 1791

La rosa de abril

Zagalas del valle,
que al prado venís
a tejer guirnaldas
de rosa y jazmín,
parad en buen hora
y al lado de mí
mirad más florida
la rosa de abril.

Su sien, coronada
de fresco alhelí,
excede a la aurora
que empieza a reír,
y más si en sus ojos,
llorando por mí,
sus perlas asoma
la rosa de abril.

Veis allí la fuente,
veis el prado aquí
do la vez primera
sus luceros vi;
y aunque de sus ojos
yo el cautivo fui,
su dueño me llama
la rosa de abril.

La dije: «¿Me amas?»
Díjome ella: «Sí.»
Y porque lo crea
me dio abrazos mil.
El Amor, de envidia,
cayó muerto allí,
viendo cuál me amaba
la rosa de abril.

De mi rabel dulce
el eco sutil
un tiempo escucharon
londra y colorín;
que nadie más que ellos
me oyera entendí,
y oyéndome estaba
la rosa de abril.

En mi blanda lira
me puse a esculpir
su hermoso retrato
de nieve y carmín;
pero ella me dijo:
«Mira el tuyo aquí»;
y el pecho mostróme
la rosa de abril.

El rosado aliento
que yo a percibir
llegué de sus labios,
me saca de mí;
bálsamo de Arabia
y olor de jazmín
excede en fragancia
la rosa de abril.

El grato mirar,
el dulce reír,
con que ella dos almas
ha sabido unir,
no el hijo de Venus
lo sabe decir,
sino aquel que goza
la rosa de abril.

TOMÁS DE IRIARTE

Nace en Tenerife en 1750;
muere en Madrid en 1791

*C*uando la tierra fría
  dé hospedaje a mi cuerpo,
¿qué servirá que deje
acá renombre eterno,
que me erija un amigo
sepulcral monumento,
que me escriba la vida,
que publique mis versos,
que damas y galanes,
niños, mozos y viejos
me lean, y me lloren
mis parientes y afectos?
Esta fama, esta gloria,
a que aspiran mil necios,
no me da, mientras vivo,
vanidad ni consuelo.
No quiero yo otra fama,
otra gloria no quiero,
sino que se oiga en boca
de niños, mozos, viejos,
de damas y galanes,
de parientes y afectos:
«Este hombre quiso a Laura,
y Laura es quien le ha muerto.»

MARGARITA HICKEY

Nace en Barcelona en 1753 (?); muere en 1793 (?)

Romance

Aprended, flores, de mí,
lo que va de ayer a hoy...;
de amor extremo ayer fui,
leve afecto hoy aún no soy.
Ayer, de amor poseída
y de su aliento inflamada,
en los ardores vivía:
del fuego me alimentaba.
Y, a pesar de la violencia
con que sus voraces llamas
cuanto se opone a su furia
arden, consumen y abrasan,
como pábilo encendido,
cual cantada salamandra,
solamente hallaba vida
entre sus ardientes ascuas,
y hoy, en tan tibios ardores
yace o desfallece el alma,
que el frío carbón apenas
da señas de que fue brasa.
Ayer, los fieros volcanes
de amor no solo halagaban
el pecho, sino que amante
fuera de ellos no se hallaba;
y, sin ellos, decadente
y exánime, desmayaba
y móría, y parecía
como el pez fuera del agua.
Y hoy, no solo, temeroso
y pavoroso, se espanta

de la más leve centella
que en el aire corre, vaga,
sino que el horror y miedo
que a la luz la fiera brava
tiene imitando, a cualquiera
resplandor vuelve la cara.
Ayer, por poco, el incendio
en que amante me abrasaba
vuelve en pavesas el mundo
todo, y en humo le exhala;
y en una hoguera la hermosa
máquina dél transformada,
por poco vuela en cenizas
de mi ardor comunicadas.
Y hoy, apenas de que ha habido
lumbre dan señas escasas
tibios rescoldos: ¡tan muertas
yacen ya, y tan apagadas! [...]

JUAN MELÉNDEZ VALDÉS

Nace en Ribera del Fresno (Badajoz) en 1756;
muere en Montpellier en 1817

Odas anacreónticas

[...] ¡Qué espalda tan airosa!
¡Qué cuello! ¡Qué expresiva
volverlo un tanto sabe
si el rostro afable inclina!
¡Ay! ¡Qué voluptuosos
sus pasos! ¡Cómo animan
al más cobarde amante,
y al más helado irritan!
Al premio, al dulce premio
parece que le brindan,
de amor, cuando le ostentan
un seno que palpita.
¡Cuán dócil es su planta!
¡Qué acorde a la medida
va del compás! Las Gracias
la aplauden y la guían;
y ella, de frescas rosas
la blonda sien ceñida,
su ropa libra al viento,
que un manso soplo agita.
Con timidez donosa
de Cloe simplecilla
por los floridos labios
vaga una afable risa.
A su zagal, incauta,
con blandas carrerillas
se llega, y vergonzosa
al punto se retira.
Mas ved, ved el delirio
de Anarda en su atrevida
soltura: ¡Sus pasiones
cuán bien con él nos pinta!

Sus ojos son centellas,
con cuya llama activa
arde en placer el pecho
de cuantos, ¡ay!, la miran.
Los pies, cual torbellino
de rapidez no vista,
por todas partes vagan,
y a Lícidas fatigan.
¡Qué dédalo amoroso!
¡Qué lazo aquel que, unidas
las manos con Menalca,
formó amorosa Lidia!
¡Cuál andan! ¡Cuál se enredan!
¡Cuán vivamente explican
su fuego en los halagos,
su calma en las delicias!
¡Oh pechos inocentes!
¡Oh unión! ¡Oh paz sencilla,
que huyendo las ciudades,
el campo solo habitas!
¡Ah! ¡Reina entre nosotros
por siempre, amable hija
del Cielo, acompañada
del gozo y la alegría! [...]

JUAN PABLO FORNER

Nace en Mérida (Badajoz) en 1756;
muere en Madrid en 1797

A Lucinda, en el fin del año

Qué importa que ligera
    la edad, huyendo en presuroso paso,
mi vida abrevie en la callada huida,
si cobro nueva vida
cuando en las llamas de tu amor me abraso,
y logro renacer entre su hoguera,
como el ave del sol, que vida espera?
Amor nunca fue escaso,
¡oh, Lucinda amorosa!
y aumenta gustos en los pechos tiernos.
Si el año tuvo fin, serán eternos
los que goce dichosa
mi dulce suerte entre tus dulces brazos,
¡oh mi Lucinda hermosa!,
brazos con tal blandura, que los lazos
vencerán de la Venus peregrina,
cuando, suelto el cabello,
a Marte desafía
y al victorioso dios vence en batalla;
en ellos mi amor halla
la vida, que en sus vueltas a porfía
el sol fúlgido y bello
me lleva en su carrera presurosa,
¡oh Lucinda amorosa!,
y en la estación helada,
cuando su margen despojada enfría
y el yerto Manzanares,
al año despidiendo con su hielo,
la lumbre de tu cielo
dará calor a la esperanza mía,
ajena de pesares,
no perdida mi edad, mas renovada,
por más que el año huya,
con el calor de la esperanza tuya. [...]

JUAN BAUTISTA ARRIAZA

Nace en Madrid en 1770;
muere en Madrid en 1837

*L*a vi deidad, y me postré a adorarla,
y por volver el ídolo benigno,
la prosa olvido, y me dedico a hablarla
en el lenguaje de los dioses digno.
De entonces fue mi signo
pintar en mis canciones
sus dulces perfecciones;
¡y cuánto, oh cielos, su beldad me humilla!
que es a su lado mi elocuencia parca.
Un hilo de agua que en el campo brilla,
y el ancho mar que casi el mundo abarca. [...]

JOSÉ SOMOZA

Nace en Piedrahita (Ávila) en 1781;
muere en Piedrahita en 1837

*L*a luna mientras duermes te acompaña,
  tiende su luz por tu cabello y frente,
va del semblante al cuello, y lentamente
cumbres y valles de tu seno baña.

Yo, Lesbia, que al umbral de tu cabaña
hoy velo, lloro y ruego inútilmente,
el curso de la luna refulgente
dichoso he de seguir, o amor me engaña.

He de entrar cual la luna en tu aposento,
cual ella al lienzo en que tu faz reposa,
y cual ella a tus labios acercarme;

cual ella respirar tu dulce aliento,
y cual el disco de la casta diosa,
puro, trémulo, mudo, retirarme.

FRANCISCO MARTÍNEZ DE LA ROSA

Nace en Granada en 1787;
muere en Madrid en 1862

La espigadera

Zagala donosa,
   linda espigadera,
que el dorado fruto
llevas a la era,
pon sobre mis hombros
la carga ligera;
no más afanada
mis ojos te vean.

Mira que, envidiosa,
Venus te aconseja
malogres tus años
en ruda faena.
¿Qué placer te brindan
las desnudas eras,
los tostados haces,
las aristas secas?

El sol, con sus rayos,
abrasa la tierra,
sin que leve sombra
de su ardor descienda.
Enjutas del río
se ven las arenas;
y al margen se apiñan
las mustias ovejas.

Sin flores el prado,
los campos sin hierba,
los árboles secos,
la fuente sedienta.
Ni cantan las aves,

ni céfiro vuela;
la triste cigarra
tan solo resuena...

¡Ay, ven! Y en la gruta,
de musgo cubierta,
en pláticas dulces
pasemos la siesta;
que amor te convida,
te llama, te espera,
de gente curiosa
guardando la puerta.

ÁNGEL DE SAAVEDRA, DUQUE DE RIVAS

Nace en Córdoba en 1791;
muere en Madrid en 1865

*C*on once heridas mortales,
 hecha pedazos la espada,
el caballo sin aliento
y perdida la batalla,

manchado de sangre y polvo,
en noche oscura y nublada,
en Ontígola vencido
y deshecha mi esperanza,
casi en brazos de la muerte
el laso potro aguijaba
sobre cadáveres yertos
y armaduras destrozadas.

Y por una oculta senda
que el Cielo me deparara,
entre sustos y congojas
llegar logré a Villacañas.

La hermosísima Filena,
de mi desastre apiadada,
me ofreció su hogar, su lecho
y consuelo a mis desgracias.

Registróme las heridas,
y con manos delicadas
me limpió el polvo y la sangre
que en negro raudal manaban.

Curábame las heridas,
y mayores me las daba;
curábame las del cuerpo,
me las causaba en el alma.

Yo, no pudiendo sufrir
el fuego en que me abrasaba,
díjele: «Hermosa Filena,
basta de curarme, basta.

»Más crueles son tus ojos
que las polonesas lanzas:
ellas hirieron mi cuerpo
y ellos el alma me abrasan.

»Tuve contra Marte aliento
en las sangrientas batallas,
y contra el rapaz Cupido
el aliento ahora me falta.

»Deja esa cura, Filena;
déjala, que más me agravas;
deja la cura del cuerpo,
atiende a curarme el alma».

La niña descolorida

P *álida está de amores
   *mi dulce niña:
¡nunca vuelven las rosas
a sus mejillas!*

Nunca de amapolas
o adelfas ceñida
mostró Citerea
su frente divina.
Téjenle guirnaldas
de jazmín sus ninfas,
y tiernas violas
Cupido le brinda.

*Pálida está de amores
mi dulce niña:
¡nunca vuelven las rosas
a sus mejillas!*

El sol en su ocaso
presagia desdichas
con rojos celajes
la faz encendida.
El alba en Oriente
más plácida brilla;
de cándido nácar
los cielos matiza.

Pálida está de amores
mi dulce niña:
¡nunca vuelven las rosas:
a sus mejillas!

¡Qué linda se muestra
si a dulces caricias
afable responde
con blanda sonrisa!
Pero muy más bellas
al amor convida
si de amor se duele,
si de amor respira.

Pálida está de amores
mi dulce niña:
¡nunca vuelven las rosas
a sus mejillas!

Sus lánguidos ojos
el brillo amortiguan;
retiemblan sus brazos:
su seno palpita;
ni escucha, ni habla,
ni ve, ni respira;
y busca en sus labios
el alma y la vida...

Pálida está de amores
mi dulce niña:
¡nunca vuelven las rosas
a sus mejillas!

MANUEL BRETÓN DE LOS HERREROS

Nace en Quel (Logroño) en 1796;
muere en Madrid en 1873

Letrillas satíricas

*T*anta es, niña, mi ternura,
   que no reconoce igual.
Si tuvieras un caudal
comparable a la hermosura
de ese rostro que bendigo,
me casaría contigo.

Eres mi bien y mi norte,
graciosa y tierna Clarisa,
y a tener tú menos prisa
de llamarme tu consorte,
pongo al cielo por testigo,
me casaría contigo.

¿Tú me idolatras? Convengo.
Y yo, que al verte me encanto,
si no te afanaras tanto
por saber qué sueldo tengo
y si cojo aceite o trigo,
me casaría contigo.

A no ser porque tus dengues
ceden solo a mi porfía
cuando, necio en demasía,
para dijes y merengues
mi dinero te prodigo,
me casaría contigo.

A no ser porque recibes
instrucciones de tu madre,
y es forzoso que la cuadre
cuando me hablas o me escribes,

o me citas al postigo,
me casaría contigo.

Si cuando solo al bandullo
regalas tosco gazpacho,
haciendo de todo empacho,
no tuvieras más orgullo
que en la horca don Rodrigo,
me casaría contigo.

Si después de estar casados,
en lugar de rica hacienda,
no esperase la prebenda
de tres voraces cuñados
y una suegra por castigo,
me casaría contigo.

Si, conjurando la peste
que llorar a tantos veo,
virtudes que en ti no creo,
de cierto signo celeste
me pusieran al abrigo,
me casaría contigo.

JUAN AROLAS

Nace en Barcelona en 1805;
muere en Valencia en 1849

[...] *C*onducida en su galera
        prisionera
fui cruzando el mar azul;
mucho lloré; sordos fueron;
        me vendieron
al sultán en Estambul.

Él me llamó hurí de aroma,
        que Mahoma
destinaba a su vergel;
de Alá gloria y alegría,
        luz del día,
paloma constante y fiel.

Vi en un murallado suelo
        cómo un cielo
de hermosuras de jazmín,
cubiertas de ricas sedas,
        auras ledas
disfrutaban del jardín.

Unas padecían celos
        y desvelos;
lograban otras favor;
quién por desdén gemía,
        quién vivía
sin un goce del amor.

Mil esclavas me sirvieron
        y pusieron
rico alfareme en mi sien;
pero yo siempre lloraba
        y exclamaba
con voz triste en el harén:

«¿De qué sirve a mi belleza
    la riqueza,
pompa, honor y majestad,
si en poder de adusto moro
    gimo y lloro
mi perdida libertad?»

PATRICIO DE LA ESCOSURA

Nace en Madrid en 1807;
muere en Madrid en 1878

El beso

*L*evantan en medio de patio espacioso
  cadalso enlutado, que causa pavor;
un Cristo, dos velas, un tajo asqueroso
encima; y con ellos, el ejecutor.

En torno al cadalso se ven los soldados,
que fieros empuñan terrible arcabuz,
a par del verdugo, mirando asombrados
al bulto vestido del negro capuz.

«¿Qué tiemblas, muchacho, cobarde alimaña?
Bien puedes marcharte, y presto a mi fe.
Te faltan las fuerzas, si sobra la saña;
por Cristo bendito, que ya lo pensé.»

«Diez doblas pediste, sayón mercenario,
diez doblas cabales al punto te di.
¿Pretendas ahora negarme, falsario,
la gracia que en cambio tan sola pedí?»

«Rapaz, no por cierto, ¡creí que temblabas!;
bien presto al que odias verásle morir.»
Y en esto, cerrojos se escuchan y aldabas,
y puertas cerradas se sienten abrir.

Salió el comunero gallardo, contrito,
oyendo al buen fraile que hablándole va;
enfrente al cadalso miró de hito en hito,
mas no de turbarse señales dará.

Encima, subido, de hinojos postrado,
al MÁRTIR POR TODOS ORÓ con fervor;
después sobre el tajo grosero inclinado:
«El golpe de muerte», clamó con valor.

Alzada en el aire su fiera cuchilla,
volviéndose un tanto con ira el sayón,
al triste que en vano lidió por Castilla,
prepara en la muerte cruel galardón.

Mas antes que el golpe descargue tremendo
veloz cual pelota que lanza arcabuz,
se arroja al cautivo «¡García!», diciendo,
el bulto vestido del negro capuz.

«¡Mi Blanca!», responde, y un beso, el postrero,
se dan, y en el punto la espada cayó.
Terror invencible sintió el sayón fiero
cuando ambas cabezas cortadas miró.

JOSÉ DE ESPRONCEDA

Nace en Almendralejo (Badajoz) en 1808;
muere en Madrid en 1842

Canto a Teresa

DESCANSA EN PAZ

Bueno es el mundo, ¡bueno!, ¡bueno!, ¡bueno!
Como de Dios y al fin obra maestra,
por todas partes de delicias lleno,
de que Dios ama al hombre hermosa muestra.
Salga la voz alegre de mi seno,
a celebrar esta vivienda nuestra,
¡paz a los hombres! ¡Gloria en las alturas!
¡Cantad en vuestra jaula, criaturas!

(MIGUEL DE LOS SANTOS ÁLVAREZ: *María.*)

*P*or qué volvéis a la memoria mía,
tristes recuerdos del placer perdido,
a aumentar la ansiedad y la agonía
de este desierto corazón herido?
¡Ay!, que de aquellas horas de alegría
le quedó al corazón sólo un gemido,
y el llanto que al dolor los ojos niegan,
lágrimas son de hiel que el alma anegan.

¿Dónde volaron, ¡ay!, aquellas horas
de juventud, de amor y de ventura,
regaladas de músicas sonoras,
adornadas de luz y de hermosura?
Imágenes de oro bullidoras,
sus alas de carmín y nieve pura,
al sol de mi esperanza desplegando,
pasaban, ¡ay!, a mi alrededor cantando.

Gorjeaban los dulces ruiseñores,
el sol iluminaba mi alegría,
el aura susurraba entre las flores,
el bosque mansamente respondía,
las fuentes murmuraban sus amores...
¡Ilusiones que llora el alma mía!
¡Oh, cuán suave resonó en mi oído
el bullicio del mundo y su ruïdo!

Mi vida entonces, cual guerrera nave
que el puerto deja por la vez primera,
y al soplo de los céfiros süave
orgullosa desplega su bandera
y al mar dejando que a sus pies alabe
su triunfo en roncos cantos, va, velera,
una ola tras otra bramadora
hollando y dividiendo vencedora.

¡Ay!, en el mar del mundo, en ansia ardiente
del amor volaba; el sol de la mañana
llevaba yo sobre mi tersa frente,
y el alma pura de su dicha ufana:
dentro de ella el amor, cual rica fuente
que entre frescuras y arboledas mana,
brotaba entonces abundante río
de ilusiones y dulce desvarío.

Yo amaba todo: un noble sentimiento
exaltaba mi ánimo, y sentía
en mi pecho un secreto movimiento,
de grandes hechos generoso guía:
la libertad con su inmortal aliento,
santa diosa, mi espíritu encendía,
continúo imaginando en mi fe pura
sueños de gloria al mundo y de ventura.

El puñal de Catón, la adusta frente
del noble bruto, la constancia fiera
y el arrojo de Scévola valiente,
la doctrina de Sócrates severa,

316

la voz atronadora y elocuente
del orador de Atenas, la bandera
contra el tirano macedonio alzando,
y al espantado pueblo arrebatando.

El valor y la fe del caballero,
del trovador el arpa y los cantares,
del gótico castillo el altanero
antiguo torreón, do sus pesares
cantó tal vez con eco lastimero,
¡ay!, arrancada de sus patrios lares,
joven cautiva, al rayo de la luna,
lamentando su ausencia y su fortuna.

El dulce anhelo del amor que aguarda,
tal vez inquieto y con mortal recelo,
la forma bella que cruzó gallarda,
allá en la noche, entre medroso velo;
la ansiada cita que en llegar se tarda
al impaciente y amoroso anhelo,
la mujer y la voz de su dulzura,
que inspira al alma celestial ternura;

a un tiempo mismo en rápida tormenta
mi alma alborotaban de contino,
cual las olas que azota con violenta
cólera, impetuoso torbellino:
soñaba al héroe ya, la pleba atenta
en mi voz escuchaba su destino;
ya al caballero, al trovador soñaba,
y de gloria y de amores suspiraba.

Hay una voz secreta, un dulce canto,
que el alma solo recogida entiende,
un sentimiento misterioso y santo,
que del barro al espíritu desprende:
agreste, vago y solitario encanto
que en inefable amor el alma enciende,
volando tras la imagen peregrina
el corazón de su ilusión divina.

Yo, desterrado en extranjera playa,
con los ojos extático seguía
la nave audaz que en argentada raya
volaba al puerto de la patria mía:
yo, cuando en Occidente el sol desmaya,
solo y perdido en la arboleda umbría,
oír pensaba el armonioso acento
de una mujer, al suspirar del viento.

¡Una mujer! En el templado rayo
de la mágica luna se colora,
del sol poniente al lánguido desmayo
lejos entre las nubes se evapora;
sobre las cumbres que florece el mayo
brilla fugaz al despuntar la aurora,
cruza tal vez por entre el bosque umbrío,
juega en las aguas del sereno río.

¡Una mujer! Deslízase en el cielo
allá en la noche desprendida estrella,
si aroma el aire recogió en el suelo,
es el aroma que le presta ella.
Blanca es la nube que en callado vuelo
cruza la esfera, y que su planta huella,
y en la tarde la mar olas le ofrece
de plata y de zafir donde se mece.

Mujer que amor en su ilusión figura,
mujer que nada dice a los sentidos,
ensueño de suavísima ternura,
eco que regaló nuestros oídos;
de amor la llama generosa y pura,
los goces dulces del amor cumplidos,
que engalana la rica fantasía,
goces que avaro el corazón ansía.

¡Ay!, aquella mujer, tan sólo aquélla,
tanto delirio a realizar alcanza,
y esa mujer tan cándida y tan bella
es mentida ilusión de la esperanza:

es el alma que vívida destella
su luz al mundo cuando en él se lanza,
y el mundo con su magia y galanura
es espejo no más de su hermosura.

Es el amor que al mismo amor adora,
el que creó las sílfides y ondinas,
la sacra ninfa que bordando mora
debajo de las aguas cristalinas:
es el amor que recordando llora
las arboledas del Edén divinas:
amor de allí arrancado, allí nacido,
que busca en vano aquí su bien perdido.

¡Oh llama santa!, ¡celestial anhelo!
¡Sentimiento purísimo!, ¡memoria
acaso triste de un perdido cielo,
quizá esperanza de futura gloria!
¡Huyes y dejas llanto y desconsuelo!
¡Oh, mujer!, ¡que en imagen ilusoria
tan pura, tan feliz, tan placentera,
brindó el amor a mi ilusión primera...!

¡Oh Teresa! ¡Oh dolor! Lágrimas mías,
¡ah!, ¿dónde estáis que no corréis a mares?
¿Por qué, por qué como en mejores días,
no consoláis vosotras mis pesares?
¡Oh!, los que no sabéis las agonías
de un corazón que penas a millares,
¡ay!, desgarraron y que ya no llora,
¡piedad tened de mi tormento ahora!

¡Oh, dichosos mil veces, sí, dichosos,
los que podéis llorar!, y ¡ay! sin ventura
de mí, que entre suspiros angustiosos
ahogar me siento en infernal tortura.
¡Retuércese entre nudos dolorosos
mi corazón gimiendo de amargura!
También tu corazón, hecho pavesa,
¡ay!, llegó a no llorar, ¡pobre Teresa!

¿Quién pensara jamás, Teresa mía,
que fuera eterno manantial de llanto,
tanto inocente amor, tanta alegría,
tantas delicias y delirio tanto?
¿Quién pensara jamás llegase un día
en que perdido el celestial encanto
y caída la venda de los ojos,
cuanto diera placer causara enojos?

Aún parece, Teresa, que te veo
aérea como dorada mariposa,
en sueño delicioso del deseo,
sobre tallo gentil temprana rosa,
del amor venturoso devaneo,
angélica, purísima y dichosa,
y oigo tu voz dulcísima, y respiro
tu aliento perfumado en tu suspiro.

Y aún miro aquellos ojos que robaron
a los cielos su azul, y las rosadas
tintas sobre la nieve, que envidiaron
las de mayo serenas alboradas:
y aquellas horas dulces que pasaron
tan breves, ¡ay!, como después lloradas,
horas de confianza y de delicias,
de abandono, y de amor, y de caricias.

Que así las horas rápidas pasaban,
y pasaba a la par nuestra ventura;
y nunca nuestras ansias las contaban,
tú embriagada en mi amor, yo en tu hermosura.
Las horas, ¡ay!, huyendo nos miraban,
llanto tal vez vertiendo de ternura;
que nuestro amor y juventud veían,
y temblaban las horas que vendrían.

Y llegaron en fin... ¡oh!, ¿quién, impío,
¡ay!, agostó la flor de tu pureza?
Tú fuiste un tiempo cristalino río,
manantial de purísima limpieza;

después, torrente de color sombrío,
rompiendo entre peñascos y maleza,
y estanque, en fin, de aguas corrompidas,
entre fétido fango detenidas.

¿Cómo caíste despeñado al suelo,
astro de la mañana luminoso?
Ángel de luz, ¿quién te arrojó del cielo
a este valle de lágrimas odioso?
Aún cercaba tu frente el blanco velo
del serafín, y en ondas fulgurosos
rayos al mundo tu esplendor vertía
y otro cielo el amor te prometía.

Mas, ¡ay!, que es la mujer ángel caído
o mujer nada más y lodo inmundo,
hermoso ser para llorar nacido,
o vivir como autómata en el mundo.
Sí, que el demonio en el Edén perdido,
abrasara con fuego del profundo
la primera mujer, y ¡ay!, aquel fuego
la herencia ha sido de sus hijos luego.

Brota en el cielo del amor la fuente,
que a fecundar el universo mana,
y en la tierra su límpida corriente
sus márgenes con flores engalana,
mas, ¡ay!, huid: el corazón ardiente
que el agua clara por beber se afana,
lágrimas verterá de duelo eterno,
que su raudal lo envenenó el infierno.

Huid, si no queréis que llegue un día
en que enredado en retorcidos lazos
el corazón, con bárbara porfía,
luchéis por arrancároslo a pedazos:
en que al cielo en histérica agonía
frenéticos alcéis entrambos brazos,
para en vuestra impotencia maldecirle,
y escupiros, tal vez, al escupirle. [...]

A Jarifa en una orgía

*T*rae, Jarifa, trae tu mano,
   ven y pósala en mi frente,
que en un mar de lava hirviente
mi cabeza siento arder.
Ven y junta con mis labios
esos labios que me irritan,
donde aún los besos palpitan
de tus amantes de ayer.

¿Qué la virtud, la pureza?
¿Qué la verdad y el cariño?
Mentida ilusión de niño
que halagó mi juventud.
Dadme vino: en él se ahoguen
mis recuerdos; aturdida,
sin sentir, huya la vida,
paz me traiga el ataúd.

El sudor mi rostro quema,
y en ardiente sangre rojos
brillan inciertos mis ojos,
se me salta el corazón.
Huye, mujer; te detesto,
siento tu mano en la mía,
y tu mano siento fría,
y tus besos hielo son.

¡Siempre igual! Necias mujeres,
inventad otras caricias,
otro mundo de delicias,
¡o maldito sea el placer!
Vuestros besos son mentira,
mentira vuestra ternura,
es fealdad vuestra hermosura,
vuestro gozo es padecer.

Yo quiero amor, quiero gloria,
quiero un deleite divino,
como en mi mente imagino,

como en el mundo no hay.
Y es la luz de aquel lucero
que engañó mi fantasía,
fuego fatuo, falso guía
que errante y ciego me tray.

¿Por qué murió para el placer mi alma
y vive aún para el dolor impío?
¿Por qué, si yazgo en indolente calma,
siento, en lugar de paz, árido hastío?

¿Por qué este inquieto abrasador deseo?
¿Por qué este sentimiento extraño y vago,
que yo mismo conozco un devaneo,
y busco aún su seductor halago?

¿Por qué aún finge amores y placeres
que cierto estoy de que serán mentira?
¿Por qué en pos de fantásticas mujeres
necio tal vez mi corazón delira,

si luego en vez de prados y de flores
halla desiertos áridos y abrojos,
y en sus sandios o lúbricos amores
fastidio sólo encontrará y enojos?

Yo me arrojé, cual rápido cometa,
en alas de mi ardiente fantasía
doquier mi arrebatada mente inquieta
dichas y triunfos encontrar creía.

Yo me lancé con atrevido vuelo
fuera del mundo en la región etérea,
y hallé la duda, y el radiante cielo
vi convertirse en ilusión aérea.

Luego en la tierra la virtud, la gloria
busqué con ansia y delirante amor,
y hediondo polvo y deleznable escoria
mi fatigado espíritu encontró.

Mujeres vi de virginal limpieza
entre albas nubes de celeste lumbre;
yo las toqué, y en humo su pureza
trocarse vi, y en lodo y podredumbre.

Y encontré mi ilusión desvanecida,
y eterno e insaciable mi deseo.
Palpé la realidad y odié la vida:
sólo en la paz de los sepulcros creo.

Y busco aún y busco codicioso,
y aun deleites el alma finge y quiere;
pregunto, y un acento pavoroso
«¡Ay!», me responde, «desespera y muere.

»Muere, infeliz: la vida es un tormento,
un engaño el placer; no hay en la tierra
paz para ti, ni dicha, ni contento,
sino eterna ambición y eterna guerra.

»Que así castiga Dios el alma osada
que aspira loca, en su delirio insano,
de la verdad para el mortal velada,
a descubrir el insondable arcano».

¡Oh, cesa! No, yo no quiero
ver más, ni saber ya nada;
harta mi alma y postrada,
sólo anhela descansar.
En mí muera el sentimiento,
pues ya murió mi ventura;
ni el placer ni la tristura
vuelvan mi pecho a turbar.

Pasad, pasad en óptica ilusoria,
y otras jóvenes almas engañad;
nacaradas imágenes de gloria,
coronas de oro y laurel, pasad.

Pasad, pasad, mujeres voluptuosas,
con danza y algazara en confusión;
pasad como visiones vaporosas
sin conmover ni herir mi corazón.

Y aturdan mi revuelta fantasía
los brindis y el estruendo del festín,
y huya la noche y me sorprenda el día
en un letargo estúpido y sin fin.

Ven, Jarifa; tú has sufrido
como yo; tú nunca lloras.
Mas, ¡ay, triste!, que no ignoras
cuán amarga es mi aflicción.
Una misma es nuestra pena
en vano el llanto contienes...
Tú también, como yo, tienes
desgarrado el corazón.

GERTRUDIS GÓMEZ DE AVELLANEDA

Nace en Puerto Príncipe (Cuba) en 1814;
muere en Madrid en 1873

A Él

*E*ra la edad lisonjera
en que es un sueño la vida:
era la aurora hechicera
de mi juventud florida,
en su sonrisa primera.

Cuando sin rumbo vagaba
por el campo silenciosa,
y en escuchar me gozaba
la tórtola que entonaba
su querella lastimosa.

Melancólico fulgor
blanca luna repartía
y el aura leve mecía
con soplo murmurador
la tierna flor que se abría.

¡Y yo gozaba! El rocío,
nocturno llanto del cielo,
el bosque espeso y umbrío,
la dulce quietud del suelo,
el manso correr del río,

y de la luna el albor
y el aura que murmuraba
acariciando a la flor,
y el pájaro que cantaba...
¡Todo me hablaba de amor!

Y trémula, palpitante,
en mi delirio extasiada,
miré una visión brillante,

como el aire perfumada,
como las nubes flotante.

Ante mí resplandecía
como un astro brillador,
y mi loca fantasía
al fantasma seductor
tributada idolatría.

Escuchar pensé su acento
en el canto de las aves;
eran las auras su aliento
cargadas de aromas suaves,
y su estancia el firmamento.

¿Qué ser extraño era aquél?
¿Era un ángel o era un hombre?
¿Era un Dios o era Luzbel?...
¿Mi visión no tiene nombre?
¡Ah!, nombre tiene... ¡Era *Él*! [...]

JOSÉ ZORRILLA

Nace en Valladolid en 1817,
muere en Madrid en 1893

Don Juan Tenorio

DON JUAN

[...] *A*h! ¿No es cierto, ángel de amor,
   que en esta apartada orilla
más pura la luna brilla
y se respira mejor?
Esta aura que vaga, llena
de los sencillos olores
de las campesinas flores
que brota esa orilla amena;
esa agua limpia y serena
que atraviesa sin temor
la barca del pescador
que espera cantando el día,
¿no es cierto, paloma mía,
que están respirando amor?
Esa armonía que el viento
recoge entre esos millares
de floridos olivares,
que agita con manso aliento;
ese dulcísimo acento
con que trina el ruiseñor,
de sus copas morador,
llamando al cercano día,
¿no es verdad, gacela mía,
que están respirando amor?
Y estas palabras que están
filtrando insensiblemente
tu corazón, ya pendiente
de los labios de don Juan,
y cuyas ideas van
inflamando en su interior

un fuego germinador
no encendido todavía,
¿no es verdad, estrella mía,
que están respirando amor?
Y esas dos líquidas perlas
que se desprenden tranquilas
de tus radiantes pupilas
convidándome a beberlas,
evaporarse a no verlas
de sí mismas al calor;
y ese encendido color
que en tu semblante no había,
¿no es verdad, hermosa mía,
que están respirando amor?
¡Oh! Sí, bellísima Inés,
espejo y luz de mis ojos;
escucharme sin enojos
como lo haces, amor es;
mira aquí a tus plantas, pues,
todo el altivo rigor
de este corazón traidor
que rendirse no creía,
adorando, vida mía,
la esclavitud de tu amor.

DOÑA INÉS

Callad, por Dios, ¡oh!, don Juan,
que no podré resistir
mucho tiempo, sin morir,
tan nunca sentido afán.
¡Ah! Callad, por compasión;
que, oyéndoos, me parece
que mi cerebro enloquece
y se arde mi corazón.
¡Ah! Me habéis dado a beber
un filtro infernal, sin duda,
que a rendiros os ayuda
la virtud de la mujer.
Tal vez poseéis, don Juan,

un misterioso amuleto,
que a vos me atrae en secreto
como irresistible imán.
Tal vez Satán puso en vos
su vista fascinadora,
su palabra seductora
y el amor que negó a Dios.
¿Y qué he de hacer, ¡ay de mí!,
sino caer en vuestros brazos,
si el corazón en pedazos
me vais robando de aquí?
No, don Juan; en poder mío
resistirte no está ya;
yo voy a ti, como va
sorbido al mar ese río.
Tu presencia me enajena,
tus palabras me alucinan,
y tus ojos me fascinan,
y tu aliento me envenena.
¡Don Juan! ¡Don Juan! Yo lo imploro
de tu hidalga compasión:
o arráncame el corazón,
o ámame, porque te adoro.

DON JUAN

¡Alma mía! Esa palabra
cambia de modo mi ser,
que alcanzo que puede hacer
hasta que el Edén se me abra.
No es, doña Inés, Satanás
quien pone este amor en mí;
es Dios, que quiere por ti
ganarme para Él quizá.
No; el amor que hoy se atesora
en mi corazón mortal,
no es un amor terrenal
como el que sentí hasta ahora;
no es esa chispa fugaz
que cualquier ráfaga apaga;

es incendio que se traga
cuanto ve, inmenso, voraz.
Desecha, pues, tu inquietud,
bellísima doña Inés,
porque me siento a tus pies
capaz aun de la virtud.
Sí; iré mi orgullo a postrar
ante el buen Comendador,
y o habrá de darme tu amor,
o me tendrá que matar.

DOÑA INÉS

¡Don Juan de mi corazón! [...]

A buen juez, mejor testigo

[...] *E*nclavado en un madero,
en duro y postrero trance,
ceñida la sien de espinas,
decolorido el semblante,
veíase allí un crucifijo
teñido de negra sangre,
a quien Toledo, devota,
acude hoy en sus azares.
Ante sus plantas divinas
llegaron ambos amantes,
y haciendo Inés que Martínez
los sagrados pies tocase,
preguntóle:
      —Diego, ¿juras
a tu vuelta desposarme?
Contestó el mozo:
            —¡Sí juro!
Y ambos del templo se salen. [...]

Pasó un día y otro día,
un mes y otro mes pasó,
y un año pasado había;
mas de Flandes no volvía
Diego, que a Flandes partió.
    Lloraba la bella Inés
su vuelta aguardando en vano;
oraba un mes y otro mes
del crucifijo a los pies
do puso el galán su mano.
    Todas las tardes venía
después de traspuesto el sol,
y a Dios llorando pedía
la vuelta del español,
y el español no volvía.
    Y siempre al anochecer,
sin dueña y sin escudero,
en un manto una mujer
el campo salía a ver
al alto del Miradero.

¡Ay del triste que consume
su existencia en esperar!
¡Ay del triste que presume
que el duelo con que él se abrume
al ausente ha de pesar!

La esperanza es de los cielos
precioso y funesto don,
pues los amantes desvelos
cambian la esperanza en celos,
que abrasan el corazón.

Si es cierto lo que se espera,
es un consuelo en verdad;
pero siendo una quimera,
en tan frágil realidad
quien espera desespera.

Así Inés desesperaba
sin acabar de esperar,
y su tez se marchitaba,
y su llanto se secaba
para volver a brotar.

En vano a su confesor
pidió remedio o consejo
para aliviar su dolor;
que mal se cura el amor
con las palabras de un viejo.

En vano a Iván acudía,
llorosa y desconsolada;
el padre no respondía,
que la lengua le tenía
su propia deshonra atada.

Y ambos maldicen su estrella,
callando el padre severo
y suspirando la bella,
porque nació mujer ella,
y el viejo nació altanero.

Dos años al fin pasaron
en esperar y gemir,
y las guerras acabaron,
y los de Flandes tornaron
a sus tierras a vivir.

Pasó un día y otro día,
un mes y otro mes pasó,
y el tercer año corría;
Diego a Flandes se partió,
mas de Flandes no volvía.

Era una tarde serena;
doraba el sol de Occidente
del Tajo la vega amena,
y apoyada en una almena
miraba Inés la corriente. [...]

A lo lejos, por el llano,
en confuso remolino,
vio de hombres tropel lejano
que en pardo polvo liviano
dejan envuelto el camino.

Bajó Inés del torreón,
y, llegando recelosa
a las puertas del Cambrón,
sintió latir, zozobrosa,
más inquieto el corazón.

Tan galán como altanero,
dejó ver la escasa luz
por bajo el arco primero
un hidalgo caballero
en un caballo andaluz.

Jubón negro acuchillado,
banda azul, lazo en la hombrera,
y sin pluma al diestro lado
el sombrero derribado
tocando con la gorguera.

Bombacho gris guarnecido,
bota de ante, espuela de oro,
hierro al cinto suspendido,
y a una cadena, prendido,
agudo cuchillo moro.

Vienen tras este jinete,
sobre potros jerezanos,
de lanceros hasta siete,
y en la adarga y coselete
diez peones castellanos. [...]

Una mujer en tal punto,
en faz de gran aflicción,
rojos de llorar los ojos,
ronca de gemir la voz,
suelto el cabello y el manto,
tomó plaza en el salón
diciendo a gritos: —¡Justicia
jueces; justicia, señor!

Y a los pies se arroja, humilde,
de don Pedro de Alarcón,
en tanto que los curiosos
se agitan al derredor.
Alzóla cortés don Pedro
calmando la confusión
y el tumultuoso murmullo
que esta escena ocasionó,
diciendo:
        —Mujer, ¿qué quieres?
—Quiero justicia, señor.
—¿De qué?
        —De una prenda hurtada.
—¿Qué prenda?
        —Mi corazón.
—¿Tú le diste?
        —Le presté.
—¿Y no te le han vuelto?
        —No.
—¿Tienes testigos?
        —Ninguno.
—¿Y promesa?
        —¡Sí, por Dios!
Que al partirse de Toledo
un juramento empeñó.
—¿Quién es él?
        —Diego Martínez.
—¿Noble?
        —Y capitán, señor.
—Presentadme al capitán,
que cumplirá si juró.

Quedó en silencio la sala,
y a poco en el corredor
se oyó de botas y espuelas
el acompasado son.
Un portero, levantando
el tapiz, en alta voz
dijo: —El capitán don Diego.
Y entró luego en el salón
Diego Martínez, los ojos
llenos de orgullo y furor.
—¿Sois el capitán don Diego
—díjole don Pedro— vos?
Contestó, altivo y sereno,
Diego Martínez:
    —Yo soy.
—¿Conocéis a esa muchacha?
—Ha tres años, salvo error.
—¿Hicísteisla juramento
de ser su marido?
    —No.
—¿Juráis no haberlo jurado?
—Sí juro.
    —Pues id con Dios.
—¡Miente! —clamó Inés, llorando
de despecho y de rubor.
—Mujer, ¡piensa lo que dices!
—Digo que miente: juró.
—¿Tienes testigos?
    —Ninguno.
—Capitán, idos con Dios,
y dispensad que, acusado,
dudara de vuestro honor.
Tornó Martínez la espalda
con brusca satisfacción,
e Inés, que le vio partirse,
resuelta y firme gritó:
—Llamadle, tengo un testigo.
Llamadle otra vez, señor.
Volvió el capitán don Diego,
sentóse Ruiz de Alarcón,

la multitud aquietóse
y la de Vargas siguió:
—Tengo un testigo a quien nunca
faltó verdad ni razón.
—¿Quién?
    —Un hombre que de lejos
nuestras palabras oyó,
mirándonos desde arriba.
—¿Estaba en algún balcón?
—No, que estaba en un suplicio
donde ha tiempo que expiró.
—¿Luego es muerto?
    —No, que vive.
—Estáis loca, ¡vive Dios!
¿Quién fue?
    —El Cristo de la Vega
a cuya faz perjuró.

Pusiéronse en pie los jueces
al nombre del Redentor,
escuchando con asombro
tan excelsa apelación.
Reinó un profundo silencio
de sorpresa y de pavor,
y Diego bajó los ojos
de vergüenza y confusión.
Un instante con los jueces
don Pedro en secreto habló,
y levantóse diciendo
con respetuosa voz:
—La ley es ley para todos;
tu testigo es el mejor;
mas para tales testigos
no hay más tribunal que Dios.
Haremos... lo que sepamos;
escribano: al caer el sol,
al Cristo que está en la Vega
tomaréis declaración. [...]

Está el Cristo de la Vega
la cruz en tierra posada,
los pies alzados del suelo
poco menos de una vara;
hacia la severa imagen
un notario se adelanta,
de modo que con el rostro
al pecho santo llegaba.
A un lado tiene a Martínez;
a otro lado, a Inés de Vargas;
detrás, el gobernador
con sus jueces y sus guardias.
Después de leer dos veces
la acusación entablada,
el notario a Jesucristo
así demandó en voz alta:
—*Jesús, Hijo de María,*
ante nos esta mañana
citado como testigo
por boca de Inés de Vargas,
¿juráis ser cierto que un día
a vuestras divinas plantas
juró a Inés Diego Martínez
por su mujer desposarla?

Asida a un brazo desnudo
una *mano* atarazada
vino a posar en los autos
la seca y hendida palma,
y allá en los aires «¡Sí juro!»,
clamó una voz más que humana.
Alzó la turba medrosa
la vista a la imagen santa...
Los labios tenía abiertos
y una mano desclavada. [...]

Oriental

*C*orriendo van por la vega
    a las puertas de Granada
hasta cuarenta gomeles
y el capitán que los manda.

Al entrar en la ciudad,
parando su yegua blanca,
le dijo éste a una mujer
que entre sus brazos lloraba:

—Enjuga el llanto, cristiana,
no me atormentes así,
que tengo yo, mi sultana,
un nuevo Edén para ti.

Tengo un palacio en Granada,
tengo jardines y flores,
tengo una fuente dorada
con más de cien surtidores,

y en la vega del Genil
tengo parda fortaleza,
que será reina entre mil
cuando encierre tu belleza.

Y sobre toda una orilla
extiendo mi señorío;
ni en Córdoba ni en Sevilla
hay un parque como el mío.

Allí la altiva palmera
y el encendido granado,
junto a la frondosa higuera
cubren el valle y collado.

Allí el robusto nogal,
allí el nópalo amarillo,
allí el sombrío moral
crecen al pie del castillo.

Y olmos tengo en mi alameda
que hasta el cielo se levantan,
y en redes de plata y seda
tengo pájaros que cantan.

Y tú mi sultana eres,
que desiertos mis salones
están, mi harén sin mujeres,
mis oídos sin canciones.

Yo te daré terciopelos
y perfumes orientales;
de Grecia te traeré velos
y de Cachemira chales.

Y te daré blancas plumas
para que adornes tu frente,
más blancas que las espumas
de nuestros mares de Oriente.

Y perlas para el cabello,
y baños para el calor,
y collares para el cuello;
para los labios... ¡amor!

—¿Qué me valen tus riquezas
—respondióle la cristiana—,
si me quitas a mi padre,
mis amigos y mis damas?

Vuélveme, vuélveme, moro,
a mi padre y a mi patria,
que mis torres de León
valen más que tu Granada.

Escuchóla en paz el moro,
y manoseando su barba,
dijo como quien medita,
en la mejilla una lágrima:

—Si tus castillos mejores
que nuestros jardines son
y son más bellas tus flores
por ser tuyas, en León,

y tú diste tus amores
a alguno de tus guerreros,
hurí del Edén, no llores;
vete con tus caballeros.

Y dándole su caballo
y la mitad de su guardia,
el capitán de los moros
volvió en silencio la espalda.

RAMÓN DE CAMPOAMOR

Nace en Navia (Asturias) en 1817;
muere en Madrid en 1901

¡Quién supiera escribir!

*E*scribidme una carta, señor cura.
   —Ya sé para quién es.
—¿Sabéis quién es, porque una noche oscura
nos visteis juntos?
                     —Pues.
—Perdonad, mas...
                     —No extraño ese tropiezo.
La noche... la ocasión...
Dadme pluma y papel. Gracias. Empiezo:
Mi querido Ramón:
—¿Querido?... Pero, en fin, ya lo habéis puesto...
—Si no queréis...
                     —¡Sí, sí!
—*¡Qué triste estoy! ¿No es eso?*
—Por supuesto.
—*¡Qué triste estoy sin ti!*
Una congoja, al empezar, me viene...
—¿Cómo sabéis mi mal?...
—Para un viejo, una niña siempre tiene
pecho de cristal.
—*¿Qué es sin ti el mundo? Un valle de amargura.*
¿Y contigo? Un edén.
—Haced la letra clara, señor cura,
que lo entienda eso bien.
—*El beso aquel que de marchar a punto*
te di... —¿Cómo sabéis?...
—Cuando se va y se viene y se está junto,
siempre... no os afrentéis.
—*Y si volver tu afecto no procura,*
tanto me harás sufrir...
—¿Sufrir y nada más? No, señor cura,
¡que me voy a morir!

343

—¿Morir? ¿Sabéis que es ofender al cielo?...
—Pues sí, señor; ¡morir!
—Yo no pongo *morir* —¡Qué hombre de hielo!
¡Quién supiera escribir! [...]

Mi carta, que es feliz...

[...] *M*i carta, que es feliz, pues va a buscaros,
    cuenta os dará de la memoria mía.
Aquel fantasma soy que, por gustaros,
juró estar viva a vuestro lado un día.
    »Cuando lleve esta carta a vuestro oído
el eco de mi amor y mis dolores,
el cuerpo en que mi espíritu ha vivido
ya durmiendo estará bajo unas flores.
    »Por no dar fin a la ventura mía,
la escribo larga... casi interminable...
¡Mi agonía es la bárbara agonía
del que quiere evitar lo inevitable!
    »Hundiéndose al morir sobre mi frente
el palacio ideal de mi quimera,
de todo mi pasado, solamente
esta pena que os doy borrar quisiera.
    »Me rebelo a morir, pero es preciso...
¡El triste vive y el dichoso muere!...
¡Cuando quise morir, Dios no lo quiso;
hoy que quiero vivir, Dios no lo quiere!
    »¡Os amo, sí! Dejadme que habladora
me repita esta voz tan repetida;
que las cosas más íntimas ahora
se escapan de mis labios con mi vida.
    »Hasta furiosa, a mí que ya no existo,
la idea de los celos me importuna;
¡juradme que esos ojos que me han visto
nunca el rostro verán de otra ninguna!
    »Y si aquella mujer de aquella historia
vuelve a formar de nuevo vuestro encanto,
aunque os ame, gemid en mi memoria;
¡yo os hubiera también amado tanto!...

»Mas tal vez allá arriba nos veremos,
después de esta existencia pasajera,
cuando los dos, como en el tren, lleguemos
de vuestra vida a la estación postrera.

»¡Ya me siento morir!... El cielo os guarde.
Cuidad, siempre que nazca o muera el día,
de mirar al lucero de la tarde,
esa estrella que siempre ha sido la mía.

»Pues yo desde ella os estaré mirando;
y como el bien con la virtud se labra,
para verme mejor, yo haré, rezando,
que Dios de par en par el cielo os abra.

»¡Nunca olvidéis a esta infeliz amante
que os cita, cuando os deja, para el cielo!
¡Si es verdad que me amasteis un instante,
llorad, porque eso sirve de consuelo!...

»¡Oh Padre de las almas pecadoras!
¡Conceded el perdón al alma mía!
¡Amé mucho, Señor, y muchas horas;
mas sufrí por más tiempo todavía!

»¡Adiós, adiós! Como hablo delirando,
no sé decir lo que deciros quiero.
Yo sólo sé de mí que estoy llorando,
que sufro, que os amaba y que me muero.»

CAROLINA CORONADO

Nace en Almendralejo (Badajoz) en 1823;
muere en Lisboa en 1911

El amor de los amores

I

*C*ómo te llamaré para que entiendas
que me dirijo a Ti, dulce amor mío,
cuando lleguen al mundo las ofrendas
que desde oculta soledad te envío?...

A Ti, sin nombre para mí en la tierra,
¿cómo te llamaré con aquel nombre,
tan claro que no pueda ningún hombre
confundirlo, al cruzar por esta sierra?

¿Cómo sabrás que enamorada vivo
siempre de Ti, que me lamento sola
del Gévora que pasa fugitivo
mirando relucir ola tras ola?

Aquí estoy aguardando en una peña
a que venga el que adora el alma mía;
¿por qué no ha de venir, si es tan risueña
la gruta que formé por si venía?

¿Qué tristeza ha de haber donde hay zarzales
todos en flor, y acacias olorosas,
y cayendo en el agua blancas rosas,
y entre la espuma lirios virginales?

Y ¿por qué de mi vida has de esconderte?
¿Por qué no has de venir si yo te llamo?
¡Porque quiero mirarte, quiero verte
y tengo que decirte que te amo!

¿Quién nos ha de mirar por estas vegas,
como vengas al pie de las encinas,
si no hay más que palomas campesinas
que están también con sus amores ciegas?

Pero si quieres esperar la luna,
escondida estaré en la zarza-rosa,
y si vienes con planta cautelosa,
no nos podrá sentir paloma alguna.

Y no temas si alguna se despierta,
que si te logro ver, de gozo muero,
y aunque después lo cante al mundo entero,
¿qué han de decir los vivos de una muerta?

ROSALÍA DE CASTRO

Nace en Santiago de Compostela (La Coruña) en 1837;
muere en Padrón (La Coruña) en 1885

[...] *Y* a duermen en su tumba las pasiones
    el sueño de la nada;
¿es, pues, locura del doliente espíritu,
o gusano que llevo en mis entrañas?
Yo sólo sé que es un placer que duele,
que es un dolor que atormentando halaga,
llama que de la vida se alimenta,
mas sin la cual la vida se apagara. [...]

JOSÉ MARTÍ

Nace en La Habana (Cuba) en 1853;
muere Boca de Dos Ríos (Cuba) en 1895

Yo soy un hombre sincero
de donde crece la palma,
y antes de morirme quiero
echar mis versos del alma.

Yo vengo de todas partes,
y hacia todas partes voy:
arte soy entre las artes,
en los montes, monte soy.

Yo sé los nombres extraños
de las yerbas y las flores,
y de mortales engaños,
y de sublimes dolores.

Yo he visto en la noche oscura
llover sobre mi cabeza
los rayos de lumbre pura
de la divina belleza.

Alas nacer vi en los hombros
de las mujeres hermosas:
y salir de los escombros
volando las mariposas.

He visto vivir a un hombre
con el puñal al costado,
sin decir jamás el nombre
de aquella que lo ha matado.

Rápida, como un reflejo,
dos veces vi el alma, dos:
cuando murió el pobre viejo,
cuando ella me dijo adiós.

Temblé una vez —en la reja,
a la entrada de la viña—
cuando la bárbara abeja
picó en la frente a mi niña.

Gocé una vez, de tal suerte
que gocé cual nunca, cuando
la sentencia de mi muerte
leyó el alcaide llorando.

Oigo un suspiro, a través
de las tierras y la mar,
y no es un suspiro, es
que mi hijo va a despertar.

Si dicen que del joyero
tome la joya mejor,
tomo a un amigo sincero
y pongo a un lado el amor.

Yo he visto al águila herida
volar al azul sereno,
y morir en su guarida
la víbora del veneno.

Yo sé bien que cuando el mundo
cede, lívido, al descanso,
sobre el silencio profundo
murmura el arroyo manso.

Yo he puesto la mano osada,
de horror y júbilo yerta,
sobre la estrella apagada
que cayó frente a mi puerta.

Oculto en mi pecho bravo
la pena que me lo hiere:
el hijo de un pueblo esclavo
vive por él, calla, y muere.

Todo es hermoso y constante,
todo es música y razón,
y todo, como el diamante,
antes que luz es carbón.

Yo sé que el necio se entierra
con gran lujo y con gran llanto,
y que no hay fruta en la tierra
como la del camposanto.

Callo, y entiendo, y me quito
la pompa del rimador:
cuelgo de un árbol marchito
mi muceta de doctor.

ÁNGEL GANIVET

Nace en Granada en 1865;
muere en Riga (Finlandia) en 1898

Vivir

L leva el placer al dolor
  y el dolor lleva al placer;
¡vivir no es más que correr
eternamente alrededor
de la esfinge del amor!

Esfinge de forma rara
que no deja ver la cara...;
mas yo la he visto en secreto,
y es la esfinge un esqueleto
y el amor en muerte para.

MIGUEL DE UNAMUNO

Nace en Bilbao en 1864;
muere en Salamanca en 1936

El Cristo de Velázquez

(Fragmento)

En qué piensas Tú, muerto, Cristo mío?
¿Por qué ese velo de cerrada noche
de tu abundosa cabellera negra
de nazareno cae sobre tu frente?
Miras dentro de Ti, donde está el reino
de Dios; dentro de Ti, donde alborea
el sol eterno de las almas vivas.
Blanco tu cuerpo está como el espejo
del padre de la luz, del sol vivífico;
blanco tu cuerpo al modo de la luna
que muerta ronda en torno de su madre
nuestra cansada vagabunda tierra;
blanco tu cuerpo está como la hostia
del cielo de la noche soberana,
de ese cielo tan negro como el velo
de tu abundosa cabellera negra
de nazareno.
      Que eres, Cristo, el único
Hombre que sucumbió de pleno grado,
triunfador de la muerte, que a la vida
por Ti quedó encumbrada. Desde entonces
por Ti nos vivifica esa tu muerte,
por Ti la muerte se ha hecho nuestra madre,
por Ti la muerte es el amparo dulce
que azucara amargores de la vida;
por Ti, el Hombre muerto que no muere,
blanco cual luna de la noche. Es sueño,
Cristo, la vida, y es la muerte vela.
Mientras la tierra sueña solitaria,
vela la blanca luna; vela el Hombre

357

desde su cruz, mientras los hombres sueñan;
vela el Hombre sin sangre, el Hombre blanco
como la luna de la noche negra;
vela el Hombre que dio toda su sangre
por que las gentes sepan que son hombres.
Tú salvaste a la muerte. Abres tus brazos
a la noche, que es negra y muy hermosa
porque el sol de la vida la ha mirado
con sus ojos de fuego: que a la noche
morena la hizo el sol y tan hermosa.
Y es hermosa la luna solitaria,
la blanca luna en la estrellada noche
negra cual la abundosa cabellera
negra del nazareno. Blanca luna
como el cuerpo del Hombre en cruz, espejo
del sol de vida, del que nunca muere.

　　Los rayos, Maestro, de tu suave lumbre
nos guían en la noche de este mundo,
ungiéndonos con la esperanza recia
de un día eterno. Noche cariñosa,
¡oh noche, madre de los blandos sueños,
madre de la esperanza, dulce Noche,
noche oscura del alma, eres nodriza
de la esperanza en Cristo salvador!

Ante su último retrato

*A*hora que voy tocando ya la cumbre
　de la carrera que mi Dios me impuso
—hila su última vuelta al fin mi huso—,
me dan tus ojos su más pura lumbre.

Siento de la mansión la pesadumbre,
grave carga deber decir: «¡Acuso!»,
y en esta lucha contra el mal intruso
eres tú, Concha mía, mi costumbre.

En la brega se pierde hojas y brotes
y alguna rama de vigor se troncha,
que no en vano dio en vástagos azotes;

pero al alma del alma ni una roncha
tan solo me rozó, que con tus dotes
eres de ella la concha tú, mi Concha.

Dulce silencioso pensamiento

*E*n el fondo, las risas de mis hijos;
  yo sentado al amor de la camilla;
Heródoto me ofreció rica cilla
del eterno saber y, entre acertijos

de la Pitia venal, cuentos prolijos,
realce de la eterna maravilla
de nuestro sino. Frente a mí, en su silla,
ella cose, y teniendo un rato fijos

mis ojos de sus ojos en la gloria,
digiero los secretos de la historia,
y en la paz santa que mi casa cierra,

al tranquilo compás de un quieto aliento,
ara en mí, como un manso buey la tierra,
el dulce silencioso pensamiento.

JOSÉ ASUNCIÓN SILVA

Nace en Bogotá (Colombia) en 1865;
muere en Bogotá en 1896

*U*na noche,
   una noche toda llena de perfumes, de murmullos y de
                                    [músicas de alas,
una noche
en que ardían en la sombra nupcial y húmeda las luciérnagas
                                    [fantásticas,
a mi lado, lentamente, contra mí ceñida toda,
muda y pálida
como si un presentimiento de amarguras infinitas
hasta el fondo más secreto de tus fibras te agitara,
por la senda que atraviesa la llanura florecida
caminabas,
y la luna llena
por los cielos azulosos, infinitos y profundos esparcía su luz
                                    [blanca,
y tu sombra,
fina y lánguida,
y mi sombra,
por los rayos de la luna proyectada,
sobre las arenas tristes
de la senda se juntaban
y eran una
y eran una
¡y eran una sola sombra larga!
¡Y eran una sola sombra larga!
¡Y eran una sola sombra larga!
      Esta noche
solo, el alma
llena de las infinitas amarguras y agonías de tu muerte,
separado de ti misma por la sombra, por el tiempo y la distancia,
por el infinito negro
donde nuestra voz no alcanza,
solo y mudo

por la senda caminaba,
y se oían los ladridos de los perros a la luna,
a la luna pálida,
y el chillido
de las ranas.
Sentí frío, ¡era el frío que tenían en la alcoba
tus mejillas y tus sienes y tus manos adoradas
entre las blancuras níveas
de las mortuorias sábanas!
Era el frío del sepulcro, era el frío de la muerte,
era el frío de la nada...
Y mi sombra,
por los rayos de la luna proyectada,
iba sola,
iba sola,
¡iba sola por la estepa solitaria!
Y tu sombra esbelta y ágil,
fina y lánguida,
como en esa noche tibia de la muerta primavera,
como en esa noche llena de perfumes, de murmullos y de músicas
[de alas,
se acercó y marchó con ella,
se acercó y marchó con ella,
se acercó y marchó con ella... ¡Oh las sombras enlazadas!
¡Oh las sombras que se buscan y se juntan en las noches de
[negruras y de lágrimas!...

RAMÓN DEL VALLE-INCLÁN

Nace en Villanueva de Arosa (Pontevedra) en 1866;
muere en Santiago de Compostela en 1936

¡Aleluya!

*P*or la divina primavera
me ha venido la ventolera

de hacer versos funambulescos
—un purista diría grotescos—.

Para las gentes respetables
son cabriolas espantables.

Cotarelo la sien se rasca,
pensando si el Diablo lo añasca.

Y se santigua con unción
el pobre Ricardo León.

Y Cejador, como un baturro
versallesco, me llama burro.

Y se ríe Pérez de Ayala,
con su risa entre buena y mala.

Darío me alarga en la sombra
una mano, y a Poe me nombra.

Maga estrella de pentarquía
sobre su pecho anuncia el día.

Su blanca túnica de Esenio
tiene las luces del selenio.

¡Sombra del misterioso delta,
vibra en tu honor mi gaita celta!

¡Tú amabas las rosas, el vino
y los amores del camino!

Cantor de Vida y Esperanza,
para ti toda mi loanza.

Por el alba de oro, que es tuya.
¡Aleluya! ¡Aleluya! ¡Aleluya!

La gran caravana académica
saludo con risa ecuménica.

Y con un guiño a hurto de Maura,
me responde Clemencina Isaura.

En mi verso rompo los yugos
y hago la higa a los verdugos.

Yo anuncio la era argentina
de socialismo y cocaína.

De cocotas con convulsiones
y de vastas Revoluciones.

Resplandecen de amor las normas
eternas. Renacen las formas.

Tienen la gracia matinal
del Paraíso Terrenal.

Detrás de la furia guerrera,
la furia de amor se exaspera.

Ya dijo el griego que la furia
de Heracles engendra lujuria.

No cambia el ritmo de la vida
por una locura homicida.

A mayor fiebre de terror,
mayor calentura de amor.

La lujuria no es un precepto
del Padre: es su eterno concepto.

Hay que crear eternamente
y dar al viento la simiente:

el grano de amor o veneno
que aposentamos en el seno.

El grano de todas las horas
en el gran Misterio sonoras.

¿Y cuál será mi grano incierto?
¡Tendré su pan después de muerto!

¡Y de mi siembra no predigo!
¿Será cizaña? ¿Será trigo?

¿Acaso una flor de amapola
sin olor? La gracia española.

¿Acaso la flor digital
que grana un veneno mortal

bajo el sol que la enciende? ¿Acaso
la flor del alma de un payaso?

¡Pálida flor de la locura
con normas de literatura!

¿Acaso esta musa grotesca
—ya no digo funambulesca—,

que con sus gritos espasmódicos
irrita a los viejos retóricos

y salta luciendo la pierna,
¿no será la musa moderna?

Apuro el vaso de bon vino,
y hago cantando mi camino.

Y al compás de un ritmo trocaico,
de viejo gaitero galaico,

llevo mi verso a la Farándula:
Anímula, Vágula, Blándula.

AMADO NERVO

Nace en Tepic (México) en 1870;
muere en Montevideo en 1919

Gratia plena

*T*odo en ella encantaba, todo en ella atraía;
 su mirada, su gesto, su sonrisa, su andar...
El ingenio de Francia de su boca fluía.
Era *llena de gracia*, como el Avemaría;
¡quien la vio, no la pudo ya jamás olvidar!

Ingenua como el agua, diáfana como el día,
rubia y nevada como Margarita sin par,
al influjo de su alma celeste, amanecía...
Era *llena de gracia*, como el Avemaría;
¡quien la vio, no la pudo ya jamás olvidar!

Cierta dulce y amable dignidad la investía
de no sé qué prestigio lejano y singular.
Más que muchas princesas, princesa parecía:
era *llena de gracia*, como el Avemaría;
¡quien la vio, no la pudo ya jamás olvidar!

Yo gocé el privilegio de encontrarla en mi vía
dolorosa; por ella tuvo fin mi anhelar,
y cadencias arcanas halló mi poesía.
Era *llena de gracia*, como el Avemaría;
¡quien la vio, no la pudo ya jamás olvidar!

¡Cuánto, cuánto la quise! Por diez años fue mía,
¡pero flores tan bellas nunca pueden durar!
Era *llena de gracia*, como el Avemaría,
¡y a la fuente de gracia, de donde procedía,
se volvió... como gota que se vuelve a la mar!

Sin rumbo

*P*or diez años su diáfana existencia fue mía.
  Diez años en mi mano su mano se apoyó,
¡...y en sólo unos instantes se me puso tan fría,
que por siempre mis besos congeló!

¡Adónde iréis ahora, pobre nidada loca
de mis huérfanos besos, si sus labios están
cerrados, si hay un sello glacial sobre su boca,
si su frente divina se heló bajo su toca,
si sus ojos ya nunca se abrirán!

MANUEL MACHADO

Nace en Sevilla en 1874;
muere en Madrid en 1947

Adelfos

*Y*o soy como las gentes que a mi tierra vinieron
   —soy de la raza mora, vieja amiga del sol—,
que todo lo ganaron y todo lo perdieron.
Tengo el alma de nardo del árabe español.

Mi voluntad se ha muerto una noche de luna
en que era muy hermoso no pensar ni querer...
Mi ideal es tenderme, sin ilusión ninguna...
De cuando en cuando un beso y un nombre de mujer.

En mi alma, hermana de la tarde, no hay contornos...
y la rosa simbólica de mi única pasión
es una flor que nace en tierras ignoradas
y que no tiene aroma, ni forma, ni color.

Besos, ¡pero no darlos! Gloria... ¡la que me deben!
¡Que todo como un aura se venga para mí!
Que las olas me traigan y las olas me lleven
y que jamás me obliguen el camino a elegir.

¡Ambición!, no la tengo. ¡Amor!, no lo he sentido.
No ardí nunca en un fuego de fe ni gratitud.
Un vago afán de arte tuve... Ya lo he perdido.
Ni el vicio me seduce, ni adoro la virtud.

De mi alta aristocracia dudar jamás se pudo.
No se ganan, se heredan elegancia y blasón...
Pero el lema de casa, el mote del escudo,
es una nube vaga que eclipsa un vano sol.

Nada os pido. Ni os amo ni os odio. Con dejarme
lo que hago por vosotros hacer podéis por mí...

¡Que la vida se tome la pena de matarme
que yo no me tomo la pena de vivir!...

Mi voluntad se ha muerto una noche de luna
en que era muy hermoso no pensar ni querer...
De cuando en cuando un beso, sin ilusión ninguna.
¡El beso generoso que no he de devolver!

ANTONIO MACHADO

Nace en Sevilla en 1875;
muere en Colliure (Francia) en 1939

Melancolía

*T*arde tranquila, casi
con placidez de alma,
para ser joven, para haberlo sido
cuando Dios quiso, para
tener algunas alegrías... lejos,
y poder dulcemente recordarlas.

Yo voy soñando caminos...

*Y*o voy soñando caminos
de la tarde. ¡Las colinas
doradas, los verdes pinos,
las polvorientas encinas!...
¿Adónde el camino irá?
Yo voy cantando, viajero
a lo largo del sendero...
—la tarde cayendo está—:

«En el corazón tenía
la espina de una pasión;
logré arrancármela un día:
ya no siento el corazón.»

Y todo el campo un momento
se queda, mudo y sombrío,
meditando. Suena el viento
en los álamos del río.

La tarde más se oscurece;
y el camino que serpea
y débilmente blanquea,
se enturbia y desaparece.
Mi cantar vuelve a plañir:
«Aguda espina dorada,
quién te pudiera sentir
en el corazón clavada.»

Anoche, cuando dormía...

*A*noche, cuando dormía,
soñé, ¡bendita ilusión!,
que una fontana fluía
dentro de mi corazón;
Di, ¿por qué acequia escondida,
agua, vienes hasta mí,
manantial de nueva vida
en donde nunca bebí?

Anoche, cuando dormía,
soñé, ¡bendita ilusión!,
que una colmena tenía
dentro de mi corazón;
y las doradas abejas
iban fabricando en él,
con las amarguras viejas,
blanca cera y dulce miel.

Anoche, cuando dormía,
soñé, ¡bendita ilusión!,
que un ardiente sol lucía
dentro de mi corazón.

Era ardiente porque daba
calores de rojo hogar,
y era sol porque alumbraba,
y porque hacía llorar.

Anoche, cuando dormía,
soñé, ¡bendita ilusión!,
que era Dios lo que tenía
dentro de mi corazón.

La primavera besaba...

*L*a primavera besaba
   suavemente la arboleda,
y el verde nuevo brotaba
como una verde humareda.

Las nubes iban pasando
sobre el campo juvenil...
Yo vi en las hojas temblando
las frescas lluvias de abril.

Bajo ese almendro florido,
todo cargado de flor
—recordé—, yo he maldecido
mi juventud sin amor.

Hoy, en mitad de la vida,
me he parado a meditar...
¡Juventud nunca vivida,
quién te volviera a soñar!

Retrato

*M*i infancia son recuerdos
   de un patio de Sevilla,
y un huerto claro donde
   madura el limonero;
mi juventud, veinte años
   en tierras de Castilla;
mi historia, algunos casos
   que recordar no quiero.

Ni un seductor Mañara
   ni un Bradomín he sido
—ya conocéis mi torpe
   aliño indumentario—,
mas recibí la flecha
   que me asignó Cupido,

y amé cuanto ellas pueden
      tener de hospitalario.

Hay en mis venas gotas
      de sangre jacobina,
pero mi verso brota
      de manantial sereno;
y, más que un hombre al uso
      que sabe su doctrina,
soy, en el buen sentido
      de la palabra, bueno.

Adoro la hermosura,
      y en la moderna estética
corté las viejas rosas
      del huerto de Ronsard;
mas no amo los afeites
      de la actual cosmética,
ni soy un ave de esas
      del nuevo gay-trinar.

Desdeño las romanzas
      de los tenores huecos
y el coro de los grillos
      que cantan a la luna.
A distinguir me paro
      las voces de los ecos,
y escucho solamente,
      entre las voces, una.

¿Soy clásico o romántico?
      No sé. Dejar quisiera
mi verso, como deja
      el capitán su espada:
famosa por la mano
      viril que la blandiera,
no por el docto oficio
      del forjador preciada.

Converso con el hombre
  que siempre va conmigo
—quien habla sólo espera
  hablar a Dios un día—;
mi soliloquio es plática
  con este buen amigo
que me enseñó el secreto
  de la filantropía.

Y, al cabo, nada os debo;
  debéisme cuanto he escrito.
A mi trabajo acudo,
  con mi dinero pago
el traje que me cubre
  y la mansión que habito,
el pan que me alimenta
  y el lecho en donde yago.

Y cuando llegue el día
  del último viaje,
y esté al partir la nave
  que nunca ha de tornar,
me encontraréis a bordo,
  ligero de equipaje,
casi desnudo, como
  los hijos de la mar.

Campos de Soria

*C*olinas plateadas,
 grises alcores, cárdenas roquedas
por donde traza el Duero
su curva de ballesta
en torno a Soria, oscuros encinares,
ariscos pedregales, calvas sierras,
caminos blancos y álamos del río,
tardes de Soria, mística y guerrera,
hoy siento por vosotros, en el fondo
del corazón, tristeza,

tristeza que es amor! ¡Campos de Soria
donde parece que las rocas sueñan,
conmigo vais! ¡Colinas plateadas,
grises alcores, cárdenas roquedas!... [...]

Estos chopos del río, que acompañan
con el sonido de sus hojas secas
el son del agua, cuando el viento sopla,
tienen en sus cortezas
grabadas iniciales que son nombres
de enamorados, cifras que son fechas.
¡Álamos del amor que ayer tuvisteis
de ruiseñores vuestras ramas llenas;
álamos que seréis mañana liras
del viento perfumado en primavera;
álamos del amor cerca del agua
que corre y pasa y sueña,
álamos de las márgenes del Duero,
conmigo vais, mi corazón os lleva!

Otras canciones a Guiomar

I

Sólo tu figura,
como una centella blanca,
en mi noche oscura!

¡Y en la tersa arena,
cerca de la mar,
tu carne rosa y morena,
súbitamente, Guiomar!

En el gris del muro,
cárcel y aposento,
y en un paisaje futuro
con sólo tu voz y el viento;

en el nácar frío
de tu zarcillo en mi boca,
Guiomar, y en el calofrío
de una amanecida loca;

asomada al malecón
que bate la mar de un sueño,
y bajo el arco del ceño
de mi vigilia, a traición,
¡siempre tú!
      Guiomar, Guiomar,
mírame en ti castigado;
reo de haberte creado,
ya no te puedo olvidar.

II

Todo amor es fantasía;
él inventa el año, el día,
la hora y su melodía;
inventa el amante y, más,
la amada. No prueba nada,
contra el amor, que la amada
no haya existido jamás.

III

Escribiré en tu abanico:
te quiero para olvidarte,
para quererte te olvido.

IV

Te abanicarás
con un madrigal que diga:
en amor el olvido pone la sal.

V

Te pintaré solitaria
en la urna imaginaria
de un daguerrotipo viejo
o en el fondo de un espejo,
viva y quieta,
olvidando a tu poeta.

VI

Y te enviaré mi canción:
«Se canta lo que se pierde»,
con un papagayo verde
que la diga en tu balcón.

VII

Que apenas si de amor el ascua humea
sabe el poeta que la voz engola
y, barato cantor, se pavonea
con su pesar o enluta su viola;
y que si amor da su destello, sola
la pura estrofa suena,
fuente de monte, anónima y serena.
Bajo el azul olvido, nada canta,
ni tu nombre ni el mío, el agua santa.
Sombra no tiene de su turbia escoria
limpio metal; el verso del poeta
lleva el ansia de amor que lo engendrara
como lleva el diamante sin memoria
—frío diamante— el fuego del planeta
trocado en luz, en una joya clara...

EDUARDO MARQUINA

Nace en Barcelona en 1879;
muere en Nueva York en 1946

Melancolía

A ti, por quien moriría,
me gusta verte llorar.
En el dolor eres mía,
en el placer te me vas.

EMILIO CARRERE

Nace en Madrid en 1881;
muere en Madrid en 1947

El romance de la princesa muerta

*L*os faroles de Palacio ya no quieren alumbrar»
y solo luce la luna como un cirio funeral.
    Solo la luna lucía
    y en el triste jardín real
    una fontana plañía
    su elegía de cristal:
    —¡Oh Mercedes, lirio, estrella,
    que en mi espejo se miró:
    la Muerte la vio tan bella
    y en los ojos la besó!
    Solo estaban encendidas
    las luces del funeral;
    los faroles, como vidas,
    apagó un viento mortal,
«Los faroles de Palacio ya no quieren alumbrar,
porque se ha muerto Mercedes y luto quieren guardar.»

«Su carita era de virgen; sus manitas de marfil
las cruzó la Dama Pálida, que ha pasado por aquí»,
    clamaba un ave agorera
    viendo a la sombra venir.
    Ya su carita de cera
    se ve en la caja dormir.
    Manos de virtudes llenas,
    en cuyo albor marfileño
    dibujan las finas venas
    una flor azul de ensueño.
    ¡Tristes pupilas vidriadas!
    ¡Muertas manos de marfil!
    ¡Con qué pena en sus tonadas
    llora el romance infantil! [...]

RAMÓN PÉREZ DE AYALA

Nace en Oviedo en 1881;
muere en Madrid en 1962

Una vez, érase que se era...

Una vez, érase que se era...

      Érase una niña bonita.
Le decían todos ternezas
y le hacían dulces halagos.
Tenía la niña una muñeca.
Era la muñeca muy rubia
y su claro nombre Cordelia.
Una vez, érase que se era...

La muñeca, claro, no hablaba,
nada decía a la chicuela.

«¿Por qué no hablas como todos
y me dices palabras tiernas?»
La muñeca nada responde.
La niña, enojada, se altera.
Tira la muñeca en el suelo
y la rompe y la pisotea.
Y habla entonces por un milagro,
antes de morir, la muñeca:
«Yo te quería más que nadie,
aunque decirlo no pudiera.»
Una vez, érase que se era...

FERNANDO VILLALÓN

Nace en Morón de la Frontera (Sevilla) en 1881;
muere en Madrid en 1930

Luna lunera

*V*iudita habías de ser,
   viudita cascabelera,
y yo casarme contigo.
Luna lunera...

¡Quiquiriquí! Canta el gallo;
yo partía a mi tarea
dejándote arropadita,
Luna lunera...

Tan. Tan. Tan. Ya son las doce.
Yo me sentaría a tu mesa
y en tu boca comería,
Luna lunera...

Plon. Plon. Plon; a la oración
tus manitas de azucena
en exvoto rezarían,
Luna, lunera...

Tin, tan; tin, tan; ya es la queda...
La nube de tu camisa
trabaría tus lindas piernas
y entre tus dos pomas rosa
dormirían, Luna lunera...

LEÓN FELIPE

Nace en Tábara (Zamora) en 1884;
muere en México en 1968

Como tú...

*A*sí es mi vida,
piedra,
como tú; como tú,
piedra pequeña;
como tú,
piedra ligera;
como tú,
canto que ruedas
por las calzadas
y por las veredas;
como tú,
guijarro humilde de las carreteras;
como tú,
que en días de tormenta
te hundes
en el cieno de la tierra
y luego
centelleas
bajo los cascos
y bajo las ruedas;
como tú, que no has servido
para ser ni piedra
de una Lonja,
ni piedra de una Audiencia,
ni piedra de un Palacio,
ni piedra de una Iglesia;
como tú,
piedra aventurera;
como tú,
que, tal vez, estás hecha
sólo para una honda,
piedra pequeña
y
ligera...

[...] *O*h, esa niña! Hace un alto en mi ventana
siempre y se queda a los cristales pegada
como si fuera una estampa.
¡Qué gracia
tiene su cara
en el cristal aplastada
con la barbilla sumida y la naricilla chata!
Yo me río mucho mirándola
y la digo que es una niña muy guapa...
Ella, entonces, me llama ¡tonto!, y se marcha.

¡Pobre niña! Ya no pasa
por esta calle tan ancha
caminando hacia la escuela de muy mala gana,
ni se para
en mi ventana,
ni se queda a los cristales pegada
como si fuera una estampa.
Que un día se puso mala,
muy mala,
y otro día doblaron por ella a muerto las campanas.

Y una tarde muy clara,
por esta calle tan ancha,
al través de la ventana,
vi cómo se la llevaban
en una caja muy blanca...
En una caja
muy blanca
que tenía un cristalito en la tapa.
Por aquel cristal se le veía la cara
lo mismo que cuando estaba
pegadita al cristal de mi ventana...
Al cristal de esta ventana
que ahora me recuerda siempre el cristalito de aquella caja
tan blanca. [...]

DELMIRA AGUSTINI

Nace en Montevideo (Uruguay) en 1886;
muere en Montevideo en 1914

El arroyo

*T*e acuerdas?... El arroyo fue la serpiente buena...
   Fluía triste y triste como un llanto de ciego,
Cuando en las piedras grises donde arraiga la pena,
Como un inmenso lirio, se levantó tu ruego.

Mi corazón, la piedra más gris y más serena,
Despertó en la caricia de la corriente, y luego
Sintió cómo la tarde, con manos de agarena,
Prendía sobre él una rosa de fuego.

Y mientras la serpiente del arroyo blandía
El veneno divino de la melancolía,
Tocada de crepúsculo me abrumó tu cabeza,

La coroné de un beso fatal; en la corriente
Vi pasar un cadáver de fuego... Y locamente
Me derrumbó en tu abrazo profundo la tristeza.

GABRIELA MISTRAL

Nace en Vicuña (Chile) en 1889;
muere en Nueva York en 1957

Dios lo quiere

I

L a tierra se hace madrastra
si tu alma vende a mi alma.
Llevan un escalofrío
de tribulación las aguas.
El mundo fue más hermoso
desde que me hiciste aliada,
cuanto junto de un espino
nos quedamos sin palabras
¡y el amor como el espino
nos traspasó de fragancia!

Pero te va a brotar víboras
la tierra si vendes mi alma;
baldías del hijo, rompo
mis rodillas desoladas.
Se apaga Cristo en mi pecho
¡y la puerta de mi casa
quiebra la mano al mendigo
y avienta a la atribulada!

II

Beso que tu boca entregue
a mis oídos alcanza,
porque las grutas profundas
me devuelven tus palabras.
El polvo de los senderos
guarda el olor de tus plantas
y oteándolas como un ciervo,
te sigo por las montañas...

A la que tú ames, las nubes
la pintan sobre mi casa.
Ve cual ladrón a besarla
de la tierra en las entrañas,
que, cuando el rostro le alces,
hallas mi cara con lágrimas.

III

Dios no quiere que tú tengas
sol si conmigo no marchas;
Dios no quiere que tú bebas
si yo no tiemblo en tu agua;
no consiente que tú duermas
sino en mi trenza ahuecada.

IV

Si te vas, hasta en los musgos
del camino rompes mi alma;
te muerden la sed y el hambre
en todo monte o llamada
y en cualquier país las tardes
con sangre serán mis llagas.

Y destilo de tu lengua
aunque a otra mujer llamaras,
y me clavo como un dejo
de salmuera en tu garganta;
y odies, o cantes, o ansíes,
¡por mí solamente clamas!

V

Si te vas y mueres lejos,
tendrás la mano ahuecada
diez años bajo la tierra
para recibir mis lágrimas,
sintiendo cómo te tiemblan
las carnes atribuladas,
¡hasta que te espolvoreen
mis huesos sobre la cara!

Amo Amor

*A*nda libre en el surco, bate el ala en el viento
late vivo en el sol y se prende al pinar.
No te vale olvidarlo como al mal pensamiento:
¡le tendrás que escuchar!

Habla lengua de bronce y habla lengua de ave,
ruego tímidos, imperativos de mar.
No te vale ponerle gesto audaz, ceño grave:
¡lo tendrás que hospedar!

Gasta trazas de dueño; no le ablandan excusas.
Rasga vasos de flor, hiende el hondo glaciar.
No te vale decirle que albergarlo rehúsas:
¡lo tendrás que hospedar!

Tiene argucias sutiles en la réplica fina,
argumentos de sabio, pero en voz de mujer.
Ciencia humana te salva, menos ciencia divina:
¡le tendrás que creer!

Te echa venda de lino; tú la venda toleras.
Te ofrece el brazo cálido, no le sabes huir.
Echa a andar, tú le sigues hechizada aunque vieras
¡que eso para en morir!

El amor que calla

S i yo te odiara, mi odio te daría
  en las palabras, rotundo y seguro;
pero te amo y mi amor no se confía
a este hablar de los hombres, tan oscuro.

Tú lo quisieras vuelto en alarido,
y viene de tan hondo que ha deshecho
su quemante raudal, desfallecido,
antes de la garganta, antes del pecho.

Estoy lo mismo que estanque colmado
y te parezco un surtidor inerte.
¡Todo por mi callar atribulado
que es más atroz que el entrar en la muerte!

Éxtasis

*A*hora, Cristo, bájame los párpados,
   pon en la boca escarcha,
que están de sobra ya todas las horas
y fueron dichas todas las palabras.

Me miró, nos miramos en silencio
mucho tiempo, clavadas,
como en la muerte, las pupilas. Todo
el estupor que blanquea las caras
en la agonía, albeaba nuestros rostros.
¡Tras de ese instante, ya no resta nada!

Me habló convulsamente;
le hablé, rotas, cortadas
de plenitud, tribulación y angustia,
las confusas palabras.
Le hablé de su destino y mi destino,
amasijo fatal de sangre y lágrimas.

Después de esto, ¡lo sé!, ¡no queda nada!
¡Nada! Ningún perfume que no sea
diluido al rodar sobre mi cara.

Mi oído está cerrado,
mi boca está sellada.
¡Qué va a tener razón de ser ahora
para mis ojos en la tierra pálida!
¡Ni las rosas sangrientas
ni las nieves calladas!

Por eso es que te pido,
Cristo, al que no clamé de hambre angustiada:
ahora, para mis pulsos,
y mis párpados baja.

Defiéndeme del viento
la carne en que rodaron sus palabras;
líbrame de la luz brutal del día
que ya viene, esta imagen.
Recíbeme, voy plena,
¡tan plena voy como tierra inundada!

Íntima

*T*ú no oprimas mis manos.
   Llegará el duradero
tiempo de reposar con mucho polvo
y sombra en los entretejidos dedos.

Y dirías: «No puedo
amarla, porque ya se desgranaron
como mieses sus dedos.»

Tú no beses mi boca.
Vendrá el instante lleno
de luz menguada, en que estaré sin labios
sobre un mojado suelo.

Y dirías: «La amé, pero no puedo
amarla más, ahora que no aspira
el olor de retamas de mi beso.»

Y me angustiara oyéndote,
y hablaras loco y ciego,
que mi mano será sobre tu frente
cuando rompan mis dedos,
y bajará sobre tu cara llena
de ansia mi aliento.

No me toques, por tanto. Mentiría
al decir que te entrego
mi amor en estos brazos extendidos,
en mi boca, en mi cuello,
y tú, al creer que lo bebiste todo,
te engañarías como un niño ciego.

Porque mi amor no es sólo esta gavilla
reacia y fatigada de mi cuerpo,
que tiembla entera al roce del cilicio
y que se me rezaga en todo vuelo.

Es lo que está en el beso, y no es el labio;
lo que rompe la voz, y no es el pecho:
¡es un viento de Dios, que pasa hendiéndome
el gajo de las carnes, volandero!

Poema del hijo

A Alfonsina Storni

*U*n hijo, un hijo, un hijo! Yo quise un hijo tuyo
y mío, allá en los días del éxtasis ardiente,
en los que hasta mis huesos temblaron de tu arrullo
y un ancho resplandor creció sobre mi frente.

Decía: ¡un hijo!, como el árbol conmovido
de primavera alarga sus yemas hacia el cielo.
¡Un hijo con los ojos de Cristo engrandecidos,
la frente de estupor y los labios de anhelo!

Sus brazos en guirnalda a mi cuello trenzados;
el río de mi vida bajando a él, fecundo,
y mis entrañas como perfume derramado
ungiendo con su marcha las colinas del mundo.

Al cruzar una madre grávida, la miramos
con los labios convulsos y los ojos de ruego,
cuando en las multitudes con nuestro amor pasamos.
¡Y un niño de ojos dulces nos dejó como ciegos!

En las noches, insomne de dicha y de visiones,
la lujuria de fuego no descendió a mi lecho.
Para el que nacería vestido de canciones
yo extendía mi brazo, yo ahuecaba mi pecho...

El sol no parecíame, para bañarlo, intenso;
mirándome, yo odiaba, por toscas, mis rodillas;
mi corazón confuso, temblaba al don inmenso;
¡y un llanto de humildad regaba mis mejillas!

Y no temí a la muerte, disgregadora impura;
los ojos de él libraran los tuyos de la nada,
y a la mañana espléndida o a la luz insegura
yo hubiera caminado bajo de esa mirada...

PEDRO SALINAS

Nace en Madrid en 1891;
muere en Boston en 1951

Soledad Salinas de Marichal, uno de los herederos de Pedro Salinas, no ha autorizado a Editorial Plaza & Janés a publicar poemas del poeta en esta Antología. Aunque la ley de Propiedad Intelectual nos ampara y podríamos publicar fragmentos de los versos del autor de *La voz a ti debida*, hemos preferido respetar la decisión de la heredera y no incluir ningún poema del gran poeta que fue Pedro Salinas.

ALFONSINA STORNI

Nace en Suiza en 1892;
muere en Mar del Plata en 1938

Voy a dormir

*D*ientes de flores, cofia de rocío,
    manos de hierbas, tú, nodriza fina,
y el edredón de musgos encardados.

Voy a dormir, nodriza mía, acuéstame.
Ponme una lámpara a la cabecera,
una constelación, la que te guste:
todas son buenas; bájala un poquito.

Déjame sola: oyes romper los brotes...
te acuna un pie celeste desde arriba
y un pájaro te traza unos compases

para que olvides... Gracias. Ah, un encargo:
si él llama nuevamente por teléfono
le dices que no insista, que he salido...

La caricia perdida

*S*e me va de los dedos la caricia sin causa,
    se me va de los dedos... En el viento, al rodar,
la caricia que vaga sin destino ni objeto,
la caricia perdida, ¿quién la recogerá?

Pude amar esta noche con piedad infinita,
pude amar al primero que acertara a llegar.
Nadie llega. Están solos los floridos senderos.
La caricia perdida, rodará..., rodará...

Si en el viento, te llaman esta noche, viajero,
si estremece las ramas un dulce suspirar,
si te oprime los dedos una mano pequeña
que te toma y te deja, que te logra y se va.

Si no ves esa mano, ni la boca que besa,
si es el aire quien teje la ilusión de llamar,
oh, viajero, que tienes como el cielo los ojos,
en el viento fundida, ¿me reconocerás?

CÉSAR VALLEJO

Nace en Santiago de Chuco (Perú) en 1892;
muere en París en 1938

Los heraldos negros

*H*ay golpes en la vida, tan fuertes... Yo no sé!
  Golpes como del odio de Dios; como si ante ellos,
la resaca de todo lo sufrido
se empozara en el alma... Yo no sé!

Son pocos; pero son... Abren zanjas oscuras
en el rostro más fiero y en el lomo más fuerte.
Serán tal vez los potros de bárbaros atilas;
o los heraldos negros que nos manda la Muerte.

Son las caídas hondas de los Cristos del alma,
de alguna fe adorable que el Destino blasfema.
Esos golpes sangrientos son las crepitaciones
de algún pan que en la puerta del horno se nos quema.

Y el hombre... Pobre... pobre! Vuelve los ojos, como
cuando por sobre el hombro nos llama una palmada;
vuelve los ojos locos, y todo lo vivido
se empoza, como charco de culpa, en la mirada.

Hay golpes en la vida, tan fuertes... Yo no sé!

Idilio muerto

*Q*ué estará haciendo esta hora mi andina y dulce Rita
  de junco y capulí;
ahora que me asfixia Bizancio, y que dormita
la sangre, como flojo, cognac, dentro de mí.

Dónde estarán sus manos que en actitud contrita
planchaban en las tardes blancuras por venir;

407

ahora, en esta lluvia que me quita
las ganas de vivir.

Qué será de su falda de franela; de sus
afanes; de su andar;
de su sabor a cañas de mayo del lugar.

Ha de estarse a la puerta mirando algún celaje,
y al fin dirá temblando: «Qué frío hay... Jesús!»
Y llorará en las tejas un pájaro salvaje.

Masa

Al fin de la batalla,
y muerto el combatiente, vino hacia él un hombre
y le dijo: «No mueras, te amo tanto!»
Pero el cadáver ¡ay! siguió muriendo.

Se le acercaron dos y repitiéronle:
«No nos dejes! ¡Valor! ¡Vuelve a la vida!»
Pero el cadáver ¡ay! siguió muriendo.

Acudieron a él veinte, cien, mil, quinientos mil,
clamando: «Tanto amor y no poder nada contra la muerte!»

Pero el cadáver ¡ay! siguió muriendo.

Le rodearon millones de individuos,
con un ruego común: «¡Quédate hermano!»
Pero el cadáver ¡ay! siguió muriendo.

Entonces, todos los hombres de la tierra
le rodearon; les vio el cadáver triste, emocionado;
incorporóse lentamente,
abrazó al primer hombre; echóse a andar...

VICENTE HUIDOBRO

Nace en Santiago de Chile en 1893;
muere en Cartagena (Chile) en 1948

El espejo de agua

*M*i espejo, corriente por las noches,
    Se hace arroyo y se aleja de mi cuarto.

Mi espejo, más profundo que el orbe
Donde todos los cisnes se ahogaron.

Es un estanque verde en la muralla
Y en medio duerme tu desnudez anclada.

Sobre sus olas, bajo cielos sonámbulos,
Mis ensueños se alejan como barcos.

De pie en la popa siempre me veréis cantando.
Una rosa secreta se hincha en mi pecho
Y un ruiseñor ebrio aletea en mi dedo.

Marino

*A*quel pájaro que vuela por primera vez
    Se aleja del nido mirando hacia atrás

Con el dedo en los labios
    os he llamado

Yo inventé juegos de agua
En la cima de los árboles

Te hice la más bella de las mujeres
Tan bella que enrojecías en las tardes

    La luna se aleja de nosotros
    Y arroja una corona sobre el polo

Hice correr ríos
   que nunca han existido

De un grito elevé una montaña
Y en torno bailamos una nueva danza

   Corté todas las rosas
   De las nubes del este

Y enseñé a cantar un pájaro de nieve

Marchemos sobre los meses desatados

Soy el viejo marino
   que cose los horizontes cortados

Depart

L a barca se alejaba
  Sobre las olas cóncavas

De qué garganta sin plumas
   brotaban las canciones

Una nube de humo y un pañuelo
Se batían al viento

Las flores del solsticio
Florecen al vacío

Y en vano hemos llorado
   sin poder recogerlas

El último verso nunca será cantado

Levantando un niño al viento
Una mujer decía adiós desde la playa

   TODAS LAS GOLONDRINAS SE ROMPIERON LAS ALAS

JORGE GUILLÉN

Nace en Valladolid en 1893;
muere en Málaga en 1984

Los nombres

*A*lbor. El horizonte
Entreabre sus pestañas
Y empieza a ver. ¿Qué? Nombres.
Están sobre la pátina

De las cosas. La rosa
Se llama todavía
Hoy rosa, y la memoria
De su tránsito, prisa,

Prisa de vivir más.
A largo amor nos alce
Esa pujanza agraz
Del Instante, tan ágil

Que en llegando a su meta
Corre a imponer Después.
Alerta, alerta, alerta,
Yo seré, yo seré.

¿Y las rosas? Pestañas
Cerradas: horizonte
Final. ¿Acaso nada?
Pero quedan los nombres.

Cima de la delicia

*C*ima de la delicia!
Todo en el aire es pájaro.
Se cierne lo inmediato
Resuelto en lejanía.

¡Hueste de esbeltas fuerzas!
¡Qué alacridad de mozo
En el espacio airoso,
Henchido de presencia!

El mundo tiene cándida
Profundidad de espejo.
Las más claras distancias
Sueñan lo verdadero.

¡Dulzura de los años
Irreparables! ¡Bodas
Tardías con la historia
Que desamé a diario!

Más, todavía más.
Hacia el sol, en volandas
La plenitud se escapa.
¡Ya sólo sé cantar!

Muerte a lo lejos

Je soutenais l'éclat de la mort toute purie
VALÉRY

*A*lguna vez me angustia una certeza,
Y ante mí se estremece mi futuro.
Acechándolo está de pronto un muro
Del arrabal final en que tropieza

La luz del campo. ¿Mas habrá tristeza
Si la desnuda el sol? No, no hay apuro

Todavía. Lo urgente es el maduro
Fruto. La mano ya lo descorteza.

... Y un día entre los días el más triste
Será. Tenderse deberá la mano
Sin afán. Y acatando el inminente

Poder diré sin lágrimas: embiste,
Justa fatalidad. El muro cano
Va a imponerme su ley, no su accidente.

Salvación de la primavera

*A*justada a la sola
Desnudez de tu cuerpo,
Entre el aire y la luz
Eres puro elemento.

¡Eres! Y tan desnuda,
Tan continua, tan simple
Que el mundo vuelve a ser
Fábula irresistible.

En torno, forma a forma,
los objetos diarios.
Aparecen. Y son
Prodigios, y no mágicos.

Incorruptibles dichas,
Del sol indisolubles.
A través de un cristal
La evidencia difunde.

Con todo el esplendor
Seguro en astro cierto.
Mira cómo esta hora
Marcha por esos cielos.

II

Mi atención, ampliada,
Columbra. Por tu carne
La atmósfera reúne
Términos. Hay paisaje.

Calmas en soledad
Que pide lejanía
Dulcemente a perderse
Muy lejos llegarían,

Ajenas a su propia
Ventura sin testigo,
Si ya tanto concierto
No convirtiese en íntimos

Esos blancos tan rubios
que sobre su tersura
La mejor claridad
Primaveral sitúan.

Es tuyo el resplandor
De una tarde perpetua.
¡Qué cerrado equilibrio
Dorado, qué alameda!

III

Presa en tu exactitud,
Inmóvil regalándote,
A un poder te sometes
Férvido, que me invade.

¡Amor! Ni tú ni yo,
Nosotros, y por él
Todas las maravillas
En que el ser llega a ser.

Se colma el apogeo
Máximo de la tierra.
Aquí está: la verdad
Se revela y nos crea.

¡Oh realidad, por fin
Real, en aparición!
¿Qué universo me nace
Sin velar a su dios?

Pesa, pesa en mis brazos,
Alma, fiel a un volumen.
Dobla con abandono,
Alma, tu pesadumbre.

IV

Y los ojos prometen
Mientras la boca aguarda.
Favorables, sonríen.
¡Cómo íntima, callada!

Henos aquí. Tan próximos.
¡Qué oscura es nuestra voz!
La carne expresa más.
Somos nuestra expresión.

De una vez paraíso,
Con mi ansiedad completo.
La piel reveladora
Se tiende al embeleso.

¡Todo en un solo ardor
Se iguala! Simultáneos
Apremios me conducen
Por círculos de rapto.

Pero más, más ternura
Trae la caricia. Lentas,
Las manos se demoran,
Vuelven, también contemplan.

V

¡Sí, ternura! Vosotros,
Soberanos, dejadme
Participar del orden:
Dos gracias en contraste

Valiendo, repartiéndose
¿Sois la belleza o dos
personales delicias?
¿Qué hacer, oh proporción? [...]

Amor a una mañana

*M*añana, mañana clara:
¡Si fuese yo quien te amara!

Paso a paso en tu ribera,
Yo seré quien más te quiera.

Hacia toda tu hermosura
Mi palabra se apresura.

Henos sobre nuestra senda.
Déjame que yo te entienda.

¡Hermosura delicada
Junto al filo de la nada!

Huele a mundo verdadero
La flor azul del romero.

¿De tal lejanía es dueña
La malva sobre la peña?

Vibra sin cesar el grillo,
A su paciencia me humillo.

¡Cuánto gozo a la flor deja
Preciosamente la abeja!

Y se zambulle, se obstina
La abeja. ¡Calor de mina!

El grillo ahora acelera
Su canto. ¿Más primavera?

Se pierde quien se lo pierde.
¡Qué mío el campo tan verde!

Cielo insondable a la vista:
Amor es quien te conquista.

¿No merezco tal mañana?
Mi corazón se la gana.

Claridad, potencia suma:
Mi alma en ti se consuma.

Las horas

*L*a luna da claridad
   Humana ya al horizonte,
Y la claridad reúne
Torres, sierras, nubarrones.

Se abandona el desvelado,
   ¡Firme el borde
Nocturno! La inmensidad
   Es un bloque.

En torno, velando el cielo
Atiende, ciñe a la noche.
De la raíz a la hoja
Se yergue velando el bosque.

   Fiel, a oscuras
Va el mundo con el insomne.

El reloj
Da las cuatro. ¡Firmes golpes!

Todo lo ciñe el sosiego.
Horas suenan. Son del hombre.
Las soledades humanas
Palpitan y se responden.

ENRIQUE DURÁN

Nace en Valencia en 1895;
muere en Valencia en 1967

El madrigal de los ojos verdes

*D*e verdes varios, tallada
en mil facetas, la huerta,
el bello paisaje amado
que nuestra dicha contempla.

Verde el agua en los regajos,
en el estanque, en la acequia;
verde el río que entre campos,
siempre verdes, zigzaguea.

Verde intenso en los labrados,
verde bronce en la arboleda,
verde el mar que allá, a lo lejos,
suavemente rumorea...

Verde, verde en el paisaje
y en tus ojos que contemplan
con sus vivas esmeraldas
la huerta lozana y bella,
y si es ella no se sabe
la que a tus ojos luz presta
o es la luz de tus pupilas
que en la huerta reverbera.

EVARISTO RIBERA CHEVREMONT

Nace en Puerto Rico en 1896;
muere en Puerto Rico en 1976

Los sonetos de Dios

*D*ios me llega en la voz y en el acento.
 Dios me llega en la rosa coronada
de luz y estremecida por el viento.
Dios me llega en corriente y marejada.

Dios me llega. Me llega en la mirada.
Dios me llega. Me envuelve con su aliento.
Dios me llega. Con mano desbordada
de mundos, Él me imprime movimiento.

Yo soy, desde las cosas exteriores
hasta las interiores, haz de ardores,
de músicas, de impulsos y de aromas.

Y cuando irrumpe el canto que a Él me mueve,
el canto alcanza, en su estructura leve,
la belleza de un vuelo de palomas.

GERARDO DIEGO

Nace en Santander en 1896;
muere en Madrid en 1987

Dolorosa

*H*e aquí, helados cristalinos,
   sobre el virginal regazo,
muertos ya para el abrazo,
aquellos miembros divinos.
Huyeron los asesinos.
¡Qué soledad sin colores!
¡Oh Madre mía, no llores!
¡Cómo lloraba María!
La llaman desde aquel día
la Virgen de los Dolores.

El ciprés de Silos

*E*nhiesto surtidor de sombra y sueño,
   que acongojas el cielo con tu lanza.
Chorro que a las estrellas casi alcanza
devanado a sí mismo en loco empeño.

Mástil de soledad, prodigio isleño;
flecha de fe, saeta de esperanza.
Hoy llegó a ti, riberas del Arlanza,
peregrina al azar, mi alma sin dueño.

Cuando te vi, señero, dulce, firme,
qué ansiedades sentí de diluirme
y ascender como tú, vuelto en cristales,

como tú, negra torre de arduos filos,
ejemplo de delirios verticales,
mudo ciprés en el fervor de Silos.

Silencio

*L*a voz, la blanca voz que me llamaba
ya apenas entre sueños la adivino.
    Suena su son angélico
    cada día más tímido.

Bajo el agua del lago va enterrándose,
va hundiéndose en el fondo del abismo.
    Los años van tejiendo
    densas capas de limo.

Ella se esfuerza por romper las ondas,
por dejar su cristal en mis oídos.
    Y yo apenas la escucho
    como un leve suspiro.

Más que la voz percibo ya el armónico.
Ya más que timbre es vacilante espíritu.
    Me ronda, helado, mudo,
    el silencio infinito.

Emilia

*L*a adelantada fuiste tú en la tierra
   a sonreír desde la cuna,
tú, nuestra adelantada hoy en el cielo,
rica de primogenitura.

Si la primera entre los diez hermanos
fuiste en la cuna y en la tumba,
más crecida entre todos, nos preparas
en nueva casa nueva cuna.

Hoy es quince de agosto y es el día
en que María el cielo surca.
Que Ella te diga que en ti espero y pienso,
tú, su azucena en las alturas.

Yo era un niño de meses, tú una infanta
virgen de musas y de músicas.
Entre tus brazos de soñada madre
tú me estrechabas con ternura.

Durante trece meses que mi lengua,
pétalo apenas que se curva,
no supo articular la santa sílaba
que leche y madre clama y busca,

fuimos tú y yo de padre y madre hermanos
—nuestra mudez, madre profunda—
y al pensar que ya pronto me perdías,
más me robabas cada luna.

Tú chapuzabas en mis ojos nuevos
tus ojos fijos de preguntas
y hablaban con las mías tus pupilas
voces de arroyo que susurra.

Al jugar tu recelo y mi inocencia,
mi transparencia con tu angustia,
sentías derramarse en tus entrañas
mil cataratas de clausura.

El mundo para ti se te abreviaba
entre mantillas y entre espumas;
mis puños sonrosados que esgrimía
eran tus flores, solo tuyas.

¿Cómo de aquellas pláticas sublimes
la clave hallar que las traduzca,
de aquellas letanías de amor puro,
de amor que lleva a la locura?

El padre y los hermanos nos miraban
y se asomaban a la cuna,
al umbral del misterio doloroso
de aquella sima taciturna.

¿Acaso ya sabías, dulce hermana,
dulce doncella sordomuda,
que Dios, que te selló boca y oídos
para embriagarte de su música.

desataría un día mi trabada
lengua discípula y adulta?
¿Sabías ya que yo iba a ser poeta?
¿No eres tú, Emilia, quien me apunta?

(«Mi Santander, mi cuna, mi palabra.»)

Tú me miras

*T*ú me miras, amor, al fin me miras
    de frente, tú me miras y te entregas
y de tus ojos líricos trasiegas
tu inocencia a los míos. No retiras

tu onda y onda dulcísima, mentiras
que yo soñaba y son verdad, no juegas.
Me miras ya sin ver, mirando a ciegas
tu propio amor que en mi mirar respiras.

No ves mis ojos, no mi amor de fuente,
miras para no ver, miras cantando
cantas mirando, oh música del cielo.

Oh mi ciega del alma, incandescente,
mi melodía en que mi ser revelo.
Tú me miras, amor, me estás mirando.

JOSÉ MARÍA PEMÁN

Nace en Cádiz en 1897;
muere en Cádiz en 1981

In memoriam

L a Navidad sin ti, pero contigo.
Como el volver a ser
cuando empieza a nacer
verde de vida y de memoria, el trigo.

Porque tú no estás lejos.
No sé si es que te veo o que te escucho.
Me iluminan, me templan tus reflejos.
Voy hacia ti... No puedo tardar mucho.

Pagando estrellas por salario
te escondes en las barbas torrenciales de Dios.
Recuerdo el ritmo lento de tu horario.
Humilde en la infinita paciencia del rosario:
y en la fe penetrante de tu voz.

Y el belén de su Amor,
como tú lo ponías.
Tú, la niña mayor,
la flor más pura de las flores mías.

Como es la luz del río
y el canto es de la fuente:
este cariño ardiente
es todo tuyo, a fuerza de tan mío.

Entre los geranios rosas

*E*ntre los geranios rosas,
una mariposa blanca!

Así me gritó la niña,
la de las trenzas doradas:
—Corre a verla, corre a verla,
que se te escapa.

Por los caminos regados
del oro nuevo del alba,
corrí a los geranios rosas,
¡y ya no estaba!

Volví entonces a la niña,
la de las trenzas doradas.
«No estaba ya», iba a decirle.
Pero ella tampoco estaba.
A lo lejos, ya muy lejos,
se oían sus carcajadas.

Ni ella ni la mariposa;
todo fue una linda trama.

El jardín se quedó triste
en la alegría del alba,
y yo solo por la sola,
calle de acacias.

Y esto fue mi vida toda:
una voz que engañó el alma,
un correr inútilmente,
una inútil esperanza...

¡Entre los geranios rosas,
una mariposa blanca!

Soledad

Soledad sabe una copla
que tiene su mismo nombre:
Soledad.

Tres renglones nada más:
tres arroyos de agua amarga,
que van, cantando, a la mar.

Copla tronchada, tu verso
primero, ¿dónde estará?

¿Qué jardinero loco,
con sus tijeras de plata
le cortó al ciprés la punta,
Soledad?

¿Qué ventolera de polvo
se te llevó la veleta,
Soledad?

¿O es que, por llegar más pronto,
te viniste sin sombrero,
Soledad?

Y total:
¿qué mas da?
Tres versos: ¿para qué más?

Si con tres sílabas basta
para decir el vacío
del alma que está sin alma:
¡Soledad!

Resignación

*P*or eso, Dios y Señor,
   porque por amor me hieres,
porque con inmenso amor
pruebas con mayor dolor
a las almas que más quieres.

Porque sufrir es curar
las llagas del corazón;
porque sé que me has de dar
consuelo y resignación
a medida del pesar;

por tu bondad y tu amor,
porque lo mandas y quieres,
porque es tuyo mi dolor...,
¡bendita sea, Señor,
la mano con que me hieres!

JOSÉ BERGAMÍN

Nace en Madrid en 1897;
muere en San Sebastián en 1983

A Cristo crucificado

*T*ú me ofreces la vida con tu muerte
y esa vida sin Ti yo no la quiero;
porque lo que yo espero, y desespero,
es otra vida en la que pueda verte.

Tú crees en mí. Yo a Ti, para creerte,
tendría que morirme lo primero;
morir en Ti, porque si en Ti no muero
no podría encontrarte sin perderte.

Que de tanto temer que te he perdido,
al cabo, ya no sé qué estoy temiendo:
porque de Ti y de mí me siento huido.

Mas con tanto dolor, que estoy sintiendo,
por ese amor con el que me has herido,
que vivo en Ti cuando me estoy muriendo.

RICARDO E. MOLINARI

Nace en Buenos Aires (Argentina) en 1898;
muere en Buenos Aires en 1996

Oda a la sangre

*E*sta noche en que el corazón me hincha la boca duramente,
sin pudor, sin nadie, quisiera ver mi sangre corriendo por la
[tierra:
golpeando su cuerpo de flor,
—de soledad perdida e inaguantable—
para quejarme angustiosamente
y poder llorar la huida de otros días,
el color áspero de mis viejas venas.
Si pudiera verla sin agonía
quemar el aire desventurado, impenetrable,
que mueve las tormentas secas de mi garganta
y aprieta mi piel dulce, incomparable;
no, ¡las mareas, las hierbas antiguas,
toda mi vida de eco desatendido!

Quisiera conocerla espléndida, saliendo para vivir fuera de mí,
igual que un río partido por el viento,
como por una voluntad que sólo el alma reconoce.
Dentro de mí nadie la esperó. Hacia qué tienda o calor ajeno
        saldrá alguna vez
a mirar deshabitada su memoria sin paraíso,
su luz interminable, suficiente.
Quisiera estar desnudo, solo, alegre,
para quitarme la sombra de la muerte
como una enorme y desdichada nube destruida. [...]

DÁMASO ALONSO

Nace en Madrid en 1898;
muere en Madrid en 1990

Oración por la belleza de una muchacha

Tú le diste esa ardiente simetría
   de los labios, con brasa de tu hondura,
y en dos enormes cauces de negrura,
simas de infinitud, luz de tu día;

esos bultos de nieve, que bullía
al soliviar del lino la tersura,
y, prodigios de exacta arquitectura,
dos columnas que cantan tu armonía.

Ay, tú, Señor, le diste esa ladera
que en un álabe dulce se derrama,
miel secreta en el humo entredorado.

¿A qué tu poderosa mano espera?
Mortal belleza eternidad reclama.
¡Dale la eternidad que le has negado!

Lucía

Lucía es rubia y pálida. Sus quietas
   pupilas de princesa vagamente
miran hacia el ocaso, y en su frente
se muere una ilusión. Las vïoletas

de sus grandes ojeras melancólicas
parece que presienten el intenso
olor del camposanto y el incienso
de preces funerarias y católicas.

Sobre su falda tiene un libro abierto...
Mueve el aire los árboles del huerto,
y a la hoja del libro va una hoja

otoñal...
        (En el libro se refiere
cómo besa una hoja que se muere
a una rosa carnal que se deshoja...)

Qué sutil gracia
   tiene tu amor, Amada!

Hoy las rosas eran más rosas
y las palomas blancas, más blancas
y la risa del niño paralítico
del paseo de invierno estaba

suspensa, quieta, azul y diluida
para ti y para mí.

¡Qué sutil gracia
tiene tu amor, Amada!

Ciencia de amor

No sé. Sólo me llega, en el venero
  de tus ojos, la lóbrega noticia
de Dios; sólo en tus labios, la caricia
de un mundo en mies, de un celestial granero.

¿Eres limpio cristal, o ventisquero
destructor? No, no sé... De esta delicia,
yo sólo sé su cósmica avaricia,
el sideral latir con que te quiero.

Yo no sé si eres muerte o si eres vida,
si toco rosa en ti, si toco estrella,
si llamo a Dios o a ti cuando te llamo.

Junco en el agua o sorda piedra herida,
sólo sé que la tarde es ancha y bella,
sólo sé que soy hombre y que te amo.

Mujeres

Oh blancura. ¿Quién puso en nuestras vidas
   de frenéticas bestias abismales
este claror de luces siderales,
estas nieves con sueño enardecidas?

Oh dulces bestezuelas perseguidas.
Oh terso roce. Oh signos cenitales.
Oh músicas. Oh llamas. Oh cristales.
Oh velas altas, de la mar surgidas.

Ay, tímidos fulgores, orto puro,
¿quién os trajo a este pecho de hombre duro,
a este negro fragor de odio y olvido?

Dulces espectros, nubes, flores vanas...
¡Oh tiernas sombras, vagamente humanas,
tristes mujeres, de aire o de gemido!

Insomnio

Madrid es una ciudad de más de un millón de cadáveres
                    [(según las últimas estadísticas).
A veces en la noche yo me revuelvo y me incorporo en este nicho
                    [en que hace 45 años que me pudro,
y paso largas horas oyendo gemir al huracán, o ladrar los perros, o
                    [fluir blandamente la luz de la luna.
Y paso largas horas gimiendo como el huracán, ladrando como un

[perro enfurecido, fluyendo como la leche de la ubre caliente
[de una gran vaca amarilla.
Y paso largas horas preguntándole a Dios, preguntándole por qué
[se pudre lentamente mi alma,
por qué se pudren más de un millón de cadáveres en esta ciudad
[de Madrid,
por qué mil millones de cadáveres se pudren lentamente en el
[mundo.
Dime, ¿qué huerto quieres abonar con nuestra podredumbre?
¿Temes que se te sequen los grandes rosales del día,
las tristes azucenas letales de tus noches?

La madre

*N*o me digas
que estás llena de arrugas, que estás llena de sueño,
que se te han caído los dientes,
que ya no puedes con tus pobres remos hinchados, deformados por
[el veneno del reuma.

No importa, madre, no importa.
Tú eres siempre joven,
eres una niña,
tienes once años.
Oh, sí, tú eres para mí eso: una candorosa niña. [...]

¡Las maravillas del bosque! Ah, son innumerables; nunca
[te las podría enseñar todas, tendríamos para toda una
[vida...

... para toda una vida. He mirado, de pronto, y he visto tu bello
[rostro lleno de arrugas,
el torpor de tus queridas manos deformadas,
y tus cansados ojos llenos de lágrimas que tiemblan.
Madre mía, no llores: víveme siempre en sueño.
Vive, víveme siempre ausente de tus años, del sucio mundo hostil,
[de mi egoísmo de hombre, de mis palabras duras.
Duerme ligeramente en ese bosque prodigioso de tu inocencia,
en ese bosque que crearon al par tu inocencia y mi llanto.
Oye, oye allí siempre cómo te silba las tonadas nuevas tu hijo, tu
[hermanito, para arrullarte el sueño.

No tengas miedo, madre. Mira, un día ese tu sueño cándido se te
      [hará de repente más profundo y más nítido.
Siempre en el bosque de la primer mañana, siempre en el bosque
           [nuestro.
Pero ahora ya serán las ardillas, lindas, veloces llamas, llamitas
          [de verdad;
y las telas de araña, celestes pedrerías;
y la huida de corzas, la fuga secular de las estrellas a la busca de
            [Dios.
Y yo te seguiré arrullando el sueño oscuro, te seguiré cantando.
Tú oirás la oculta música, la música que rige el universo.
 Y allá en tu sueño, madre, tú creerás que es tu hijo quien la envía.
Tal vez sea verdad: que un corazón es lo que mueve el mundo.
Madre, no temas. Dulcemente arrullada, dormirás en el bosque el
        [más profundo sueño.
Espérame en tu sueño. Espera allí a tu hijo, madre mía.

Explicación actual

*Y*o soy un clown sentimental.
  Mi novia es guapa.
Y llevo el alma en el ojal
de la solapa.

Su inmensa fama y su muerte

*D*espués de *Ámbito* ofrece Vicente libros sumos:
  Espadas como Labios, *Destrucción o el Amor*,
Sombra del Paraíso, tres formas ascendentes
hacia lo hermoso, abiertas a enorme gozo humano.
Siguen otros poemas bellos y estremecidos.
Después, otros finales, intensos, los *Poemas
de la Consumación*, y *del conocimiento*,
los *Diálogos*, todo ello con fin maravilloso.

Mas hay dos cosas fuertes de intensidad de forma.
Una es el entusiasmo de extraña fuerza enorme,
que recibe Aleixandre de España y aun del mundo

(y amor, la gloria y fama, desde mi corazón).
Lo segundo es la triste lesión, tan insidiosa,
que llenó en la corriente los años de su vida
y surgió con la muerte, final, en poco tiempo.

Maravillosa ha sido la fama universal
con los premios enormes de poesía.
De España aun fue mayor, creído siempre:
le admiraban, le adoran los poetas, prosistas,
literatos y gentes de cultura.
Y aun muerto se conserva total la admiración.

Yo le amé por cariño, por su gracia,
por la gran amistad, la de nosotros dos,
por el atroz anhelo que da su poesía,
la inflamación inmensa que su verso me infunde.

Vicente, ¡pobre!, estuvo muchas veces enfermo
y nunca pudo hacer lo que necesitaba.
No podía formar
conferencias pedidas a su espíritu.

Una vez fue preciso que los miembros
de la «Generación del 27»
fuéramos a Sevilla, mas él no pudo ir:
malo, estaba muy malo.
                    También, en la Academia
deseábamos que fuera a las sesiones,
desde hace años bastantes:
y no fue ni una vez, estaba siempre malo.

No pudo recibir con su presencia
el gran premio Nobel universal.
Un amigo va a Suecia y lo recibe
en su nombre.

                    Después, pobre Vicente,
mucho más grave enfermo, de años, años,
llega su muerte, en fin.

¡Cuántas veces Vicente estuvo enfermo!
¡Qué horrible fue de enfermedades tantas
su vida! ¡Cuántas veces!
¡Adiós, Vicente, mi querido, adiós!

Catorce de diciembre,
año mil novecientos
ochenta y cuatro: muere.
Yo vivo. Mas quisiera
morirme yo como él.
Quizá con alma eterna, sí, quizá,
podríamos juntar, muertos los dos,
jugar nuestras ideas y recuerdos.
¡Maravilla, Vicente! ¡Maravilla, Aleixandre,
qué gozo junto a ti!

¡Oh, qué pena, qué pena!
¡Adiós, Vicente, mi querido, adiós!
¡Adiós!

Pedida al Señor

*A*h, Señor! ¡Si tú existes!
   «Señor» omnipotente, me presento tristísimo.
Perdóname, «Señor», éste es mi pensamiento,
lo que juzgo verdad:
creo verdad la idea de la muerte
del alma, al punto mismo en que se muere el cuerpo.
Pienso que esto es lo exacto, lo verídico.

Mas me ocurre, me duele, que esto sea,
o que se considere, como auténtico.
¡Qué tristeza, qué lástima, alma mía,
qué bien quisiera eterna conocerte!
Oh gran «Señor», sería mi entusiasmo
saber que vive el alma cuando el cuerpo se muere.

Ay, qué triste es ahora que, oh «Señor», yo no sepa
si existes; ni, si existes, dónde existes.
Mas a pesar de esa terrible duda,
yo te amo, yo te adoro. Te pido que concedas
(¡ay, que sería imposible, no existente!),
cuando se muera el cuerpo, la eterna vida al alma.

Eso es lo que deseo; mas, ay, no tengo prueba:
mi alma se deshará cuando se muera el cuerpo.
Hace tiempo escribí la idea lamentable,
que es toda verdadera, pero al «Señor» le pido
que la declare nula. (¿Pero podría hacerlo?)
Esto fue lo que dije:

Lo que creo verdad. Lo que desearía

*E*sto es cierto: total. Muertos ya, cuerpo y alma
nada sufren: ya están plenamente acabados.
Nosotros, al vivir, sí que tenemos
una inmensa tristeza
pensando que una vez nos llegará la muerte.
Los vivos están tristes; sienten nada los muertos.

Tenemos hoy dolor inmenso, equivocado.
La muerte para el muerto es «Nada», cero.
«Nada» no duele, a nadie da tristeza.
No hay sufrimiento en «Nada».
Los muertos «Nada», «Nada»: ni alegría, ni pena.

Lo creído. Lo deseado

*Y*o creo exactamente
que el alma muere cuando muere el cuerpo,
pero enorme me ocurre una tristeza
de esa horrible verdad.

Yo quisiera que el alma
se eternizara cuando acaba el cuerpo,
se juntara con cuerpos muertos antes,
y animada esperanza a los que vengan,
reconociera todo el universo
terrestre y celestial,
se aunara con el «Ser» omnipotente
(si cierto el tal es cierto)
y viviera con Él todo el futuro.
Alma, todo el futuro.

Esto quisieran los deseos míos.
(Yo creo lo contrario.)
Pero desearía —¡mi Alma!— esos portentos.

Petición del alma eterna

Yo creo —ya lo he dicho— que la muerte
   del cuerpo mata al alma al tiempo mismo:
alma y cuerpo se mueren a la par.
Mi idea es eso.
Pero puede ser falsa. ¡Ojalá sea!

Dudas hay, muchas dudas.
Otro deseo tengo,
y me pongo a pedir al gran «Ser» único,
al «Ser» que creo eterno, omnipotente,
que no sé dónde (no sé cierto si existe).
Yo le busco y le adoro,
quiero hallarle y servirle, astro santísimo;
yo le pido mi alivio y mi deseo:
que haga vivir las almas, que no mueran
cuando se muera el cuerpo.

Te pedí muchas veces que existieras.
Hoy te pido otra vez que existas; ¿dónde existes?

Mi amor te ama: ¡que existas!
Te lo pido con toda tu inmensa intensidad.
Deseo esto de ti: que el alma quede eterna
cuando se muere el cuerpo.
Casualidad inmensa sorprende algunas veces:
saltan periodos tersos de ideas de «alma eterna».
Creo que ahora me viene —grande encanto— eso mismo.
Versos voy a escribir de alma viva sin muerte.
Hablaré de mi vida, de mi padre y mi madre,
de mis amigos muertos, de famosos poetas,
del enorme Universo. ¡Muchas gracias! Mas sé
que otra vez volverá la idea resurgente:
volverá el alma muerta cuando se muere el cuerpo.
Mas ahora, sí, ¡gracias!, viva el alma inmortal
cuando se muere el cuerpo: la tendré varias horas.
¡Feliz tiempo dichoso!

JORGE LUIS BORGES

Nace en Buenos Aires (Argentina) en 1899;
muere en Ginebra en 1986

El enamorado

L unas, marfiles, instrumentos, rosas,
   Lámparas y la línea de Durero,
Las nueve cifras y el cambiante cero,
Debo fingir que existen esas cosas.
Debo fingir que en el pasado fueron
Persépolis y Roma y que una arena
Sutil midió la suerte de la almena
Que los siglos de hierro deshicieron.
Debo fingir las armas y la pira
De la epopeya y los pasados mares
Que roen de la tierra los pilares.
Debo fingir que hay otros. Es mentira.
Sólo tú eres. Tú, mi desventura
Y mi ventura, inagotable y pura.

Himno

E sta mañana
   hay en el aire la increíble fragancia
de las rosas del Paraíso.
En la margen del Éufrates
Adán descubre la frescura del agua.
Una lluvia de oro cae del cielo;
es el amor de Zeus.
Salta del mar un pez
y un hombre de Agrigento recordará
haber sido ese pez.
En la caverna cuyo nombre será Altamira
una mano sin cara traza la curva
de un lomo de bisonte.

La lenta mano de Virgilio acaricia
la seda que trajeron
del reino del Emperador Amarillo
las caravanas y las naves.
El primer ruiseñor canta en Hungría.
Jesús ve en la moneda el perfil de César.
Pitágoras revela a sus griegos
que la forma del tiempo es la del círculo.
En una isla del Océano
los lebreles de plata persiguen a los ciervos de oro.
En un yunque forjan la espada
que será fiel a Sigurd.
Whitman canta en Manhattan.
Homero nace en siete ciudades.
Una doncella acaba de apresar
al unicornio blanco.
Todo el pasado vuelve como una ola
y esas antiguas cosas recurren
porque una mujer te ha besado.

El amenazado

Es el amor. Tendré que ocultarme o huir.
Crecen los muros de su cárcel, como en un sueño atroz. La hermosa máscara ha cambiado, pero como siempre es la única. ¿De qué me servirán mis talismanes: el ejercicio de las letras, la vaga erudición, el aprendizaje de las palabras que usó el áspero Norte para cantar sus mares y sus espadas, la serena amistad, las galerías de la Biblioteca, las cosas comunes, los hábitos, el joven amor de mi madre, la sombra militar de mis muertos, la noche intemporal, el sabor del sueño?
Estar contigo o no estar contigo es la medida de mi tiempo.
Ya el cántaro se quiebra sobre la fuente, ya el hombre se levanta a la voz del ave, ya se han oscurecido los que miran por las ventanas, pero la sombra no ha traído la paz.
Es, ya lo sé, el amor: la ansiedad y el alivio de oír tu voz, la espera y la memoria, el horror de vivir en lo sucesivo.
Es el amor con sus mitologías, con sus pequeñas magias inútiles.
Hay una esquina por la que no me atrevo a pasar.

Ya los ejércitos me cercan, las hordas.
(Esta habitación es irreal; ella no la ha visto.)
El nombre de una mujer me delata.
Me duele una mujer en todo el cuerpo.

Arte poética

Mirar el río hecho de tiempo y agua
Y recordar que el tiempo es otro río,
Saber que nos perdemos como el río
Y que los rostros pasan como el agua.

Sentir que la vigilia es otro sueño
Que sueña no soñar y que la muerte
Que teme nuestra carne es esa muerte
De cada noche, que se llama sueño.

Ver en el día o en el año un símbolo
De los días del hombre y de sus años,
Convertir el ultraje de los años
En una música, un rumor y un símbolo.
Ver en la muerte el sueño, en el ocaso
Un triste oro, tal es la poesía
Que es inmortal y pobre. La poesía
Vuelve como la aurora y el ocaso.

A veces en las tardes una cara
Nos mira desde el fondo de un espejo;
El arte debe ser como ese espejo
Que nos revela nuestra propia cara.

Cuentan que Ulises, harto de prodigios,
Lloró de amor al divisar su Ítaca
Verde y humilde. El arte es esa Ítaca
De verde eternidad, no de prodigios.

También es como el río interminable
Que pasa y queda y es cristal de un mismo
Heráclito inconstante, que es el mismo
Y es otro, como el río interminable.

FRANCISCO LUIS BERNÁRDEZ

Nace en Buenos Aires (Argentina) en 1900;
muere en Buenos Aires en 1978

Estar enamorado

*E*star enamorado, amigos, es encontrar el nombre justo
[de la vida.
Es dar al fin con la palabra que para hacer frente a la muerte se
[precisa.
Es recobrar la llave oculta que abre la cárcel en que el alma está
[cautiva.
Es levantarse de la tierra con una fuerza que reclama desde
[arriba.
Es respirar el ancho viento que por encima de la carne se respira.
Es contemplar desde la cumbre de la persona la razón de las
[heridas.
Es advertir en unos ojos una mirada verdadera que nos mira.
Es escuchar en una boca la propia voz profundamente repetida.
Es sorprender en unas manos ese calor de la perfecta compañía.
Es sospechar que, para siempre, la soledad de nuestra sombra
[está vencida.

Estar enamorado, amigos, es descubrir dónde se juntan cuerpo y
[alma.
Es percibir en el desierto la cristalina voz de un río que nos llama.
Es ver el mar desde la torre donde ha quedado prisionera nuestra
[infancia.
Es apoyar los ojos tristes en un paisaje de cigüeñas y campanas.
Es ocupar un territorio donde conviven los perfumes y las armas.
Es dar la ley a cada rosa y al mismo tiempo recibirla de su espada.

Es confundir el sentimiento con una hoguera que del pecho se
[levanta.
Es gobernar la luz del fuego y al mismo tiempo ser esclavo de la
[llama.
Es entender la pensativa conversación del corazón y la distancia.
Es encontrar el derrotero que lleva al reino de la música
[sin tasa. [...]

Estar enamorado, amigos, es adueñarse de las noches y los días.
Es olvidar entre los dedos emocionados la cabeza distraída.
Es recordar a Garcilaso cuando se siente la canción de una
[herrería.
Es ir leyendo lo que escriben en el espacio las primeras
[golondrinas.
Es ver la estrella de la tarde por la ventana de una casa
[campesina.
Es contemplar un tren que pasa por la montaña con las luces
[encendidas.
Es comprender perfectamente que no hay fronteras entre el sueño
[y la vigilia.
Es ignorar en qué consiste la diferencia entre la pena y la alegría.
Es escuchar a medianoche la vagabunda confesión de la llovizna.
Es divisar en las tinieblas del corazón una pequeña lucecita.

Estar enamorado, amigos, es padecer espacio y tiempo con
[dulzura.
Es despertarse una mañana con el secreto de las flores y las
[frutas.
Es libertarse de sí mismo y estar unido con las otras criaturas.
Es no saber si son ajenas o si son propias las lejanas amarguras.
Es remontar hasta la fuente las aguas turbias del torrente de la
[angustia.
Es compartir la luz del mundo y al mismo tiempo compartir su
[noche obscura.
Es asombrarse y alegrarse de que la luna todavía sea luna.
Es comprobar en cuerpo y alma que la tarea de ser hombre es
[menos dura.
Es empezar a decir *siempre* y en adelante no volver a decir *nunca*.
Y es además, amigos míos, estar seguro de tener las manos puras.

LUIS CERNUDA

Nace en Sevilla en 1902;
muere en Ciudad de México en 1963

Diré cómo nacisteis

*D*iré cómo nacisteis, placeres prohibidos,
    Como nace un deseo sobre torres de espanto,
Amenazadores barrotes, hiel descolorida,
Noche petrificada a fuerza de puños,
Ante todos, incluso el más rebelde,
Apto solamente en la vida sin muros.

Corazas infranqueables, lanzas o puñales,
Todo es bueno si deforma un cuerpo;
Tu deseo es beber esas hojas lascivas
O dormir en ese agua acariciadora.
No importa;
Ya declaran tu espíritu impuro.

No importa la pureza, los dones que un destino
Levantó hacia las aves con manos imperecederas;
No importa la juventud, sueño más que hombre,
La sonrisa tan noble, playa de seda bajo la tempestad
De un régimen caído.

Placeres prohibidos, planetas terrenales,
Miembros de mármol con un sabor de estío,
Jugo de esponjas abandonadas por el mar,
Flores de hierro, resonantes como el pecho de un hombre.

Soledades altivas, coronas derribadas,
Libertades memorables, manto de juventudes;
Quien insulta esos frutos, tinieblas en la lengua,
Es vil como un rey, como sombra de rey
Arrastrándose a los pies de la tierra
Para conseguir un trozo de vida.

No sabía los límites impuestos,
Límites de metal o papel,
Ya que el azar le hizo abrir los ojos bajo una luz tan alta,
Adonde no llegan realidades vacías,
Leyes hediondas, códigos, ratas de paisajes derruidos.

Extender entonces la mano
Es hallar una montaña que prohíbe,
Un bosque impenetrable que niega,
Un mar que traga adolescentes rebeldes.

Pero si la ira, el ultraje, el oprobio y la muerte,
Ávidos dientes sin carne todavía,
Amenazan abriendo sus torrentes,
De otro lado vosotros, placeres prohibidos,
Bronce de orgullo, blasfemia que nada precipita,
Tendéis en una mano el misterio,
Sabor que ninguna amargura corrompe,
Cielos, cielos relampagueantes que aniquilan.

Abajo, estatuas anónimas,
Sombras de sombras, miseria, preceptos de niebla;
Una chispa de aquellos placeres
Brilla en la hora vengativa.
Su fulgor puede destruir vuestro mundo.

Donde habita el deseo

D onde habite el olvido,
    En los vastos jardines sin aurora;
Donde yo sólo sea
Memoria de una piedra sepultada entre ortigas
Sobre la cual el viento escapa a sus insomnios.

Donde mi nombre deje
Al cuerpo que designa en brazos de los siglos,
Donde el deseo no exista.

En esa gran región donde el amor, ángel terrible,
No esconda como acero
En mi pecho su ala,
Sonriendo lleno de gracia aérea mientras crece el tormento.

Allá donde termine este afán que exige un dueño a
[imagen suya,
Sometiendo a otra vida su vida,
Sin más horizonte que otros ojos frente a frente.

Donde penas y dichas no sean más que nombres,
Cielo y tierra nativos en torno de un recuerdo;
Donde al fin quede libre sin saberlo yo mismo,
Disuelto en niebla, ausencia,
Ausencia leve como carne de niño.

Allá, allá lejos;
Donde habite el olvido.

Soliloquio del farero

*C*ómo llenarte, soledad
Sino contigo misma...

De niño, entre las pobres guaridas de la tierra,
Quieto en ángulo oscuro,
Buscaba en ti, encendida guirnalda,
Mis auroras futuras y furtivos nocturnos,
Y en ti los vislumbraba,
Naturales y exactos, también libres y fieles,
A semejanza mía,
A semejanza tuya, eterna soledad.

Me perdí luego por la tierra injusta
Como quien busca amigos o ignorados amantes;
Diverso con el mundo,
Fui luz serena y anhelo desbocado,
Y en la lluvia sombría o en el sol evidente
Quería una verdad que a ti te traicionase,
Olvidando en mi afán
Cómo las alas fugitivas su propia nube crean.

Y al velarse a mis ojos
Con nubes sobre nubes de otoño desbordado

La luz de aquellos días en ti misma entrevistos,
Te negué por bien poco;
Por menudos amores ni ciertos ni fingidos,
Por quietas amistades de sillón y de gesto,
Por un nombre de reducida cola en un mundo fantasma,
Por los viejos placeres prohibidos,
Como los permitidos nauseabundos,
Útiles solamente para el elegante salón susurrado,
En bocas de mentira y palabras de hielo.

Por ti me encuentro ahora el eco de la antigua persona
Que yo fui,
Que yo mismo manché con aquellas juveniles traiciones;
Por ti me encuentro ahora, constelados hallazgos,
Limpios de otro deseo,
El sol, mi dios, la noche rumorosa,
La lluvia, intimidad de siempre,
El bosque y su alentar pagano,
El mar, el mar como su nombre hermoso;
Y sobre todos ellos,
Cuerpo oscuro y esbelto,
Te encuentro a ti, tú, soledad tan mía,
Y tú me das fuerza y debilidad
Como al ave cansada los brazos de la piedra.

Acodado al balcón miro insaciable el oleaje,
Oigo sus oscuras imprecaciones,
Contemplo sus blancas caricias;
Y erguido desde cuna vigilante
Soy en la noche un diamante que gira advirtiendo a los hombres,
Por quienes vivo, aun cuando no los vea;
Y así, lejos de ellos,
Ya olvidados sus nombres, los amo en muchedumbres,
Roncas y violentas como el mar, mi morada,
Puras ante la espera de una revolución ardiente
O rendidas y dóciles, como el mar sabe serlo
Cuando toca la hora de reposo que su fuerza conquista.

Tú, verdad solitaria,
Transparente pasión, mi soledad de siempre,

Eres inmenso abrazo;
El sol, el mar,
La oscuridad, la estepa,
El hombre y su deseo,
La airada muchedumbre,
¿Qué son sino tú misma?

Por ti, mi soledad, los busqué un día;
En ti, mi soledad, los amo ahora.

Himno a la tristeza

Fortalecido estoy contra tu pecho
   de augusta piedra fría,
bajo tus ojos crepusculares,
oh madre inmortal.

Desengañada alienta en ti mi vida,
oyendo en el pausado retiro nocturno
ligeramente resbalar las pisadas
de los días juveniles, que se alejan
apacibles y graves, en la mirada,
con una misma luz, compasión y reproche;
y van tras ellos como irisado humo
los sueños creados con mi pensamiento,
los hijos del anhelo y la esperanza.

La soledad poblé de seres a mi imagen,
como un dios aburrido;
los amé si eran bellos,
mi compañía les di cuando me amaron,
y ahora como ese mismo dios aislado estoy,
inerme y blanco tal una flor cortada.

Olvidándome voy en este vago cuerpo,
nutrido por las hierbas leves
y las brillantes frutas de la tierra,
el pan y el vino alados,
en mi nocturno lecho a solas.

Hijo de tu leche sagrada,
el esbelto mancebo,
hiende con pie inconsciente
la escarpada colina,
salvando con la mirada en ti
el laurel frágil y la espina insidiosa. [...]

A las estatuas de los dioses

*H*ermosas y vencidas soñáis,
vueltos los ciegos ojos hacia el cielo,
mirando las remotas edades
de titánicos hombres,
cuyo amor os daba ligeras guirnaldas
y la olorosa llama se alzaba
hacia la luz divina, su hermana celeste.

Reflejo de vuestra verdad, las criaturas
adictas y libres como el agua iban;
aún no había mordido la brillante maldad
sus cuerpos llenos de majestad y gracia.
En vosotros creían y vosotros existíais;
la vida no era un delirio sombrío.

La miseria y la muerte futuras,
no pensadas aún, en vuestras manos.

Nocturno entre las musarañas

*C*uerpo de piedra, cuerpo triste,
entre lanas con muros de universo,
idéntico a las razas cuando cumplen años,
a los más inocentes edificios,
a las más pudorosas cataratas.

Blancas como la noche, en tanto la montaña
despedaza formas enloquecidas,
despedaza dolores como dedos,
alegrías como uñas.

No saber dónde ir, dónde volver
buscando los vientos piadosos
que destruyen las arrugas del mundo,
que bendicen los deseos cortados a raíz
antes de dar su flor,
su flor grande como un niño.

Los labios que quieren esa flor,
cuyo puño, besado por la noche,
abre las puertas del olvido labio a labio.

JORGE CARRERA ANDRADE

Nace en Quito (Ecuador) en 1902;
muere en Quito en 1978

A mor es más que la sabiduría:
  es la resurrección, vida segunda.
El ser que ama revive
o vive doblemente.
El amor es resumen de la tierra,
es luz, música, sueño
y fruta material
que gustamos con todos los sentidos.
¡Oh mujer que penetras en mis venas
como el cielo en los ríos!
Tu cuerpo es un país de leche y miel
que recorro sediento.
Me abrevo en tu semblante de agua fresca,
de arroyo primigenio
en mi jornada ardiente hacia el origen
del manantial perdido.
Minero del amor, cavo sin tregua
hasta hallar el filón del infinito.

ÁNGELA FIGUERA AYMERICH

Nace en Bilbao en 1902;
muere en Madrid en 1984

Muerto al nacer

No aurora fue. Ni llanto. Ni un instante
bebió la luz. Sus ojos no tuvieron
color. Ni yo miré su boca tierna...

Ahora, ¿sabéis?, lo siento.
Debisteis dármelo. Yo hubiera debido
tenerle un breve tiempo entre mis brazos,
pues sólo para mí fue cierto, vivo...

¡Cuántas veces me habló, desde la entraña,
bulléndome gozoso entre los flancos!...

Cuando nace un hombre

Cuando nace un hombre
siempre es amanecer aunque en la alcoba
la noche pinte negros los cristales.

Cuando nace un hombre
hay un olor a pan recién cocido
por los pasillos de la casa;
en las paredes, los paisajes
huelen a mar y a hierba fresca
y los abuelos del retrato
vuelven la cara y se sonríen.

Cuando nace un hombre
florecen rosas imprevistas
en el jarrón de la consola
y aquellos pájaros bordados
en los cojines de la sala
silban y cantan como locos.

Cuando nace un hombre
todos los muertos de su sangre
llegan a verle y se comprueban
en el contorno de su boca.

Cuando nace un hombre
hay una estrella detenida
al mismo borde del tejado
y en un lejano monte o risco
brota un hilillo de agua nueva.

Cuando nace un hombre
todas las madres de este mundo
sienten calor en su regazo
y hasta los labios de las vírgenes
llega un sabor a miel y a beso.

Cuando nace un hombre
de los varones brotan chispas,
los viejos ponen ojos graves
y los muchachos atestiguan
el fuego alegre de sus venas.

Cuando nace un hombre
todos tenemos un hermano.

NICOLÁS GUILLÉN

Nace en Camagüey (Cuba) en 1902;
muere en La Habana en 1989

Guitarra

*T*endida en la madrugada,
  la firme guitarra espera:
voz de profunda madera
desesperada.

Su clamorosa cintura,
en la que el pueblo suspira,
preñada de son, estira
la carne dura.

Arde la guitarra sola,
mientras la luna se acaba;
arde libre de su esclava
bata de cola.

Dejó al borracho en su coche,
dejó el cabaret sombrío,
donde se muere de frío,
noche tras noche,

y alzó la cabeza fina,
universal y cubana,
sin opio, ni mariguana,
ni cocaína.

¡Venga la guitarra vieja,
nueva otra vez al castigo
con que la espera el amigo,
que no la deja!

Alta siempre, no caída,
traiga su risa y su llanto,
clave las uñas de amianto
sobre la vida.

NICOLÁS GUILLÉN

Cógela tú, guitarrero,
límpiale de alcol la boca,
y en esa guitarra, toca
tu son entero.

El son del querer maduro,
tu son entero;
el del abierto futuro,
tu son entero;
el del pie por sobre el muro,
tu son entero...

Cógela tú, guitarrero,
límpiale de alcol la boca,
y en esa guitarra, toca
tu son entero.

Son número 6

Yoruba soy, lloro en yoruba
lucumí.
Como soy un yoruba de Cuba,
quiero que hasta Cuba suba mi llanto yoruba;
que suba el alegre llanto yoruba
que sale de mí.

Yoruba soy,
cantando voy,
llorando estoy,
y cuando no soy yoruba,
soy congo, mandinga, carabalí.
Atiendan, amigos, mi son, que empieza así:

Adivinanza
de la esperanza:
lo mío es tuyo,
lo tuyo es mío;
toda la sangre
formando un río.

464

La seiba seiba con su penacho;
el padre padre con su muchacho;
la jicotea en su carapacho.
¡Que rompa el son caliente,
y que lo baile la gente,
pecho con pecho,
vaso con vaso,
y agua con agua con aguardiente!
Yoruba soy, soy lucumí,
mandinga, congo, carabalí. [...]

AGUSTÍN DE FOXÁ

Nace en Madrid en 1903;
muere en Madrid en 1959

Cui-Ping-Sing

[...] HOANG:

*E*scucha...
¿En qué otro mundo de cerezas raras
oí tu voz? ¿En qué planeta lento
de bronces y de nieve, vi tus ojos
hace un millón de siglos? ¿Dónde estabas?
Fuiste agua hace mil años.
Yo era raíz de rosa, y me regabas...
Fuiste campana de Pagoda, yo era
nervio del ojo que miró a tu bronce.
Nos hemos perseguido
alma con alma, atravesando cuerpos
peregrinos de venas y latidos,
por pieles de animales, por estambres,
escamas, esqueletos y cortezas;
por mil cuerpos y sangres diferentes,
alma con alma, cincelando torres
de espíritu con lágrima y sonrisa. [...]

[...] HOANG:

*T*ú fuiste, Cui-Ping-Sing, todo lo claro,
el cisne o la ceniza.
Yo fui todo lo oscuro,
la raíz, la tortuga.
Tus pechos
son dos nidos calientes,
tejidos en la rama de un almendro. [...]

ERNESTINA DE CHAMPOURCÍN

Nace en Vitoria en 1905;
muere en Madrid en 1999

Amor

*P*uliré mi belleza con los garfios del viento.
  Seré tuya sin forma, hecha polvo de aire,
diluida en un cielo de planos invisibles.

Para ti quiero, amado, la posesión sin cuerpo,
el delirio gozoso de sentir que tu abrazo
sólo ciñe rosales de pura eternidad.

Nunca podrás tenerme sin abrir tu deseo
sobre la desnudez que sella lo inefable,
ni encontrarás mis labios
mientras algo concreto enraice tu amor...

¡Que tus manos inútiles acaricien estrellas!
No entorpezcan besándome la fuga de mi cuerpo.
¡Seré tuya en la piel hecha fuego de sol!

MANUEL ALTOLAGUIRRE

Nace en Málaga en 1905;
muere en Burgos en 1959

La soledad de mi ser

*M*i soledad llevo dentro,
  torre de ciegas ventanas.
Cuando mis brazos extiendo,
abro sus puertas de entrada
y doy camino alfombrado
al que quiera visitarla.

Pintó el recuerdo los cuadros
que decoran sus estancias.
Allí mis pasadas dichas
con mi pena de hoy contrastan.

¡Qué juntos los dos estábamos!
¿Quién el cuerpo? ¿Quién el alma?
Nuestra separación última,
¡qué muerte fue tan amarga!
Ahora dentro de mí llevo
mi alta sociedad delgada.

JUAN GIL-ALBERT

Nace en Alcoy (Alicante) en 1906;
muere en Valencia en 1994

Elegía a una casa de campo

Oh tú, casa deshabitada
en el solemne verano de nuestro silencio!
¿No adviertes que el solaz ha quebrado tus alas
y tus verbenas orlan inútilmente
las cintas verdes que nadie recorre?
Tu follaje ha crecido a su tiempo,
y la ligereza de las doradas mariposas,
el zureo de los palomos
y la ardiente cigarra del olivo,
dan el espacio frágil
donde la vida como otros años transcurre.
Ya penderán los racimos de tus traviesas
acumulando en sus granos un leve iris de polvo.
Ya tiempo hará que tus vibrantes chopos
la voz del agua entretienen en sus hojuelas,
sobre la amarillenta calina,
y la soledad estará sentada en tu balcón agreste
viendo a las cabras de cuello gentil
ramonear las hierbas inmortales
en los débiles cerros. [...]

A un monasterio griego

Más que el amor que un día me cediste
te pido, ¡oh Providencia!, que me lleves
a aquel rincón que guarda entre tus brazos
la indolencia divina. En el Himeto,
de incansables abejas coronado,
yace el ruinoso caserón, cual nido
de lagartijas; claros olivares

pardean sus declives en vetustas
ramas de cenicientos esplendores,
y pegadas al muro de la casa
frescas higueras arden con oscuras
constelaciones. Cálido, el incienso
trae su sopor al eco de las puertas,
donde un asnillo puede detenerse
largas horas en paz, mientras descargan
rancio vino de frágiles alforjas
y los privilegiados ruiseñores
trinan en los cipreses. Vida, ¡oh vida,
qué manantial del alma en esos cercos,
vieja y sabia manando sus promesas
de libertad! Allí estaría Adonis,
besando por la errante pecadora;
allí, llorando un día bajo el cáliz
de su ilusión, el hijo de los dioses
despídete, temblando, de la tierra...
Lágrimas, besos, zonas seductoras
que me han dado la esencia de mí mismo,
aquí como en un lírico sosiego
funden sus ansias. Monjes venerables,
¿quiénes son allí dentro paseando
la celestial nostalgia de la tierra,
más que sabios o reyes, dueños vívos
de la gentil fugaz concupiscencia?
Soberano dominio en que enaltecen
la imagen inmortal de lo creado.
Volver quiero al lugar donde es posible
mecerse en el ascético deleite
de la hermosura: allí quiero entornarte
mundo de mi pasión, cual si una siesta
fuera a dormir en pleno mediodía.

MANUEL DE CABRAL

Nace en Santiago de los Caballeros
(República Dominicana) en 1907

La mano de Onan se queja

*Y*o soy el sexo de los condenados.
　　No el juguete de alcoba que economiza vida.
Yo soy la amante de los que no amaron.
Yo soy la esposa de los miserables.
Soy el minuto antes del suicida.
Sola de amor, mas nunca solitaria,
limitada de piel, saco raíces...
Se me llenan de ángeles los dedos,
se me llenan de sexos no tocados.
Me parezco al silencio de los héroes.
No trabajo con carne solamente...
Va más allá de digital mi oficio.
En mi labor hay un obrero alto...
Un Quijote se ahoga entre mis dedos,
una novia también que no se tuvo.
Yo apenas soy violenta intermediaria,
porque también hay verso en mis temblores,
sonrisas que se cuajan en mi tacto,
misas que se derriten sin iglesias,
discursos fracasados que resbalan,
besos que bajan desde el cráneo a un dedo,
toda la tierra suave en un instante.
Es mi carne que huye de mi carne;
horizontes que saco de una gota,
una gota que junta
todos los ríos en mi piel, borrachos;
un goterón que trae
todas las aguas de un ciclón oculto,
todas las venas que prisión dejaron
y suben con un viento de licores
a mojarse de abismo en cada uña,
a sacarme la vida de mi muerte.

La carga

*M*i cuerpo estaba allí... nadie lo usaba.
Yo lo puse a sufrir... le metí un hombre.
Pero este equino triste de materia
si tiene hambre me relincha versos,
si sueña, me patea el horizonte;
lo pongo a discutir y suelta bosques,
sólo a mí se parece cuando besa...
No sé qué hacer con este cuerpo mío,
alguien me lo alquiló, yo no sé cuándo...
Me lo dieron desnudo, limpio, manso,
era inocente cuando me lo puse,
pero a ratos,
la razón me lo ensucia y lo adorable...
Yo quiero devolverlo como me lo entregaron;
sin embargo,
yo sé que es tiempo lo que a mí me dieron.

HÉRIB CAMPOS CERVERA

Nace en Asunción (Paraguay) en 1908;
muere en Buenos Aires en 1953

[...] Ahora estoy de nuevo desnudo.
Desnudo y desolado
sobre un acantilado de recuerdos;
perdido entre recodos de tinieblas.
Desnudo y desolado;
lejos del firme símbolo de tu sangre.
Lejos.

No tengo ya el remoto jazmín de tus estrellas,
ni el asedio nocturno de tus selvas.
Nada: ni tus días de guitarra y cuchillos,
ni la desmemoriada claridad de tu cielo.

Solo como una piedra o como un grito
te nombro y, cuando busco
volver a la estatura de tu nombre,
sé que la Piedra es piedra y que el Agua del río
huye de tu abrumada cintura y que los pájaros
usan el alto amparo del árbol humillado
como un derrumbadero de su canto y sus alas. [...]

Estás en mí: caminas con mis pasos,
hablas por mi garganta; te yergues en mi cal
y mueres, cuando muero, cada noche.

Estás en mí con todas tus banderas;
con tus honestas manos labradoras
y tu pequeña luna irremediable.

Inevitablemente
—con la puntual constancia de las constelaciones—
vienen a mí, presentes y telúricas:
tu cabellera torrencial de lluvias;
tu nostalgia marítima y tu inmensa
pesadumbre de llanuras sedientas.

Me habitas y te habito:
sumergido en tus llagas,
yo vigilo tu frente que, muriendo, amanece.

Estoy en paz contigo;
ni los cuervos ni el odio
me pueden cercenar de tu cintura:
yo sé que estoy llevando tu Raíz y tu Suma
sobre la cordillera de mis hombros.

Y eso tengo de Ti.
Un puñado de tierra:
eso quise de ti.

MIGUEL OTERO SILVA

Nace en Barcelona (Venezuela) en 1908;
muere en Caracas en 1985

Siembra

*C*uando de mí no quede sino un árbol,
    cuando mis huesos se hayan esparcido
bajo la tierra madre;
cuando de ti no quede sino una rosa blanca
que se nutrió de aquello que tú fuiste
y haya zarpado ya con mil brisas distintas
el aliento del beso que hoy bebemos;
cuando ya nuestros nombres
sean sonidos sin eco
dormidos en la sombra de un olvido insondable;
tú seguirás viviendo en la belleza de la rosa,
como yo en el follaje del árbol
y nuestro amor en el murmullo de la brisa. [...]

LEOPOLDO PANERO

Nace en Astorga (León) en 1909;
muere en Astorga en 1962

Hijo mío

*D*esde mi vieja orilla, desde la fe que siento,
  hacia la luz primera que torna el alma pura,
voy contigo, hijo mío, por el camino lento
de este amor que me crece como mansa locura.

Voy contigo, hijo mío, frenesí soñoliento
de mi carne, palabra de mi callada hondura,
música que alguien pulsa no sé dónde, en el viento;
no sé dónde, hijo mío, desde mi orilla oscura.

Voy, me llevas, se torna crédula mi mirada,
me empujas levemente (ya casi siento el frío);
me invitas a la sombra que se hunde a mi pisada,

me arrastras de la mano... Y en tu ignorancia fío,
y a tu amor me abandono sin que me quede nada,
terriblemente solo, no sé dónde, hijo mío.

MIGUEL HERNÁNDEZ

Nace en Orihuela (Alicante) en 1910;
muere en Alicante en 1942

No cesará este rayo que me habita
el corazón de exasperadas fieras
y de fraguas coléricas y herreras
donde el metal más fresco se marchita?

¿No cesará esta terca estalactita
de cultivar sus duras cabelleras
como espadas y rígidas hogueras
hacia mi corazón que muge y grita?

Este rayo ni cesa ni se agota:
de mí mismo tomó su procedencia
y ejercita en mí mismo sus furores.

Esta obstinada piedra de mí brota
y sobre mí dirige la insistencia
de sus lluviosos rayos destructores.

———

Como el toro he nacido para el luto
y el dolor, como el toro estoy marcado
por un hierro infernal en el costado
y por varón en la ingle con un fruto.

Como el toro lo encuentra diminuto
todo mi corazón desmesurado,
y del rostro del beso enamorado,
como el toro a tu amor se lo disputo.

Como el toro me crezco en el castigo,
la lengua en corazón tengo bañada
y llevo al cuello un vendaval sonoro.

Como el toro te sigo y te persigo,
y dejas mi deseo en una espada,
como el toro burlado, como el toro.

Elegía

*(En Orihuela, su pueblo y el mío, se me ha muerto como
del rayo Ramón Sijé, con quien tanto quería)*

Yo quiero ser llorando el hortelano
    de la tierra que ocupas y estercolas,
compañero del alma, tan temprano.

Alimentando lluvias, caracolas
y órganos mi dolor sin instrumento,
a las desalentadas amapolas

daré tu corazón por alimento.
Tanto dolor se agrupa en mi costado,
que por doler me duele hasta el aliento.

Un manotazo duro, un golpe helado,
un hachazo invisible y homicida,
un empujón brutal te ha derribado.

No hay extensión más grande que mi herida,
lloro mi desventura y sus conjuntos
y siento más tu muerte que mi vida.

Ando sobre rastrojos de difuntos,
y sin calor de nadie y sin consuelo
voy de mi corazón a mis asuntos.

Temprano levantó la muerte el vuelo,
temprano madrugó la madrugada,
temprano estás rodando por el suelo.

No perdono a la muerte enamorada,
no perdono a la vida desatenta,
no perdono a la tierra ni a la nada.

En mis manos levanto una tormenta
de piedras, rayos y hachas estridentes
sedienta de catástrofes y hambrienta.

Quiero escarbar la tierra con los dientes,
quiero apartar la tierra parte a parte
a dentelladas secas y calientes.

Quiero minar la tierra hasta encontrarte
y besarte la noble calavera
y desamordazarte y regresarte.

Volverás a mi huerto y a mi higuera:
por los altos andamios de las flores
pajareará tu alma colmenera

de angelicales ceras y labores.
Volverás al arrullo de las rejas
de los enamorados labradores.

Alegrarás la sombra de mis cejas,
y tu sangre se irán a cada lado
disputando tu novia y las abejas.

Tu corazón, ya terciopelo ajado,
llama a un campo de almendras espumosas
mi avariciosa voz de enamorado.

A las aladas almas de las rosas
del almendro de nata te requiero,
que tenemos que hablar de muchas cosas
compañero del alma, compañero.

Vientos del pueblo me llevan

*V*ientos del pueblo me llevan,
   vientos del pueblo me arrastran,
me esparcen el corazón
y me aventan la garganta.

Los bueyes doblan la frente,
impotentemente mansa,
delante de los castigos:
los leones la levantan
y al mismo tiempo castigan
con su clamorosa zarpa.

No soy de un pueblo de bueyes,
que soy de un pueblo que embargan
yacimientos de leones,
desfiladeros de águilas
y cordilleras de toros
con el orgullo en el asta.
Nunca medraron los bueyes
en los páramos de España.

¿Quién habló de echar un yugo
sobre el cuello de esta raza?
¿Quién ha puesto al huracán
jamás ni yugos ni trabas,
ni quién al rayo detuvo
prisionero en una jaula? [...]

Sonetos

*U*mbrío por la pena, casi bruno,
   porque la pena tizna cuando estalla,
donde yo no me hallo no se halla
hombre más apenado que ninguno.

Sobre la pena duermo solo y uno,
pena es mi paz y pena mi batalla,
perro que ni me deja ni se calla,
siempre a su dueño fiel, pero importuno.

Cardos y penas llevo por corona,
cardos y penas siembran sus leopardos
y no me dejan bueno hueso alguno.

No podrá con la pena mi persona,
rodeada de penas y de cardos:
¡cuánto penar para morirse uno!

———

*P*or tu pie, la blancura más bailable,
    donde cesa en diez partes tu hermosura,
una paloma sube a tu cintura,
baja a la tierra un nardo interminable.

Con tu pie vas poniendo lo admirable
del nácar en ridícula estrechura
y a donde va tu pie va la blancura,
perro sembrado de jazmín calzable.

A tu pie, tan espuma como playa,
.arena y mar me arrimo y desarrimo
y al redil de su planta entrar procuro.

Entro y dejo que el alma se me vaya
por la voz amorosa del racimo:
pisa mi corazón que ya es maduro.

———

*F*uera menos penado si no fuera
    nardo tu tez para mi vista, nardo,
cardo tu pie para mi tacto, cardo,
tuera tu voz para mi oído, tuera.

Tuera es tu voz para mi oído, tuera,
y ardo en tu voz y en tu alrededor ardo,
y tardo a arder lo que a ofrecerte tardo
miera, mi voz para la tuya, miera.

Zarza es tu mano si la tiento, zarza,
ola tu cuerpo si lo alcanzo, ola,
cerca una vez, pero un millar no cerca.

Garza es mi pena, esbelta y triste garza,
sola como un suspiro y un ay, sola,
terca en su error y en su desgracia terca.

————

*T*engo estos huesos hechos a las penas
y a las cavilaciones estas sienes:
pena que vas, cavilación que vienes
como el mar de la playa a las arenas.

Como el mar de la playa a las arenas,
voy en este naufragio de vaivenes
por una noche oscura de sartenes
redondas, pobres, tristes y morenas.

Nadie me salvará de este naufragio
si no es tu amor, la tabla que procuro,
si no es tu voz, el norte que pretendo.

Eludiendo por eso el mal presagio
de que ni en ti siquiera habré seguro,
voy entre pena y pena sonriendo.

————

*T*e me mueres de casta y de sencilla:
estoy convicto, amor, estoy confeso
de que, raptor intrépido de un beso,
yo te libé la flor de la mejilla.

Yo te libé la flor de la mejilla,
y desde aquella gloria, aquel suceso,
tu mejilla, de escrúpulo y de peso,
se te cae deshojada y amarilla.

El fantasma del beso delincuente
el pómulo te tiene perseguido,
cada vez más patente, negro y grande.

Y sin dormir estás, celosamente,
vigilando mi boca ¡con qué cuido!
para que no se vicie y se desmande.

———

*F*atiga tanto andar sobre la arena
descorazonadora de un desierto,
tanto vivir en la ciudad de un puerto
si el corazón de barcos no se llena.

Angustia tanto el son de la sirena.
Oído siempre en un anclado huerto,
tanto la campanada por el muerto
que en el otoño y en la sangre suena,

que un dulce tiburón, que una manada
de inofensivos cuernos recentales,
habitándome días, meses y años,

ilustran mi garganta y mi mirada
de sollozos de todos los metales
y de fieras de todos los tamaños.

SARA DE IBÁÑEZ

Nace en Montevideo (Uruguay) en 1910;
muere en Montevideo en 1971

[...] Quisiera abrir mis venas bajos los durazneros,
en aquel distraído verano de mi boca.
Quisiera abrir mis venas para buscar tus rastros,
lenta rueda comida por agrias amapolas.

Yo te ignoraba fina colmena vigilante.
Río de mariposas naciendo en mi cintura.
Y apartaba las yemas, el temblor de los álamos,
y el viento que venía con máscara de uvas.

Yo no quise borrarme cuando no te miraba
pero me sostenías, fresca mano de olivo.
Estrella navegante no pude ver tu borda
pero me atravesaste como a un mar distraído.

Ahora te descubro, tan herido extranjero,
paraíso cortado, esfera de mi sangre.
Una hierba de hierro me atraviesa la cara...
Sólo ahora mis ojos desheredados se abren.

Ahora que no puedo derruir tu frontera
debajo de mi frente, detrás de mis palabras.
Tocar mi vieja sombra poblada de azahares,
mi ciego corazón perdido en la manzana. [...]

LUIS ROSALES

Nace en Granada en 1910;
muere en Madrid en 1992

La casa encendida

(Fragmento)

Y ahora vamos a hablar,
    ahora ya estamos juntos, ayeridos y ciegos,
porque lo junto nos va haciendo hombres;
ahora ya estamos sombreados
como un camino de alas choperas por la muerte;
juntos como un camino,
juntos, ciegos y dentro los unos de los otros
como un poco de mar que se reúne,
que se ha reunido, al fin, y que se besa entero
con un beso agotado y repentino
que deshoja sus labios,
que deshoja sus olas una a una;
y estáis conmigo al fin, y os estoy viendo
esperar, como siempre.

            —*«¿Y quién te cuida, Luis?»*

y veo que estás sentada,
devolviendo a tu cuerpo aquel cansancio
de madre con sus hijos y sus olas,
de madre hacia su infancia,
de madre hacia el bautismo que recrea con cada nuevo hijo
y él apoya las manos en tus hombros,
tras el respaldo de la silla,
como el río que va siguiendo su ribera;
y puede ser que yo sea niño,
y tu voz y tus ojos me aíslan,
me miran y me vuelven a mirar
llorando para verme encristalado...
y es tan fácil morir,
y es tan fácil seguir a pie descalzo y para siempre,

ese gesto que tienes todavía.
ese gesto que nunca he de olvidar,
ese gesto donde alguien pierde pie,
donde alguien busca,
donde alguien va buscando sus mismos ojos en el aire,
los mismos ojos suyos que se le quedan ciegos,
y se le van rompiendo interiormente
mientras sueña alcanzarlos algún día.

CON VUESTRA VUELTA SE HA ORDENADO TODO
y ahora, junto a vosotros, están los libros en las estanterías
y el vino, los hermanos y las horas,
y el abejorro silabeante que reunía entre sus alas nuestros labios
                                                    [de niño,
y luego vendrán Pedro y Primitivo, con Leopoldo, Dionisio y Alfonso,
y el buen callar que llaman Dámaso,
y Enrique,
para deciros que hicisteis bien,
para deciros que todo vuelve y nada se repite,
y Luis Cristóbal que ha crecido callando,
que ha crecido en mi vida
como se clava una bisagra en la puerta para evitar que se
                                          [desquicie,
y ¿quién te cuida, Luis?
y volverán de nuevo la pobreza decidida y las sábanas
en donde, alguna vez, me he amortajado con Cervantes,
y María que entra en la habitación
para poner sobre la mesa una jarra con lirios púlpitos y frágiles;
y tal vez se repita este instante en que al llevar la mano
                              [a la mejilla he tocado mis huesos,
y me parece que siempre están dispuestos, disponibles,
                                          [definidores,
y tal vez todo cicatrice, algún día, como la herida cierra sus
                                          [bordes,
y tal vez todo se reúna
porque la muerte no interrumpe nada.

«TU PRIMER CORAZÓN QUIETO SE ENFRÍA»,
y ahora vamos a hablar, ¿sabéis?, vamos a hablar
mientras recuerdo madre,

madre, mientras recuerdo
que hemos vivido el mismo corazón durante largos meses,
que yo he vivido de ti misma durante nueve meses,
que yo...
que tú lo sabes,
he vivido doliéndote,
doliendo para ti durante largos meses
en que tú me escuchabas porque entonces dolía,
porque hablaba doliéndote
durante largos meses,
porque decía doliéndote mi nombre,
y era un latido escrito y una sangre con prisa entre tu sangre
durante varios meses
durante todo el tiempo que es necesario hablar,
durante todo el tiempo que aún estamos hablando,
que aún estamos doliendo en algún sitio
que Dios debe tener;
                                porque tú sabes bien,
tú sí lo sabes, tú siempre lo supiste,
que eres tú quien me cuida,
que eres tú quien me sigue cuidando,
que es tu paso quien suena en mis latidos,
que yo he dolido mucho para lograr vivir,
que yo he seguido consumiéndote,
que yo he querido seguir haciendo desde entonces, aquel viaje de
            [la sangre que, vuelve a circular entre dos corazones,
dentro de un mismo cuerpo;
que yo sigo doliendo todavía
allá en el centro de tu vientre, allá en el fruto de tu vientre,
y encendiéndome en él,
y ardiendo de tu carne, de tu habilitación y de tu sangre. [...]

Y AHORA VAMOS A HABLAR, ¿SABÉIS?, VAMOS A HABLAR,
como si hubiera empezado el deshielo
y ya estuviese circulando la misma sangre en nuestros corazones,
y todo principiase, como sube a los pechos de la madre la leche
                                [cuando la boca la solicita,
y todo hubiese ya empezado en un lugar distante,
en un lugar, sin minuciosidades, que Dios debe tener ya preparado
                                [para nosotros,

con un salón de costura y un despacho y unas estanterías con
[libros y con cuadros,
en un lugar en donde el tiempo se ha convertido, de repente, en la
[palabra ahora,
esta palabra misma:

    ahora,

que ayer era un latido perdiéndose en la lluvia,
y hoy ya junto a vosotros, crece y se agranda hasta borrar el mundo,
porque empieza el deshielo,
porque empieza el deshielo y yo he llegado a tener la estatura de
[una gota de agua,
porque soy como un niño que despierta en un túnel,
y jamás he sentido la plenitud que estoy sintiendo en este
[instante,
la plenitud que no puede acabar si no es conmigo,
la plenitud que estoy besando en vuestras manos,
que estoy hablando en vuestras manos,
que estoy viviendo *junta*

                porque ahora,
vamos a hablar, ¿sabéis?, ¡vamos a hablar!,
hasta que puedan conocerse todos los hombres que han pisado la
[tierra
hasta que nadie viva con los ojos cerrados,
hasta que nadie duerma.

V

SIEMPRE MAÑANA Y NUNCA MAÑANAMOS

AL DÍA SIGUIENTE,
—hoy—
al llegar a mi casa —Altamirano, 34— era de noche,
y ¿quién te cuida?, dime; no llovía;
el cielo estaba limpio;
—«Buenas noches, don Luis» —dice el sereno,
y al mirar hacia arriba,
vi iluminadas, obradoras, radiantes, estelares,
las ventanas,
—sí, todas las ventanas—,
Gracias, Señor, la casa está encendida.

GABRIEL CELAYA

Nace en Hernani (Vizcaya) en 1911;
muere en Madrid en 1991

Tú por mí

Si mi pequeño corazón supiera
   algo de lo que soy;
si no fuera, perdido, por los limbos, cantando
otro ser, otra voz,
¡ay, sabría qué me duele!,
¡ay, sabría lo que busco!,
sabría tu nombre, amor.
Sería todo mío, todo tuyo, y unidos,
diría yo lo que quieres,
dirías tú quién soy yo.

DIONISIO RIDRUEJO

Nace en Burgo de Osma (Soria) en 1912;
muere en Madrid en 1975

Cómo mana tu savia ardiente...

*N*os junta el resplandor en esta hoguera
que tu alabastro transparenta y dora,
y en lenguas alegrísimas devora
una viña de muerta primavera.

Astros de velocísima carrera
resbalan en tus ojos, y me explora
todo tu ser en ascua tentadora,
el corazón que consumido espera.

Amada sin secreto, tan cercana,
veo íntima y abierta, en un ocaso
que hace el sol en ti misma, cómo mana

tu savia ardiente bajo limpio raso;
y hago sarmiento de mi amor, que gana
oro para la sed en que me abraso.

JOSÉ LEZAMA LIMA

Nace en La Habana (Cuba) en 1910;
muere en La Habana en 1976

Ah, que tú escapes

Ah, que tú escapes en el instante
en el que ya habías alcanzado tu definición mejor.
Ah, mi amiga, que tú no querías creer
las preguntas de esa estrella recién cortada,
que va mojando sus puntas en otra estrella enemiga.
Ah, si pudiera ser cierto que a la hora del baño,
cuando en una misma agua discursiva
se bañan el inmóvil paisaje y los animales más finos:
antílopes, serpientes de pasos breves, de pasos evaporados,
parecen entre sueños, sin ansias levantar
los más extensos cabellos y el agua más recordada.
Ah, mi amiga, si en el puro mármol de los adioses
hubieras dejado la estatua que nos podía acompañar,
pues el viento, el viento gracioso,
se extiende como un gato para dejarse definir.

PABLO ANTONIO CUADRA

Nace en Managua (Nicaragua) en 1912

La noche es una mujer desconocida

*P*reguntó la muchacha al forastero:
    —¿Por qué no pasas? En mi hogar
está encendido el fuego.

Contestó el peregrino: —Soy poeta,
sólo deseo conocer la noche.

Ella, entonces, echó cenizas sobre el fuego
y aproximó en la sombra su voz al forastero:
—¡Tócame! —dijo—. ¡Conocerás la noche!

EDUARDO CARRANZA

Nace en Apiaya (Colombia) en 1913;
muere en Bogotá en 1985

Azul de ti

*P*ensar en ti es azul, como ir vagando
   por un bosque dorado al mediodía:
nacen jardines en el habla mía
y con mis nubes por tus sueños ando.

Nos une y nos separa un aire blando,
una distancia de melancolía;
yo alzo los brazos de mi poesía,
azul de ti, dolido y esperando.

Es como un horizonte de violines
o un tibio sufrimiento de jazmines
pensar en ti, de azul temperamento.

El mundo se me vuelve cristalino,
y te miro, entre lámpara de trino,
azul domingo de mi pensamiento.

JOSÉ GARCÍA NIETO

Nace en Oviedo en 1914

¿Estoy despierto? Dime. Tú que sabes
cómo hiere la luz, cómo la vida
se abre bajo la rosa estremecida
de la mano de Dios y con qué llaves,

dime si estoy despierto, si las aves
que ahora pasan son cifra de tu huida,
si aún en mi corazón, isla perdida,
hay un lugar para acercar tus naves.

Ángel mío, tesón de la cadena,
tibia huella de Dios, reciente arena
donde mi cuerpo de hombre se asegura,

dime si estoy soñando cuanto veo,
si es la muerte la espalda del deseo,
si es en ti donde empieza la hermosura.

El Hacedor

Entra en la playa de oro el mar y llena
la cárcava que un hombre antes, tendido,
hizo con su sosiego. El mar se ha ido
y se ha quedado, niño, entre la arena.

Así es este eslabón de tu cadena
que, como el mar, me has dado. Y te has partido
luego, Señor. Mi huella te ha servido
para darle ocasión a la azucena.

Miro el agua. Me copia, me recuerda.
No me dejes, Señor, que no me pierda,
que no me sienta Dios, y a Ti lejano...

507

Fuimos hombre y mujer, pena con pena,
eterno barro, arena contra arena,
y solo Tú la poderosa mano.

Gracias, Señor...

*G*racias, Señor, porque estás
todavía en mi palabra;
porque debajo de todos
mis puentes pasan tus aguas.

Piedra te doy, labios duros,
pobre tierra acumulada
que tus luminosas lenguas
incesantemente aclaran.

Te miro; me miro. Hablo;
te oigo. Busco; me aguardas.

Me vas gastando, gastando.
Con tanto amor me adelgazas
que no siento que a la muerte
me acercas...
Y sueño...
Y pasas...

NICANOR PARRA

Nace en San Fabián de Alico (Chile) en 1914

Solo

Poco
    a
      poco
        me
          fui
            quedando
               solo
Imperceptiblemente:
Poco
    a
      poco

Triste es la situación
Del que gozó de buena compañía
Y la perdió por un motivo u otro.

No me quejo de nada: tuve todo
Pero
    sin
      darme
        cuenta
Como un árbol que pierde una a una sus hojas
Fuime
    quedando
        solo
          poco
            a
              poco.

JUAN EDUARDO CIRLOT

Nace en Barcelona en 1916;
muere en Barcelona en 1973

Momento

M i cuerpo se pasea por una habitación llena de libros y de
espadas y con dos cruces góticas;
sobre mi mesa están *Art of the European Iron Age* y *The Age of
Plantagenets and Valois*, aparte de un resumen de la *Ars Magna*
de Lulio.

Las fotografías de Bronwyn están en sus carpetas, como tantas
otras cosas que guardo (versos, ideas, citas, fotos).

Si ahora fuera a morir, en esta tarde (son las 6) de finales de mayo
de 1971, y lo supiera de antemano,
no me conmovería mucho, ni siquiera a causa del poema «La
Quête de Bronwyn» que está en imprenta.

En rigor, no creo en la «otra vida», ni en la reencarnación, ni tengo
la dicha (menos aún) de creer
que se puede renacer hacia atrás, por ejemplo, en el siglo XI.

Sé que me espera la nada, y como la nada es inexperimentable,
me espera algo no sé dónde ni cómo,
posiblemente ser en cualquier existente como ahora soy en Juan
Eduardo Cirlot.

Mi cuerpo me estorbaría y desearía la muerte —¡ah, cómo la
desearía!— si pudiera
creer en que el alma es algo en sí que se puede alejar
e ir hacia los bosques estelares donde el triángulo invertido de los
ojos y boca de Rosemary Forsyth
me lanzaría de nuevo a la tierra de los hombres, porque en esta
vida no he sabido o no he podido
trascender la condición humana, y el amor ha sido mi elemento,
aunque fuese un amor hecho de nada, para la nada y donde
nunca.

Estoy oyendo *Khamma* de Debussy, que, sin ser uno de mis
músicos favoritos (éstos son Scriabin, Schönberg y otros)
no deja de ayudarme cuando estoy triste, que es casi siempre.
Mi tristeza proviene de que me acuerdo demasiado de Roma y de
mis campañas con Lúculo, Pompeyo o Sila,
y de que recuerdo también el brillo dorado de mis mallas doradas
en los tiempos románicos,
y proviene de que nunca pude encontrar a Bronwyn cuando,
entonces, en el siglo XI,
regresé de la capital de Brabante y fui a Frisia en su busca.
Pero, pensándolo bien, mi tristeza es anterior a todo esto, pues
cuando fui en Egipto vendedor de caballos, ya era un hombre
conocido por «el triste».

Y es que el ángel, en mí, siempre está a punto de rasgar el velo del
cuerpo,
y el ángel que no se rebeló y luchó contra Lucifer, pero más tarde
cedió a las hijas de los hombres y se hizo hombre,
ese ángel es el peor de los dragones.

CAMILO JOSÉ CELA

Nace en Iria Flavia (La Coruña) en 1916

Toisha V

*A*hora que ya tus ojos son como sal, y fértil
Tu inmensa boca es un volcán difunto.

Ahora que ya los lobos y las piedras,
Tus vestidos pegados cual olvidadas vendas

Y este atroz mineral que extraje de tu pecho,
Son reliquias tan ciertas como antiguos abrazos.

Ahora que tus axilas pueblan de olor el mundo
Donde yo con mi piel de viudo te presiento.

Ahora que tus zapatos, tus sostenes, tu lápiz de los labios,
No me dan más que frío al encontrarlos.

Ahora que ya no puedo dormir donde has dormido
Porque mis ojos lloran azufre y yodo ardiendo.

Ahora que ya no puedo ver tu talla desnuda
Porque alambres al rojo se clavan en mi sexo.

Ahora que, los domingos, salgo sin rumbo, inmóvil.
Y que tranvías, yeguas, las moradas mujeres ni el consuelo,
Han de torcer mi ruta de novio eternamente.

Ahora que ya conozco lo bastante a los hombres,
Para que no me fíe ni de mi pena misma.

Ahora que los difuntos, en montones austeros,
Son incapaces de hacerme verter lágrimas
Porque mis ojos son de cristal y aluminio.

Ahora que ya me olvido de qué es dormir tranquilo,
E imbéciles amigos pueblan mi soledad de compasiones que no
[quiero.

Ahora que mis dos manos son totalmente inútiles
Porque en clavos con óxido sólo encuentran tu cuerpo.

Ahora que ya mi boca pudiera cerrarse eternamente,
Porque tus salobres ingles, tus sustanciosos huesos,
Ya ni me pertenecen.

Ahora que ni cuchillos, ni pistolas, ni ojos envenenados,
Me hacen temblar de miedo, porque un solo veneno
Es quien late en mis pulsos.

II

Ahora, ahora mismo,

En este instante idéntico a niña embarazada,
En este instante mismo en que la sangre se agolpa por mis sienes.

En este instante, oh muerta!, en que navajas, tréboles,
O espartos moribundos dan sabor a tu boca,

En que huracanes trémulos, musgos recién nacidos,
O gusanos sin boca son dueños de tus senos,

En que la tierra inmensa te ahoga por la garganta
Por un instante no mayor que un beso,

En que lágrimas huecas o mechones de pelo perfectamente inútiles

No son lo que yo quiero: que es tu presencia misma,

Que es tu carne dorada donde yo me dormía,
Que son tus piernas tibias, tus muslos abarcados,

Tus fecundas caderas donde yo cabalgaba
Como un verano, hasta que te rendías,

514

Tus fortísimos brazos con que, toda desnuda,
Me levantabas sobre tu cabeza...

En este instante en que un dolor inmenso
Es incapaz de hacerme mover un solo dedo,

Yo te prometo, oh dulce esposa mía asesinada,
Oh madrecita sin haber parido, oh muerta,

Colgar tu atroz recuerdo cada noche de un pelo,
Y que desiertos de tinieblas moradas

O amargas noches de insomnio y sobresalto
Sean incapaces de ahogarme como a un niño.

Catorce versos en el cumpleaños de una mujer

*(Poemilla ínfimo y azorado, tenue, orgulloso y levemente soberbio,
que debe leerse en cueros y con mucha parsimonia)*

*C*uando mi corazón empezó a nadar en el caudaloso río de la
        [alegría de las más limpias herraduras de agua
Y descubrí que en el alma de la mujer subyacen cinco estaciones
        [de grácil silueta
Oí silbar al ruiseñor del camposanto de la aldea y ahuyenté de mi
        [piel los malos pensamientos
Aparté de mí los torvos presagios de la debilidad la enfermedad el
hambre la guerra la miseria y los vacíos de la conciencia.
Empecé a oler tímidamente el gimnástico aire de la belleza que
        [duerme contigo
Y volé tan alto que perdí de vista el aire de los invernaderos el
agua quieta de las acequias y el fuego purificador también la
arcillosa y pedregosa tierra que piso y en la que seré olvidado por
        [tu mano

Te amo lleno de esperanza
Tu vida es aún muy breve para acariciar la esperanza
Y hoy cumples años quizá excesivos
Hoy cumples mil años
Quisiera bailar en un local cerrado con la muerte coronada de
      [esmeraldas y rubíes yo coronado de musgo y hongos y alfileres

Para proclamar en el reino de las más solitarias ballenas
Mi dulce sueño con estas sobrecogidas palabras
Pregono en voz alta el espanto que me produce la felicidad.

Poema en forma de mujer que dicen temeroso, matutino, inútil

E se amor que cada mañana canta
y silba, temeroso, matutino, inútil
(también silba)
bajo las húmedas tejas de los más solitarios corazones
—¡Ave María Purísima!—

y rosas son, o escudos, o pajaritas recién paridas,
te aseguro que escupe, amoroso
(también escupe)
en ese pozo en el que la mirada se sobresalta.
Sabes por donde voy:

tan temeroso,
tan tarde ya
(también tan sin objeto).
Y amargas o semiamargas voces que todos oyen
llenos de sentimiento,

no han de ser suficientes para convertirme en ese dichoso
caracol al que renuncio
(también atentamente).
Un ojo por insignia,
un torpe labio,

y ese pez que navega nuestra sangre.
Los signos del oprobio nacen dulces
(también llenos de luz)
y gentiles.
Eran
—me horroriza decirlo—
muchos los años que volqué en la mar
(también, como las venas de tu garganta, teñida de un tímido
[color).

Eran
—¿por qué me lo preguntas?—

dos las delgadas piernas que devoré.
Quisiera peinar fecundos ríos en la barba
(también acariciarlos)
e inmensas cataratas de lágrimas
sin sosiego,

desearía, lleno de ardor, acunar allí mismo donde nadie se atreve a
levantar la vista.
Un muerto es un concreto
(también se ríe)
pensamiento que hace señas al aire.
La mariposa,

aquella mariposa ruin que se nutría de las más privadas
sensaciones,
vuela y revuela sobre los altos campanarios
(también los hollados campanarios)
aún sin saber,
como no sabe nadie,

que ese amor que cada día grita
y gime, temeroso, matutino, inútil
(también gime)
bajo las tibias tejas de los corazones,
es un amor digno de toda lástima.

GASTÓN BAQUERO

Nace en Banes (Cuba) en 1918;
muere en Madrid en 1997

El viajero

*L*a Barcarola de *Los Cuentos de Hoffmann*:
sólo esta melodía quedó en la memoria del viajero
cuando echó a andar sin más finalidad que sacudirse
el tedio de estar vivo.

Luego de recorrido paso a paso
el gran bosque de ciervos que va de Alaska a Punta del Este,
con su bastón de fibra
y con el gran sombrero tejido a ciegas por indios
de dedos iluminados por rayos puros de luna bajo el río,
decidió concentrar su viaje sobre castillos y bellas estatuas,

y emprendió, así, la última etapa de su peregrinar,
que consistía, y consiste todavía —porque el viajero
ni ha terminado de andar, ni conoce el cansancio o el sueño—
en ir y volver a pie, incesantemente,
desde Lisboa hasta Varsovia, y desde Varsovia hasta Lisboa,
silbando la Barcarola de *Los Cuentos de Hoffmann*.

Si alguien le pregunta, él, sin dejar de andar, explica:
«Silbar en la oscuridad para vencer el miedo es lo que nos queda.
No creáis que me haya dejado, jamás, distraer por la apariencia
de la luz: desde pequeño supe que la luz no existe, que es
tan sólo uno de los disfraces de las tinieblas,
porque sólo hay tinieblas para el hombre. Silbo en la oscuridad
a ver si de alguna parte acude un perro a socorrerme:
el perro que la Virgen dejaba como guardián de su hijo
cuando ella se iba a su menester de cantante en el coro
de la sinagoga, para alabar a Abraham, a David, a Salomón,
y a todos sus hieráticos parientes de barbas taheñas
y crótalos de marfil, y balidos de corderos sacrificados
cuando la luna se ofrece como arco para enviarle
saetas al corazón del Creador: inútil todo, inútil».

Y el viajero seguía murmurando para sí:
«Lleno de miedo pero abroquelado en el castillo
de escucharme silbar, compruebo todos los días
que es sólo noche cerrada e irrompible lo que nos rodea;
percibo el desdén de la Creación por nosotros, la orfandad del
[planeta
en la siniestra llanura del universo, la soledad
absoluta de este puntito de polvo que tan importante creemos,
pero que es apenas el sucio corpúsculo de mugre
que revuela en la habitación cuando el señorito
se mira al espejo, ciñe su corbata, y displicentemente
sacude con la punta de los dedos
ese poquito de polvo que no sabemos cómo ha llegado hasta allí,
ni qué hace en el medio de su impecable traje.

»Voy desde Lisboa a Varsovia,
me apiado otra vez
de la pavorosa soledad de
la tierra en el Cosmos,
acaricio su rostro para aliviarle, quizá, su eterna pena,
y vuelvo desde Varsovia hasta Lisboa, silbando
muy suavemente la Barcarola,
la Barcarola de *Los Cuentos de Hoffmann* del Tuerto de
Offenbach,
una melodía tan tonta e inútil
como el nacimiento de un niño, o como
el descender de un cadáver al castillo iluminado finalmente».

BLAS DE OTERO

Nace en Bilbao en 1916;
muere en Madrid en 1979

Un relámpago apenas

*B*esas como si fueses a comerme.
   Besas besos de mar, a dentelladas.
Las manos en mis sienes y abismadas
nuestras miradas. Yo, sin lucha, inerme,

me declaro vencido, si vencerme
es ver en ti mis manos maniatadas.
Besas besos de Dios. A bocanadas
bebes mi vida. Sorbes. Sin dolerme,

tiras de mi raíz, subes mi muerte
a flor de labio. Y luego, mimadora,
la brizas y la rozas con tu beso.

Oh Dios, oh Dios, oh Dios, si para verte
bastara un beso, un beso que se llora
después, porque, ¡oh, por qué!, no basta eso.

Cuerpo de la mujer

... Tántalo en fugitiva fuente de oro.
QUEVEDO

*C*uerpo de la mujer, río de oro
   donde, hundidos los brazos, recibimos
un relámpago azul, unos racimos
de luz rasgada en un frondor de oro.

Cuerpo de la mujer o mar de oro
donde, amando las manos, no sabemos
si los senos son olas, si son remos
los brazos, si son alas solas de oro...

521

Cuerpo de la mujer, fuente de llanto
donde, después de tanta luz, de tanto
tacto sutil, de Tántalo es la pena.

Suena la soledad de Dios. Sentimos
la soledad de dos. Y una cadena
que no suena, ancla en Dios almas y limos.

———————

Luchando, cuerpo a cuerpo, con la muerte,
al borde del abismo, estoy clamando
a Dios. Y su silencio, retumbando,
ahoga mi voz en el vacío inerte.

Oh Dios. Si he de morir, quiero tenerte
despierto. Y, noche a noche, no sé cuándo
oirás mi voz. Oh Dios. Estoy hablando
solo. Arañando sombras para verte.

Alzo la mano, y tú me la cercenas.
Abro los ojos: me los sajas vivos.
Sed tengo, y sal se vuelven tus arenas.

Esto es ser hombre: horror a manos llenas.
Ser —y no ser— eternos, fugitivos.
¡Ángel con grandes alas de cadenas!

RAFAEL MORALES

Nace en Talavera de la Reina (Toledo) en 1919

El toro

*E*s la negra cabeza negra pena,
   que en dos furias se encuentra rematada,
donde suena un rumor de sangre airada
y hay un oscuro llanto que no suena.

En su piel poderosa se serena
su tormentosa fuerza enamorada
que en los amantes huesos va encerrada
para tronar volando por la arena.

Encerrada en la sorda calavera,
la tempestad se agita enfebrecida,
hecha pasión que al músculo no altera:

es un ala tenaz y enardecida,
es un ansia cercada, prisionera,
por las astas buscando la salida.

A un esqueleto de muchacha

(Homenaje a Lope de Vega)

*E*n esta frente, Dios, en esta frente
   hubo un clamor de sangre rumorosa,
y aquí, en esta oquedad, se abrió la rosa
de una fugaz mejilla adolescente.

Aquí el pecho sutil dio su naciente
gracia de flor incierta y venturosa,
y aquí surgió la mano, deliciosa
primicia de este brazo inexistente.

Aquí el cuello de garza sostenía
la alada soledad de la cabeza,
y aquí el cabello undoso se vertía.

Y aquí, en redonda y cálida pereza,
el cauce de la pierna se extendía
para hallar por el pie la ligereza.

JOSÉ HIERRO

Nace en Madrid en 1922

Lope. La noche. Marta

*H*e abierto la ventana. Entra sin hacer ruido
(afuera deja sus constelaciones).
«Buenas noches, Noche.»
Pasa las páginas de sombra
en las que todo está ya escrito.
Viene a pedirme cuentas.

«Salí al rayar el alba —digo—.
Lamía el sol las paredes leprosas.
Olía a vino, a miel, a jara»
(Deslumbrada por tanta claridad
ha entornado los ojos).
La llevan mis palabras por calles, ascuas, no lo sé:
oye la plata de las campanadas.
Ante la puerta de la iglesia
me callo, me detengo —entraría conmigo
si yo no me callase, si no me detuviera—;
yo sé bien lo que quiere la Noche;
lo de todas las noches;
si no, por qué habría venido.

Ya mi memoria no es lo que era. En la misa del alba
no dije *Agnus Dei qui tollis peccata mundi*,
sino que dije *Marta Dei* (ella es también cordero de Dios
que quita mis pecados del mundo).
La Noche no podría comprenderlo,
y qué decirle, y cómo, para que lo entendiese.

No me pregunta nada la Noche,
no me pregunta nada. Ella lo sabe todo
antes que yo lo diga, antes que yo lo sepa.
Ella ha oído esos versos

que se escupen de boca en boca, versos
de un malaleche del Andalucía
—al que otro malaleche de solar montañés
llamara «capellán del rey de bastos»—
en los que se hace mofa de mí y de Marta,
amor mío, resumen de todos mis amores:

>*Dicho me han por una carta*
>*que es tu cómica persona*
>*sobre los manteles, mona*
>*y entre las sábanas, Marta.*

qué sabrá ese tahúr, ese amargado
lo que es amor. [...]

Hasta mañana, Noche.
Tengo que dar la cena a Marta,
asearla, peinarla (ella no vive ya en el mundo nuestro),
cuidar que no alborote mis papeles,
que no apuñale las paredes con mis plumas
—mis bien cortadas plumas—,
tengo que confesarla. «Padre, vivo en pecado»
(no sabe que el pecado es de los dos),
y dirá luego: «Lope, quiero morirme»
(y qué sucedería si yo muriese antes que ella).
Ego te absolvo.

Y luego, sosegada, le contaré, para dormirla,
aventuras de olas, de galeones, de arcabuces, de rumbos marinos,
de lugares vividos y soñados: de lo que fue
y que no fue y que pudo ser mi vida.

Abre tus ojos verdes, Marta, que quiero oír el mar.

Para un esteta

*T*ú que hueles la flor de la bella palabra
acaso no comprendas las mías sin aroma.
Tú que buscas el agua que corre transparente
no has de beber mis aguas rojas.

Tú que sigues el vuelo de la belleza, acaso
nunca jamás pensaste cómo la muerte ronda
ni cómo vida y muerte —agua y fuego— hermanadas
van socavando nuestra roca.

Perfección de la vida que nos talla y dispone
para la perfección de la muerte remota.
Y lo demás, palabras, palabras y palabras,
¡ay, palabras maravillosas!

Tú que bebes el vino en la copa de plata
no sabes el camino de la fuente que brota
en la piedra. No sacias tu sed en su agua pura
con tus dos manos como copa.

Lo has olvidado todo porque lo sabes todo.
Te crees dueño, no hermano menor de cuanto nombras.
Y olvidas las raíces («Mi Obra», dices), olvidas
que vida y muerte son tu obra.

No has venido a la tierra a poner diques y orden
en el maravilloso desorden de las cosas.
Has venido a nombrarlas, a comulgar con ellas
sin alzar vallas a su gloria.

Nada te pertenece. Todo es afluente, arroyo.
Sus aguas en tu cauce temporal desembocan.
Y hechos un solo río os vertéis en el mar
«que es el morir» dicen las coplas.

No has venido a poner orden, dique. Has venido
a hacer moler la muela con tu agua transitoria.
Tu fin no está en ti mismo («Mi Obra», dices), olvidas
que vida y muerte son tu obra.

Y que el cantar que hoy cantas será apagado un día
por la música de otras olas.

Réquiem

Manuel del Río, natural
de España, ha fallecido el sábado
11 de mayo, a consecuencia
de un accidente. Su cadáver
está tendido en D'Agostino
Funeral Home. Haskell. New Jersey.
Se dirá una misa cantada
a las 9.30, en St. Francis.

Es una historia que comienza
con sol y piedra, y que termina
sobre una mesa, en D'Agostino,
con flores y cirios eléctricos.
Es una historia que comienza
en una orilla del Atlántico.
Continúa en un camarote
de tercera, sobre las olas
—sobre las nubes— de las tierras
sumergidas ante Platón.
Halla en América su término
con una grúa y una clínica,
con una esquela y una misa
cantada, en la iglesia St. Francis.

Al fin y al cabo, cualquier sitio
da lo mismo para morir:
el que se aroma de romero,
el tallado en piedra, o en nieve,
el empapado de petróleo.
Da lo mismo que un cuerpo se haga
piedra, petróleo, nieve, aroma.
Lo doloroso no es morir
acá o allá...
                    Requiem aeternam,
Manuel del Río. Sobre el mármol
en D'Agostino, pastan toros
de España, Manuel, y las flores
(funeral de segunda, caja

que huele a abetos del invierno),
cuarenta dólares. Y han puesto
unas flores artificiales
entre las otras que arrancaron
al jardín... *Libera me Domine*
de morte aeterna... Cuando mueran
James o Jacob verán las flores
que pagaron Giulio o Manuel...

Ahora descienden a tus cumbres
garras de águila. *Dies irae*.
Lo doloroso no es morir
Dies illa acá o allá,
sino sin gloria...
                            Tus abuelos
fecundaron la tierra toda,
la empapaban de la aventura.
Cuando caía un español
se mutilaba el universo.
Los velaban no en D'Agostino
Funeral Home, sino entre hogueras,
entre caballos y armas. Héroes
para siempre. Estatuas de rostro
borrado. Vestidos aún
sus colores de papagayo,
de poder y de fantasía.

Él no ha caído así. No ha muerto
por ninguna locura hermosa.
(Hace mucho que el español
muere de anónimo y cordura,
o en locuras desgarradoras
entre hermanos: cuando acuchilla
pellejos de vino, derrama
sangre fraterna.) Vino un día
porque su tierra es pobre. El mundo
Libera me Domine es patria.
Y ha muerto. No fundó ciudades.
No dio su nombre a un mar. No hizo

más que morir por diecisiete
dólares (él los pensaría
en pesetas). *Requiem aeternam.*
Y en D'Agostino lo visitan
los polacos, los irlandeses,
los españoles, los que mueren
en el *week-end*.

            Requiem aeternam.
Definitivamente todo
ha terminado. Su cadáver
está tendido en D'Agostino
Funeral Home. Haskell. New Jersey.
Se dirá una misa cantada
por su alma.

            Me he limitado
a reflejar aquí una esquela
de un periódico de New York.
Objetivamente. Sin vuelo
en el verso. Objetivamente.
Un español como millones
de españoles. No he dicho a nadie
que estuve a punto de llorar.

Las nubes

*I*nútilmente interrogas.
Tus ojos miran al cielo.
Buscas, detrás de las nubes,
huellas que se llevó el viento.

Buscas las manos calientes,
los rostros de los que fueron,
el círculo donde yerran
tocando sus instrumentos.

Nubes que eran ritmo, canto
sin final y sin comienzo,

campanas de espumas pálidas
volteando su secreto,

palmas de mármol, criaturas
girando al compás del tiempo,
imitándole a la vida
su perpetuo movimiento.

Inútilmente interrogas
desde tus párpados ciegos.
¿Qué haces mirando a las nubes,
José Hierro?

Así era

C anta, me dices. Y yo canto.
¿Cómo callar? Mi boca es tuya.
Rompo contento mis amarras,
dejo que el mundo se me funda.
Sueña, me dices. Y yo sueño.
¡Ojalá no soñara nunca!
No recordarte, no mirarte,
no nadar por aguas profundas,
no saltar los puentes del tiempo
hacia un pasado que me abruma,
no desgarrar ya más mi carne
por los zarzales, en tu busca.

Canta, me dices. Yo te canto
a ti, dormida, fresca y única,
con tus ciudades en racimos,
como palomas sucias,
como gaviotas perezosas
que hacen sus nidos en la lluvia,
con nuestros cuerpos que a ti vuelven
como a una madre verde y húmeda.

Eras de vientos y de otoños,
eras de agrio sabor a frutas,
eras de playas y de nieblas,

de mar reposando en la bruma,
de campos y albas ciudades,
con un gran corazón de música.

Paseo

*S*in ternuras, que entre nosotros
sin ternuras nos entendemos.
Sin hablarnos, que las palabras
nos desaroman el secreto.
¡Tantas cosas nos hemos dicho
cuando no era posible vernos!
¡Tantas cosas vulgares, tantas
cosas prosaicas, tantos ecos
desvanecidos en los años,
en la oscura entraña del tiempo!
Son esas fábulas lejanas
en las que ahora no creemos.

Es octubre. Anochece. Un banco
solitario. Desde él te veo
eternamente joven, mientras
nosotros nos vamos muriendo.
Mil novecientos treinta y ocho.
La Magdalena. Soles. Sueños.
Mil novecientos treinta y nueve,
¡comenzar a vivir de nuevo!
Y luego ya toda la vida.
Y los años que no veremos.

Y esta gente que va a sus casas,
a sus trabajos, a sus sueños.
Y amigos nuestros muy queridos,
que no entrarán en el invierno.
Y todo ahogándonos, borrándonos
Y todo hiriéndonos, rompiéndonos.

Así te he visto: sin ternuras,
que sin ellas nos entendemos.
Pensando en ti como no eres,
como tan solo yo te veo.
Intermedio prosaico para
soñar una tarde de invierno.

Vida

Después de todo, todo ha sido nada,
a pesar de que un día lo fue todo.
Después de nada, o después de todo
supe que todo no era más que nada.

Grito «¡Todo!», y el eco dice «¡Nada!»
Grito «¡Nada!», y el eco dice «¡Todo!»
Ahora sé que la nada lo era todo,
y todo era ceniza de la nada.

No queda nada de lo que fue nada.
(Era ilusión lo que creía todo
y que, en definitiva, era la nada.)

Qué más da que la nada fuera nada
si más nada será, después de todo,
después de tanto todo para nada.

ALFONSO CANALES

Nace en Málaga en 1923

La cita

A mor, amor, amor, la savia suelta,
   el potro desbocado, amor, al campo,
la calle, el cielo, las ventanas libres,
las puertas libres, los océanos hondos
y los escaparates que ofrecen cuanto hay
que ofrecer al deseo de los vivos.
De los vivos, amor, de los que olvidan
que un día no habrá puertas ni ventanas,
ni potros ni raudales de hermosura
para estos, estos ojos, estos ojos
donde habrá que engastar unas monedas
—y otra bajo la lengua—, por si acaso
al barquero le sirven o al que busque
sueños de ayer, de hoy, bajo la tierra.
Bajo la tierra, amor, trufas, estatuas,
oro, cántaros, dioses
apagados, amor, tesoros, premios
de la ansiedad.
            Amor, dame la mano,
no te conozco, amor, no importa, dame
la mano, amor, no la conozco, nunca
importa demasiado conocerse.
Abre los ojos, no, no puedo, abre
la boca, ¿dónde está tu risa, dónde
se duerme tu palabra? Amor, no tengo
más risa, más palabra: amor.
                  Te doy,
a cambio, lo que esperas. ¿Tú lo sabes,
tú sabes lo que espero? Amor, ¿tú tienes
lo que espero? Es amor, amor y el mundo
como está, como es, con estas vías
abiertas, con las cosas

que con amor se hacen, con la gracia
de hacer las cosas con amor, con tiempo
para formarlas con amor, con fuerzas,
aguas de amor para apagar el miedo.

TORCUATO LUCA DE TENA

Nace en Madrid en 1923;
muere en Madrid en 1999

Viento de ayer

*E*s tu hija, verdad? La he conocido
por la estrella fugaz que hay en sus ojos,
la cabeza inclinada y la manera,
tan tuya, de mirar llena de asombro.

¿Es tu hija, verdad? Lo han presentido
—¡desde tan hondo!—
unos vientos callados que dormían
bajo las aguas quietas, en el pozo
de los tiempos perdidos, donde guardo
las hojas que cayeron
de los sauces remotos.

Tiene luz en la frente
—tu misma luz—. Y el gesto melancólico.
Tiene el cuello tan frágil como tú lo tenías
y en el pelo los mismos
pájaros locos.
Tiene un viento de ayer entre los dedos,
y en el rostro...
tu firma escrita
con otra sangre
que no conozco.

CARLOS BOUSOÑO

Nace en Boal (Asturias) en 1923

Letanía para decir cómo me amas

*M*e amas como una boca, como un pie, como un río.
   Como un ojo muy grande, en medio de una frente solitaria.
Me amas con el olfato, los sollozos,
las desazones, los inconvenientes,
con los gemidos del amanecer, en la alcoba los dos, al despertar;
con las manos atadas a la espalda
de los condenados frente al muro; con todo lo que ves,
el llano que se pierde en el confín, la loma dulce y el estar cansado,
echado sobre el campo, en el estío cálido,
la sutil lagartija entre las piedras rápidas;
con todo lo que aspiras,
el perfume del huerto y el aire y el hedor
que sale de una pútrida escalera;
con el dolor que ayer sufriste y el que mañana has de sufrir;
con aquella mañana, con el atardecer
inmensamente quieto y retenido con las dos manos para que no se
                                                    [vaya a despertar;

con el silencio hondo que aquel día, interrumpiendo el paso de la
                                                    [luz,
tan repentinamente vino entre los dos, o el que invade la
                           [atmósfera justo un momento
antes de la tormenta;
con la tormenta, el aguacero, el relámpago,
la mojadura bajo los árboles, el ventarrón de otoño,
las hojas y las horas y los días,
rápidos como pieles de conejo,
como pieles y pieles de conejo, que con afán corriesen incansables,
                                                    [con prisa,
hacia un sitio olvidado, un sitio inexistente, un día que no existe,
un día enorme que no existe nunca, vaciado y atroz
(vaciado y atroz como cuenca de ojo, saltado y estallado por una
                                                    [mano vil);

con todo y tu belleza y tu desánimo a veces cuando miras el techo
                    [de la alcoba sin ver, sin comprender,
sin mirar, sin reír;
con la inquietud de la traición también, el miedo del amor y el
                            [regocijo del estar aquí,
y la tranquilidad de respirar y ser.

Así me quieres, y te miro querer como se mira un largo río
que transparente y hondo pasa,
un río inmóvil,
un río bueno, noble, dulce,
un río que supiese acariciar.

Palabras dichas en voz baja

(A Ruth, tan joven, desde otra edad)

I

No es vino exactamente lo que tú y yo apuramos
    con tanta lentitud en esta hora
pulcra de la verdad. No es vino, es el amor.
No se trata, por tanto, de una celebración
esperada, una fiesta
ruidosa, alzada en oros.
No es montañoso cántico.
Es sólo silbo, flor, menos que eso:
susurro, levedad.

II

Y esto empezó hace mucho. Unimos nuestras manos
    muy apretadamente para quedarnos solos,
juntos y solos por la senda infinita
interminablemente.

Y así avanzamos juntos por la senda
tenaz. La misma senda, el mismo instante de oro,
y sin embargo, tú marchabas sin duda

siempre muy lejos, atrás, perdida en la distancia
luminosa, diminuta y queriéndome
en otra estación más florida,
en otro tiempo y otro espacio puro.
Y desde el retirado calvero, desde la indignidad arenosa
del madurado atardecer, en que yo contemplaba
tu tempranero afán,
te veía despacio, una vez y otra vez,
sin levantar cabeza en tu jardín remoto,
atareada y obstinada-
mente
¡y tan injustamente!
coger con alegría
las rosas para mí.

Verdad, mentira

Con tu verdad, con tu mentira a solas,
con tu increíble realidad vivida,
tu inventada razón, tu consumida
fe inagotable, en luz que tú enarbolas;

Con la tristeza en que tal vez te enrolas
hacia una rada nunca apetecida,
con la enorme esperanza destruida,
reconstruida, como el mar sus olas;

con tu sueño de amor que nunca se hace
tan verdadero como el mar suspira,
con tu cargado corazón que nace,

muere y renace, asciende y muere, mira
la realidad, inmensa, porque ahí yace
tu verdad toda y toda tu mentira.

Irás acaso por aquel camino

*I*rás acaso por aquel camino en el chirriante atardecer
de cigarras, cuando el calor inmóvil te impide, como un bloque,
[respirar.
E irás con la fatiga y el recuerdo de ti, un día y otro día, subiendo
[a la montaña por el mismo sendero,
gastando los pesados zapatos contra las piedras del camino,
un día y otro día, gastando contra las piedras la esperanza, el
[dolor,
gastando la desolación, día a día,
la infidelidad de la persona que te supo, sin embargo querer
(gastándola contra las piedras del camino), que te supo adorar,
gastando su recuerdo, y el recuerdo de su encendido amor,
gastándolo
hasta que no quede nada,
hasta que ya no quede nada
de aquel delgado susurro, de aquel silbido,
de aquel insinuado lamento;
gastándolo hasta que se apague el murmullo del agua en el sueño,
el agitarse suave de unas rosas, el erguirse de un tallo
más allá de la vida,
hasta que ya no quede nada y se borre la pisada en la arena,
se borre lentamente la pisada que se aleja para siempre en la
[arena,
el sonido del viento, el gemido incesante del amor, el jadeo del
[amor,
el aullido en la noche
de su encendido amor y el tuyo
(en la noche cerrada
de su abrasado amor),
de su amor abrasado que incendiaba las sábanas, la alcoba, la
[bodega,
en las llamas ibas abrasándote todo hacia el quemado atardecer,
flotabas entre llamas, sin saberlo, hacia el ocaso mismo de tu
[quemada vida.

Y ahora gastas los pies contra las piedras del camino
despacio, como si no te importara demasiado el sendero,
demasiado el arbusto, la encina, el jaramago,

la llanura infinita, la inmovilidad de la tarde
infinita, allá abajo, en el valle de piedra
que se extiende despacio esperando despacio
que se gasten tus pies, día a día,
contra las piedras del camino.

PABLO GARCÍA BAENA

Nace en Córdoba en 1923

Jardín

*L*a sonrisa apagada y el jardín en la sombra.
Un mundo entre los labios que se aprietan en lucha.
Bajo mi boca seca que la tuya aprisiona
siento los dientes fuertes de tu fiel calavera.
Hay un rumor de alas por el jardín. Ya lejos,
canta el cuco y otoño oscurece la tarde.
En el cielo, una luna menos blanca que el seno
adolescente y frágil que cautivo en mis brazos.
Mis manos, que no saben, moldean asombradas
el mármol desmayado de tu cintura esquiva,
donde naufraga el lirio, y las suaves plumas
tiemblan estremecidas a la amante caricia.
Sopla un viento amoroso el agua de la fuente...
Balbuceo palabras y rozo con mis labios
el caracol marino de tu pequeño oído,
húmedo como rosa que la aurora regase.
Cerca ya de la reja donde el jardín acaba
me vuelvo para verte última y silenciosa,
y de nuevo mi boca adivina en la niebla
el panal de tus labios que enamora sin verlo,
mientras tus manos buscan amapolas de mayo
en el prado enlutado de mi corbata negra.

Galán

*A*quí está ya el amor.
La luna crece en el espacio virgen.
Desnudo, el desvelado hacia la aurora siente
resbalar por su cuerpo un agua de sonrisas.
Los álamos palpitan de finos corazones
y lento va el cortejo de los enamorados suspirante en la noche,

545

deshojando el jazmín de las vihuelas.
Una mano enjoyada de anillos y serpientes
hunde sus uñas sabias de placer en los durmientes núbiles
y fría en su belleza la alta madrugada respira en las glicinas.
Él piensa:

> *Ah, caminar a solas bebiendo tu embeleso*
> *por el vientre sombrío de la playa*
> *donde el mar, a nuestros pies descalzos,*
> *rompe en astros su voz amarga y su desdén.*
> *Un rumor de guitarras perezosas*
> *en los puertos azules donde la palma florecida mece,*
> *ebria, su danza lánguida*
> *nos dirá que el amor es tan sólo un sorbo de verano.*
> *Viviremos bajo un dolmen de yedras y de lluvias*
> *en las suaves colinas enrojecidas de frutos*
> *y la dicha fugaz apartará sumisa para vernos*
> *los pámpanos silvestres dorados por el ala de los abejarucos.*
> *Ah, morir, quiero morir con tu nombre en mis labios.*

La noche unge con sus sacros óleos los ojos del amante.
Juglares y doncellas
que ofrecían manzanas de amor entre columnas
duermen bajo una brisa de besos que deshace sus cabellos floridos
y sólo el ruiseñor, el príncipe nocturno,
asciende por las altas graderías de la luna
y en su pluma suave
una rosa de láudano crece esparciendo olvido.
Él piensa entre los sueños:

> *Quiero morir cantando junto al mar.*

Palacio del cinematógrafo

*I*mpares. Fila 13. Butaca 3. Te espero
como siempre. Tú sabes que estoy aquí. Te espero.
A través de un oscuro bosque de ilusionismo
llegarás, si traído por el haz nigromántico
o por el sueño triste de mis ojos
donde alientas, oh lámpara temblorosa en el cuévano
profundo de la noche, amor, amor ya mío.
Llegarás entre el grito del sioux y las hachas
antes de que la rubia heroína sea raptada:
date prisa, tú puedes impedirlo. O quizás
en el mismo momento en que el puñal levanta
las joyas de la ira y la sangre grasienta
de los asesinatos resbala gorda y tibia,
como cárdena larva aún dudosa
entre sopor y vida, goteando
por el rojo peluche de las localidades.
Ven ahora. Un lago clausurado de altos
árboles verdes, altos ministriles, que pulsa
la capilla sagrada de los vientos
nos llama; o el ciclamen vivo de las praderas
por donde el loco corazón galopa
oyendo al histrión que declama las viejas
palabras, sin creerlas, del amor y los celos:
«Pagamos un precio muy elevado por aquella felicidad»;
o bien: «Ahora soy yo quien necesita luz»,
y más tarde: «Tuve miedo de ir demasiado lejos»,
en tanto que el malvís, entre los azafranes
del tecnicolor, vuela como una gema alada.
Ah, llega pronto junto a mí y vence
cuando la espada abate damascenas lorigas
y el gentil faraute con su larga trompeta
pasea la palestra de draperías pesadas
junto al escaño gótico de Sir Walter Scott.
Vence con tu áureo nombre, oh Rey Midas; conviérteme
en monedas de oro para pagar tus besos,
en el vino de oro que quema entre tus labios,
en los guantes de oro con los cuales tonsuras
el capuz abacial de rojos tulipanes.

Vendrás. Alguna vez estarás a mi lado
en la tenue penumbra de la noche ya eterna.
Sentado en la caliza de astral anfiteatro
te esperaré. Tal ciego que recobra la luz,
me buscarás. Tus hijos estarán en su palco
de congelado yeso, divertidos, mirando
increíbles proezas de cow-boys celestiales,
y yo ya sabes dónde: impares, fila 13.

ÁNGEL GONZÁLEZ

Nace en Oviedo en 1925

Muerte en el olvido

Yo sé que existo
    porque tú me imaginas.
Soy alto porque tú me crees
alto, y limpio porque tú me miras
con buenos ojos,
con mirada limpia.
Tu pensamiento me hace
inteligente, y en tu sencilla
ternura, yo soy también sencillo
y bondadoso.
                Pero si tú me olvidas
quedaré muerto sin que nadie
lo sepa. Verán viva
mi carne, pero será otro hombre
—oscuro, torpe, malo— el que la habita...

Me he quedado sin pulso

Me he quedado sin pulso y sin aliento
    separado de ti. Cuando respiro,
el aire se me vuelve en un suspiro
y en polvo el corazón, de desaliento.

No es que sienta tu ausencia el sentimiento.
Es que la siente el cuerpo. No te miro.
No te puedo tocar por más que estiro
los brazos como un ciego contra el viento.

Todo estaba detrás de tu figura.
Ausente tú, detrás todo de nada,
borroso yermo en el que desespero.

Ya no tiene paisaje mi amargura.
Prendida de tu ausencia mi mirada,
contra todo me doy, ciego me hiero.

Ya nada ahora

*L*argo es el arte; la vida en cambio corta
como un cuchillo
Pero nada ya ahora

—ni siquiera la muerte, por su parte
inmensa—

podrá evitarlo:
exento, libre,

como la niebla que al romper el día
los hondos valles del invierno exhalan,

creciente en un espacio sin fronteras,

este amor ya sin mí te amará siempre.

JOSÉ MANUEL CABALLERO BONALD

Nace en Jerez de la Frontera (Cádiz) en 1926

Blanco de España

Escribo la palabra libertad,
la extiendo
sobre la piel dormida de mi patria.
Cuántas salpicaduras, ateridas
entre sus letras indefensas, mojan
de fe mis manos, las consagran
de olvido.

          ¿Quién se sacrificó
por quién?
          Tarde llegué a las puertas
que me abrieron, tarde llegué
desde el refugio maternal
hasta el lugar del crimen,
con la paz aprendida
de memoria y una palabra pura
yerta sobre el papel atribulado.

Blanco de España, ensombrecido
de púrpura, madre y madera
de odio, olvídate
del número mortal, bruñe y colora
los hierros sanguinarios
con la luz del olvido,
para que nadie pueda recordar
las divididas grietas de tu cuerpo,
para escribir tu nombre sobre el mío,
para encender con mi esperanza
la luz naciente de tu libertad.

Ceniza son mis labios

*E*n su oscuro principio, desde
          su alucinante estirpe, cifra inicial de Dios,
alguien, el hombre, espera.
Turbador sueño yergue
su noticia opresora ante la nada
original de la que el ser es hecho, ante
su herencia de combate, dando vida
a secretos cegados,
a recónditos signos que aún callaban
y pugnan ya desde un recuerdo hondísimo
para emerger hacia canciones,
puro dolor atónito de un labio, el elegido
que en cenizas transforma
la interior llama viva del humano.

Quizá solo para luchar acecha,
permanece dormido o silencioso
llorando, besando el terso párpado rosa,
el pecho triste de la muchacha amada;
quizá solo aguarda combatir
contra esa mansa lágrima que es letra del amor,
contra
aquella luz aniquiladora
que dentro de él ya duele con su nombre: belleza. [...]

Suplantaciones

*U*nas palabras son inútiles y otras
          acabarán por serlo mientras
elijo para amarte más metódicamente
aquellas zonas de tu cuerpo aisladas
por algún obstinado depósito de abulia,
los recodos quizá donde mejor se encubre
ese rastro de hastío
que circula de pronto por tu vientre

y allí pongo mi boca y hasta
la intempestiva cama acuden

las sombras venideras, se interponen
entre nosotros, dejan
un barrunto de fiebre y como un vaho
de exudación de sueños
y otras esponjas vespertinas,

y ya en lo ambiguo de la noche escucho
la predicción de la memoria: dentro
de ti me aferro igual
que recordándote, subsisto
como la espuma al borde de la espuma
mientras se activa entre los cuerpos
la carcoma voraz de estar a solas.

La botella vacía se parece a mi alma

Solícito el silencio se desliza por la mesa nocturna, rebasa el irrisorio contenido del vaso. No beberé ya más hasta tan tarde: otra vez soy el tiempo que me queda. Detrás de la penumbra yace un cuerpo desnudo y hay un chorro de música insidiosa disgregando las burbujas del vidrio. Tan distante como mi juventud, pernocta entre los muebles el amorfo, el tenaz y oxidado material del deseo. Qué aviso más penúltimo amagando en las puertas, los grifos, las cortinas. Qué terror de repente de los timbres. La botella vacía se parece a mi alma.

Desencuentro

Esquiva como la noche,
como la mano que te entorpecía,
como la trémula succión
insuficiente de la carne;
esquiva y veloz como la hoja
ensangrentada de un cuchillo,
como los filos de la nieve, como el esperma
que decora el embozo de las sábanas,
cómo la congoja de un niño
que se esconde para llorar.

Tratas de no saber y sabes
que ya está todo maniatado,
       allí
donde pernocta el irascible
lastre del desamor, sombra
partida por olvidos, desdenes,
llave que ya no abre ningún sueño.

La ausencia se aproxima
en sentido contrario al de la espera.

Nace en Valencia de Alcántara (Cáceres) en 1926;
muere en Barcelona en 1996

Air mail

A mor, ya cada día es más otoño
     sobre el mundo que nos aleja.
Cada tarde estoy más en mí, en tu imagen,
en mi secreta y suave hoguera.

Pero nuestras palabras, cuando vienen
milagrosas entre la niebla,
llegan mojadas de terror profético,
del miedo de ríos y aldeas.

No nos dejan hablar a solas, dentro
de nuestra complicidad tierna;
hay mucho ruido de locura y muerte,
el viento invade la voz nuestra.

Ay, sí; y así: tendremos que aceptarlo,
ayudándonos la tarea
uno a otro como cuando empezábamos
la edad mayor de la obediencia.

Perdidos en el mundo, en los pequeños
Cristos que entre todos se llevan
la cruz, equivocándonos de espalda,
con el dolor de otro cualquiera.

Es el tiempo en que nuestro amor no debe
pensar qué será de él siquiera:
sólo dejarnos juntos, ofrecidos
sobre el altar común a ciegas.

«Aquí estamos, Señor», nos enseñábamos
uno a otro a rezar: ya llega

tras los ensayos la hora de decirlo,
y qué distinto suena y quema.

Pero aunque a esta lección nos ayudemos,
buenos compañeros de escuela,
no borres los cuadernos que escribíamos
otras mañanas más serenas.

Al ponernos de pie bajo los cielos,
prestos a todo, muerte, ausencia,
que el orgullo no diga que fue vana
la más chica brizna de hierba.

Al mirar hacia atrás, como ya estamos
juntos los dos, no vemos nuestras
porciones; nos fundimos con las gentes,
por las raicillas, con la tierra.

Y así aprendo que nunca ha sido inútil
la más vulgar palabra ajena;
tanto vivir en masa, aunque festín
de la muerte sólo parezca.

Tú, amor, lo sabes bien; tus parpadeos
en la luz de Dios fijos quedan;
tu «sí» está resonando eternamente
tras la muralla de tiniebla.

Amor, amor, atiende bien, enséñame
mejor lo que te digo, que ésta
es la última lección del libro; luego
vivir, morir, lo que Dios quiera.

CARLOS BARRAL

Nace en Barcelona en 1928;
muere en Barcelona en 1989

Baño de doméstica

*E*ntonces arrojaba
piedrecillas al agua jabonosa,
veía disolverse
la violada rúbrica de espuma,
bogar las islas y juntarse, envueltas
en un olor cordial o como un tibio
recuerdo de su risa.

¿Cuántas veces pudo ocurrir
lo que parece ahora tan extraño?
Debió de ser en tardes señaladas,
a la hora del sol,
cuando sestea la disciplina.

En seguida volvía
crujiendo en su uniforme almidonado
y miraba muy seria al habitante
que aún le sonreía
del otro lado de la tela metálica.

Vaciaba el barreño
sobre la grava del jardín.
                                    Burbujas
en la velluda piel de los geranios...

Su espléndido desnudo,
al que las ramas rendían homenaje,
admitiré que sea
nada más que un recuerdo esteticista.
Pero me gustaría ser más joven
para poder imaginar
(pensando en la inminencia de otra cosa)
que era el vigor del pueblo soberano.

MANUEL ALCÁNTARA

Nace en Málaga en 1928

Soneto para empezar un amor

Ocurre que el olvido antes de serlo
fue grande amor, dorado cataclismo,
muchacha en el umbral de mi egoísmo,
¿qué va a pasar? Mejor es no saberlo.

Muchacha con amor, ¿dónde ponerlo?;
amar son cercanías de uno mismo,
como siempre, rodando en el abismo
se irá el amor, sin verlo ni beberlo.

Tumbarse a ver qué pasa, eso es lo mío,
cumpliendo años irás en mi memoria
viviendo para ayer como una brasa,

porque no llegará la sangre al río,
porque un día seremos solo historia,
y lo de uno es tumbarse a ver qué pasa.

Mira que cosa tan rara:
pasé la noche contigo
estando solo en mi cama.

JOSÉ AGUSTÍN GOYTISOLO

Nace en Barcelona en 1928;
muere en Barcelona en 1999

Cuando todo suceda

*D*igo: comience el sendero a serpear
delante de la casa. Vuelva el día
vivido a transportarme
lejano entre los chopos.

Allí te esperaré.

Me anunciará tu paso el breve salto
de un pájaro en ese instante fresco y huidizo
que determina el vuelo
y la hierba otra vez como una orilla
cederá poco a poco a tu presencia.

Te volveré a mirar a sonreír
desde el borde del agua.
Sé lo que me dirás. Conozco el soplo
de tus labios mojados:
tardabas en llegar. Y luego un beso
repetido en el río.

De nuevo en pie siguiendo tu figura
regresaré a la casa lentamente
cuando todo suceda.

JOSÉ ÁNGEL VALENTE

Nace en Orense en 1929

Cabeza de mujer

Y a nunca. Sobre un fondo de luz inviolable. El hilo oscuro no segará tu delicado cuello. ¿Qué queda, dime, de la noche en la desposesión y qué palabra queda después y al fin de la palabra? Al pie del árbol, del árbol de la vida sumergido, escrito está tu nombre. Y queda esta cabeza, esta cabeza sola sobre el límite de las aguas que un día anegaron la tierra. Cabeza de mujer. Más alta. Más alta está, más alta que el más alto nivel a que la muerte llega.

———

L a repentina aparición de tu solo mirar en el umbral de la puerta que ahora abres hacia adentro de ti. Entré: no supe hasta cuál de los muchos horizontes en que hacia la oscura luz del fondo me absorbe tu mirada. Nunca había mirado tu mirar, como si sólo ahora entera residieses en la órbita oscura, posesiva o total en la que giro. Si mi memoria muere, digo, no el amor, si muere, digo, mi memoria mortal, no tu mirada, que este largo mirar baje conmigo al inexhausto reino de la noche.

———

C omo el oscuro pez del fondo
gira en el limo húmedo y sin forma,
desciende tú
a lo que nunca duerme sumergido
como el oscuro pez del fondo.
                              Ven
el hálito.

———

*L*uego del despertar
    y mientras aún estabas
en las lindes del día
yo escribía palabras
sobre todo tu cuerpo.

Luego vino la noche y las borró.
Tú me reconociste sin embargo.

Entonces dije
con el aliento sólo de mi voz
idénticas palabras
sobre tu mismo cuerpo
y nunca nadie pudo más tocarlas
sin quemarse en el halo de fuego.

The tempest

*V*i tu cuerpo subir
    en la luz irreal de la mañana,
ante el frío residuo de la nieve,
trepar las alambradas,
crecer contra la lluvia más oscura,
nacer arriba irresistible sobre
un universo concentracionario.

Del otro lado charcos y ojos quietos,
la latitud forzada de los días,
el canto oscuro y la labor oscura,
el ritmo monocorde de las manos impares.

Tu cuerpo, such stuff, tu cuerpo,
as dreams are made on, habías repetido,
subía incontenible sobre todos los sueños.

Para qué andar después las mismas avenidas,
contar los mismos pasos,
resucitar a qué otra misma muerte.

Vi tu cuerpo y aquella claridad secreta de tus ojos
abrir en grandes alas todo el aire.

Sobre las alambradas y la lluvia,
sobre la reiteración de los contornos,
sobre la resistencia ciega de los límites,
tu libre cuerpo juvenil nacía
como una inabatible bandera.

———

*E*n el descenso oscuro
　　del paladar a la materia húmeda
lo amargo llena
de pájaros raíces el deseo.

———

*C*ómo se abría el cuerpo del amor herido
　　como si fuera un pájaro de fuego
que entre las manos ciegas se incendiara.

No supe el límite.
　　　　　　　Las aguas
podían descender de tu cintura
hasta el terrible borde de la sed,
las aguas.

———

Iluminación

*C*ómo podría aquí cuando la tarde baja
　　con fina piel de leopardo hacia
tu demorado cuerpo
no ver tu transparencia.

Enciende sobre el aire
mortal que nos rodea
tu luminosa sombra.
　　　　　　　En lo recóndito

te das sin terminar de darte y quedo
encendido de ti como respuesta
engendrada de ti desde mi centro.

Quién eres tú, quién soy,
dónde terminan, dime, las fronteras
y en qué extremo
de tu respiración o tu materia
no me respiro dentro de tu aliento.

Que tus manos me hagan para siempre,
que las mías te hagan para siempre
y pueda el tenue
soplo de un dios hacer volar
al pájaro de arcilla para siempre.

Latitud

No quiero más que estar sobre tu cuerpo
como lagarto al sol los días de tristeza.

Se disuelve en el aire el llanto roto,
el pie de las estatuas
recupera la hiedra
y tu mano me busca
por la piel de tu vientre
donde duermo extendido.

———

El pensamiento melancólico
se tiende, cuerpo, a tus orillas,
bajo el temblor del párpado, el delgado
fluir de las arterias,
la duración nocturna del latido,
la luminosa latitud del vientre,
a tu costado, cuerpo, a tus orillas,
como animal que vuelve a sus orígenes.

———

*C*erqué, cercaste,
cercamos tu cuerpo, el mío, el tuyo,
como si fueran sólo un solo cuerpo.
Lo cercamos en la noche.

Alzóse al alba la voz
del hombre que rezaba.

Tierra ajena y más nuestra, allende, en lo lejano.

Oí la voz.
                    Bajé sobre tu cuerpo.
Se abrió, almendra.
                              Bajé a lo alto
de ti, subí a lo hondo.

Oí la voz en el nacer
del sol, en el acercamiento
y en la inseparación, en el eje
del día y de la noche,
de ti y de mí.
                         Quedé, fui tú.
                                        Y tú quedaste
como eres tú, para siempre
encendida.

JAIME GIL DE BIEDMA

Nace en Barcelona en 1929;
muere en Barcelona en 1990

Amor más poderoso que la vida

La misma calidad que el sol en tu país,
  saliendo entre las nubes:
alegre y delicado matiz en unas hojas,
fulgor en un cristal, modulación
del apagado brillo de la lluvia.

La misma calidad que tu ciudad,
tu ciudad de cristal innumerable
idéntica y distinta, cambiada por el tiempo:
calles que desconozco y plaza antigua
de pájaros poblada,
la plaza en que una noche nos besamos.

La misma calidad que tu expresión,
al cabo de los años,
esta noche al mirarme:
la misma calidad que tu expresión
y la expresión herida de tus labios.

Amor que tiene calidad de vida,
amor sin exigencia de futuro,
presente del pasado,
amor más poderoso que la vida:
perdido y encontrado.
Encontrado, perdido...

De vita beata

En un viejo país ineficiente,
algo así como España entre dos guerras
civiles, en un pueblo junto al mar,
poseer una casa y poca hacienda
y memoria ninguna. No leer,
no sufrir, no escribir, no pagar cuentas,
y vivir como un noble arruinado
entre las ruinas de mi inteligencia.

ANTONIO GALA

Nace en Brazatortas (Ciudad Real) en 1930

Soneto de La Zubia

*T*ú me abandonarás en primavera,
 cuando sangre la dicha en los granados
y el secadero, de ojos asombrados,
presienta la cosecha venidera.

Creerá el olivo de la carretera
ya en su rama los frutos verdeados.
Verterá por maizales y sembrados
el milagro su alegre revolera.

Tú me abandonarás. Y tan labriega
clareará la tarde en el ejido,
que pensaré: «Es el día lo que llega.»

Tú me abandonarás sin hacer ruido,
mientras mi corazón salpica y juega
sin darse cuenta de que ya te has ido.

FRANCISCO BRINES

Nace en Oliva (Valencia) en 1932

Causa del amor

C uando me han preguntado la causa de mi amor
   yo nunca he respondido: Ya conocéis su gran belleza.
(Y aún es posible que existan rostros más hermosos.)
Ni tampoco he descrito las cualidades ciertas de su espíritu
que siempre me mostraba en sus costumbres,
o en la disposición para el silencio o la sonrisa
según lo demandara mi secreto.
Eran cosas del alma, y nada dije de ella.
(Y aún debiera añadir que he conocido almas superiores.)

La verdad de mi amor ahora la sé:
vencía su presencia la imperfección del hombre,
pues es atroz pensar
que no se corresponden en nosotros los cuerpos con las almas,
y así ciegan los cuerpos la gracia del espíritu,
su claridad, la dolorida flor de la experiencia,
la bondad misma.
Importantes sucesos que nunca descubrimos,
o descubrimos tarde.
Mienten los cuerpos, otras veces, un airoso calor,
movida luz, honda frescura;
y el daño nos descubre su seca falsedad.

La verdad de mi amor sabedla ahora:
la materia y el soplo se unieron en su vida
como la luz que posa en el espejo
(era pequeña luz, espejo diminuto);
era azarosa creación perfecta.
Un ser en orden crecía junto a mí,
y mi desorden serenaba.
Amé su limitada perfección.

Aquel verano de mi juventud

Y qué es lo que quedó de aquel viejo verano
en las costas de Grecia?
¿Qué resta en mí del único verano de mi vida?
Si pudiera elegir de todo lo vivido
algún lugar, y el tiempo que lo ata,
su milagrosa compañía me arrastra allí,
en donde ser feliz era la natural razón de estar con vida.

Perdura la experiencia, como un cuarto cerrado de la infancia;
no queda ya el recuerdo de días sucesivos
en esta sucesión mediocre de los años.
Hoy vivo esta carencia,
y apuro del engaño algún rescate
que me permita aún mirar el mundo
con amor necesario;
y así saberme digno del sueño de la vida.

De cuanto fue ventura, de aquel sitio de dicha,
saqueo avaramente
siempre una misma imagen:
sus cabellos movidos por el aire,
y la mirada fija dentro del mar.
Tan sólo ese momento indiferente.
Sellada en él, la vida.

Palabras para una mirada

Miras, con ojos luminosos,
mientras hablo, mis ojos. Los cabellos
son fuego y seda,
y el rosa laberinto del oído
desvaría en la noche,
acepta las razones que doy sobre una vida
que ha perdido la dicha y su mejor edad.
¿Cómo me ven tus ojos? Yo sé, porque estás cerca,
que mis labios sonríen,
y hay en mí delirante juventud.

Inocente me miras, y no quiero saber
si soy el más dichoso hipócrita.
Sería pervertirte decir
que quien ha envejecido es traidor,
pues ha dado la vida
o dado el alma,
no sólo por placer, también por tedio,
o por tranquilidad;
muy pocas veces por amor.

He acercado mis labios a los tuyos,
en su fuego he dejado mi calor,
y emboscado en la noche
iba espiando en ti vejez y desengaño.

Provocación ilusoria de un accidente mortal

He aquí el ciego, que sólo ve la vida en el recuerdo.
Era la playa estrecha e irregular, junto al mar sosegado en el
[crepúsculo;
y el mundo va a morir, porque en la soledad y en la belleza
tendrá lugar el acto del amor dentro del agua.
Desnudos reposamos en la orilla
del sur del Adriático platino,
y aguardamos la noche en nuestros ojos.
Mas no vino la noche; sí el infortunio
(la vida sucedida desde entonces).
Y aquella brisa falsa, ya en el coche,
mientras los faros amarillos desunían la intimidad de la fatiga y
[aquel país extraño.
Ahora acerco tu rostro hasta mi boca,
y quiero que mi vida y tu historia concluyan bruscamente.

Y si existe el poema, no fue escrito por nadie.

CLAUDIO RODRÍGUEZ

Nace en Zamora en 1934;
muere en Madrid en 1999

Sin leyes

Ya cantan los gallos,
amor mío. Vete:
cata que amanece.
ANÓNIMO

*E*n esta cama donde el sueño es llanto,
no de reposo, sino de jornada,
nos ha llegado la alta noche. ¿El cuerpo
es la pregunta o la respuesta a tanta
dicha insegura? Tos pequeña y seca,
pulso que viene fresco ya y apaga
la vieja ceremonia de la carne
mientras no quedan gestos ni palabras
para volver a interpretar la escena
como noveles. Te amo. Es la hora mala
de la cruel cortesía. Tan presente
te tengo siempre que mi cuerpo acaba
en tu cuerpo moreno por el que una
vez más me pierdo, por el que mañana
me perderé. Como una guerra sin
héroes, como una paz sin alianzas,
ha pasado la noche. Y yo te amo.
Busco despojos, busco una medalla
rota, un trofeo vivo de este tiempo
que nos quieren robar. Estás cansada
y yo te amo. Es la hora. ¿Nuestra carne
será la recompensa, la metralla
que justifique tanta lucha pura
sin vencedores ni vencidos? Calla,
que yo te amo. Es la hora. Entra y un trémulo
albor. Nunca la luz fue tan temprana.

II

(Sigue marzo)

Para Clara Miranda

*T*odo es nuevo quizá para nosotros.
   El sol claroluciente, el sol de puesta,
muere; el que sale es más brillante y alto
cada vez, es distinto, es otra nueva
forma de luz, de creación sentida.
Así cada mañana es la primera.
Para que la vivamos tú y yo solos,
nada es igual ni se repite. Aquella
curva, de almendros florecidos suave,
¿tenía flor ayer? El ave aquella,
¿no vuela acaso en más abiertos círculos?
Después de haber nevado el cielo encuentra
resplandores que antes eran nubes.
Todo es nuevo quizá. Si no lo fuera,
si en medio de esta hora las imágenes
cobraran vida en otras, y con ellas
los recuerdos de un día ya pasado
volvieran ocultando el de hoy, volvieran
aclarándolo, sí, pero ocultando
su claridad naciente, ¿qué sorpresa
le daría a mi ser, qué devaneo,
qué nueva luz o qué labores nuevas?
Agua de río, agua de mar; estrella
fija o errante, estrella en el reposo
nocturno. Qué verdad, qué limpia escena
la del amor, que nunca ve en las cosas
la triste realidad de su apariencia.

Nuevo día

Después de tantos días sin camino y sin casa
    y sin dolor siquiera y las campanas solas
y el viento oscuro como el del recuerdo
llega el de hoy.

Cuando ayer el aliento era misterio
y la mirada seca, sin resina,
buscaba un resplandor definitivo,
llega tan delicada y tan sencilla,
tan serena de nueva levadura
esta mañana...

Es la sorpresa de la claridad,
la inocencia de la contemplación,
el secreto que abre con moldura y asombro
la primera nevada y la primera lluvia
lavando el avellano y el olivo
ya muy cerca del mar.

Invisible quietud. Brisa oreando
la melodía que ya no esperaba.
Es la iluminación de la alegría
con el silencio que no tiene tiempo.
Grave placer el de la soledad.
Y no mires al mar porque todo lo sabe
cuando llega la hora
adonde nunca llega el pensamiento
pero sí el mar del alma,
pero sí este momento del aire entre mis manos,
de esta paz que me espera
cuando llega la hora
—dos horas antes de la medianoche—
del tercer oleaje, que es el mío.

Salvación del peligro

Esta iluminación de la materia,
  con su costumbre y con su armonía,
con sol madurador,
con el toque sin calma de mi pulso,
cuando el aire entra a fondo
en la ansiedad del tacto de mis manos
que tocan sin recelo,
con la alegría del conocimiento,
esta pared sin grietas,
y la puerta maligna, rezumando,
nunca cerrada,
cuando se va la juventud, y con ella la luz,
salvan mi deuda.

Salva mi amor este metal fundido,
este lino que siempre se devana
con agua miel,
y el cerro con palomas,
y la felicidad del cielo,
y la delicadeza de esta lluvia,
y la música del
cauce arenoso del arroyo seco,
y el tomillo rastrero en tierra ocre,
la sombra de la roca a mediodía,
la escayola, el cemento,
el zinc, el níquel,
la calidad del hierro, convertido, afinado
en acero,
los pliegues de la astucia, las avispas del odio,
los peldaños de la desconfianza,
y tu pelo tan dulce,
tu tobillo tan fino y tan bravío,
y el frunce del vestido,
y tu carne cobarde...
Peligrosa la huella, la promesa
entre el ofrecimiento de las cosas
y el de la vida.

Miserable el momento si no es canto.

FÉLIX GRANDE

Nace en Mérida (Badajoz) en 1937

El infierno

*E*l bien irreparable que me hizo tu belleza
y la felicidad que se llevó tu piel
son como dos avispas que tengo en la cabeza
poniendo azufre donde conservaba tu miel

Cambió tanto la cena! Botijas de tristeza
en vez de vasos de alba tiene hoy este mantel
Y aquel fervor, espero esta noche a que cueza
para servirme un plato de lo que queda: yel

Rara la mesa está. La miro con asombro
Como y bebo extrañeza y horror y absurdo y pena
Se acabó todo aquel milagro alimenticio

Tras un postre espantoso me levanto y te nombro
que es el último trago de dolor de esta cena
Y voy solo a la cama como quien va al suplicio

CLARA JANÉS

Nace en Barcelona en 1940

*D*el regio firmamento emulemos los astros;
   describa yo una rueda mirífica de fuego
y que mi cabellera, ciñéndose a mis pies,
en ígneos destellos, cuidosa, los envuelva.
Cuando el cenit alcance, con precisión de rayo,
como lanza candente clavarás tu fulgor.
Y en la cópula viva, áureos, victoriosos,
por la órbita insomne seguiremos en giros,
movidos por el pulso de nuestro propio ardor.

JUAN LUIS PANERO

Nace en Madrid en 1942

Ocurre a veces

Ocurre a veces
en las calladas horas de la noche,
al filo mismo de la madrugada,
tras el telón caído de la euforia y del vino.
Unos ojos parpadean, se abren,
nos miran con su última transparencia
y un instante a nuestro lado
su dolorido transcurrir, su apretado paisaje de ternura
muestran, como un mendigo o un esclavo,
la humillada quietud de su tristeza.
Entonces, cuando no hay una sola palabra que decir,
con la avidez que lleva en sí lo fugitivo,
besar, unirse en la húmeda tibieza,
en la empapada, áspera arcilla de otra boca,
donde nada al fin y todo nos pertenece.
Después, igual que el viento
agitando fugaz unas cortinas
la claridad de la mañana nos muestra,
desvelar un instante en la memoria
aquello que una noche, una mirada,
la destruida posesión de unos labios, nos dio.
Lo que ahora ciego tropieza, resbala
por la gastada pared del corazón,
aferrándose terco hacia la muerte,
desplomándose sordo hacia el olvido.

Vals en solitario

*E*xtraño ser y extraño amor, tuyo y mío,
absurda historia, delirantes imágenes,
remotos pasajeros en un tren sin destino,
compañeros entonces, unidos y tan lejos,
al filo de la vida, donde duerme el silencio.
Suene por ti, interminable, un vals,
suenen por ti, incansables violines,
suene una orquesta en el salón enorme,
suenen tus huesos celebrando tu espíritu.
Una copa de tallado cristal, alzada al cielo,
brinde por tu azul adolescencia disecada
y madera y metal festejen tu retrato
de borrosa figura y suave pelo oscuro.
Suene, suene hasta el fin el largo trémolo,
la delicada melodía, vagorosas nubes de pasión
bañando de alegres lágrimas tus ojos imposibles,
dibujando en tus labios un deseo perdido,
entrega fugitiva, besando sólo el aire.
Vals en el tiempo y en la dicha sonámbula
de la eterna alegría y la más tersa piel
riendo bajo luces de radiantes reflejos,
inmóviles estrellas en la noche fingida.
Música y sueño, sueño en tecnicolor,
tan cursi y tonto que llena de ternura
en algunos momentos del todo indeseables
cuando vivir resulta un sueño más grotesco.
Oh amor de Mayerling y antigua Viena,
dulce Danubio y fuegos de artificio.
Oh amor, amor al amor, que te conserva
como un oculto talismán y mariposas disecadas.
Extraño ser, extraño amor, extraña vida tuya.
Una gota de sangre en una copa de champagne,
el ruido de un disparo irrumpiendo en la música,
un helado sudor tras las blancas pecheras,
no podrán detenerte, hacer cambiar tu paso.
Tú seguirás, sobre ti misma, bailando siempre,
soñando siempre, soñando enloquecida,
aunque caigan, con estruendo de cascote y tierra,

los decorados techos, las gráciles arañas,
y rasguen lentamente tu rostro los espejos
y en un quejido mueran las cuerdas y sus notas.
Tú seguirás, eternamente sola y desolada,
girando entre las ruinas, evocando otras voces,
sonriendo a fantasmas con tímida esperanza,
en helados balcones abrazada a tus brazos.
Verás borrar la noche, su temblor inconstante
y otra luz, turbia luz, iluminar tu reino.
Su terquedad cruel descubrirá las ruinas
y la verdad del tiempo detrás de tus pupilas.
Pero tú seguirás sin detenerte nunca,
fantasma ya tú misma en el gris de la sombra,
altiva la cabeza sobre el cuello intocable,
girando para siempre, bailando para siempre,
frente a la sucia realidad de la muerte,
frente a la torpe mezquindad de los hechos.
Tú seguirás, extraño ser, extraño amor,
danzando sola, escuchando impasible
ese vals de derrota, extraña amiga,
ese vals de derrota, tu más cierta victoria.

Espejo negro

Dos cuerpos que se acercan y crecen
    y penetran en la noche de su piel y su sexo,
dos oscuridades enlazadas
que inventan en la sombra su origen y sus dioses,
que dan nombre, rostro a la soledad,
desafían a la muerte porque se saben muertos,
derrotan a la vida porque son su presencia.
Frente a la vida sí, frente a la muerte,
dos cuerpos imponen realidad a los gestos,
brazos, muslos, húmeda tierra,
viento de llamas, estanque de cenizas.
Frente a la vida sí, frente a la muerte,
dos cuerpos han conjurado tercamente al tiempo,
construyen la eternidad que se les niega,
sueñan para siempre el sueño que les sueña.
Su noche se repite en un espejo negro.

ANTONIO CARVAJAL

Nace en Albolote (Granada) en 1943

Bajo continuo

Como en la muchedumbre de los besos
 tantos pierden relieve —sólo el beso
inicial y el postrero por los labios
recibidos perduran—, estas flores
que el año nuevo entrega: Con el blanco
del almendro en su abrigo contra el norte,
la voz del macasar, no su presencia;
hoy, esta rosa. ¿La aguardabas? Huele
como la adolescencia y sus deseos.
Pero en medio se abrieron las cidonias,
los ciruelos, manzanos y perales,
tantos y tantos, rojos, rosas, blancos,
y apenas los mirabas: Como el gozo
de unos brazos constantes de certeza
te acogieron, te acogen, y recuerdas
sólo el primer calor, sólo la boca
que te ha dicho, al partir, esta mañana:
«No vuelvas tarde.»
                    Pasas por los campos:
Entre las hojas con su verde intenso,
aún canta la blancura de los pétalos.
Es la felicidad que da sus trinos,
sus trémolos, su leve melodía,
sobre un bajo continuo de sosiego,
de paz, de vuelta al labio no sabido
en la forma, en la flor que te formule.

*D*eshojar un recuerdo se convierte
en un trabajo lleno de rocío,
como un campo de lirios y cerezos
donde me vieras sin estar conmigo.

Dócilmente te tiendes a mi lado,
extiendes tu cabello, abres al lino
interiores de concha y amaranto:
el alba fija tus contornos tibios.

Yo repaso el silencio suavemente,
fluyen las horas, y en su claro signo
ponemos un común astro de besos,
y damos los recuerdos al olvido.

Todo lo que anhelé, tú me lo has dado;
todo lo que viví, por ti está vivo;
lo que no fuiste tú, sombra es de un sueño
y no esta flor quemándose en tu brillo.

Tus alas puras lo tocaron todo
y aún vuelas en mi gesto pensativo.
Oh, no levantes más recuerdos yertos.
Déjame en ti gozosamente hundido.

*P*ocas cosas más claras me ha ofrecido la vida
que esta maravillosa libertad de quererte.
Ser libre en este amor más allá de la herida
que la aurora me abrió, que no cierra la muerte.

Porque mi amor no tiene ni horas ni medida,
sino una larga espera para reconocerte,
sino una larga noche para volver a verte,
sino un dulce cansancio por la senda escondida.

No tengo sino labios para decir tu nombre;
no tengo sino venas para que tu latido
pueda medir mi tiempo sin soledad un día.

Y así voy aceptando mi destino, el de un hombre
que sabe sonreírle al rayo que lo ha herido
y que en la tierra espera que vuelva su alegría.

PERE GIMFERRER

Nace en Barcelona en 1945

Madrigal

*A*mor, con el poder terrible de una rosa,
  tu tensa piel ha saqueado mis ojos, y es demasiado claro
este color de velas en un mar terso. ¡Dulzura,
la tan cruel dulzura violeta
que las nalgas defienden, como el nido de la luz!
      Porque una rosa
tiene el poder de la seda: tacto mortal, estíos
crujientes, con el grosor de un tejido desgarrándose,
el resplandor estrellado contra las cornisas
y el cielo, más allá de la ventana, tan lóbrego como un sumidero.
      De anochecida, el hombre
con los anteojos ahumados, en la cocina de gas,
palpa los utensilios de Auschwitz, las tenazas alquímicas,
las botellas de cal. Amor, el hombre de los guantes oscuros
no raerá el color de concha de un vientre,
el perfume de enebro y olivas de la piel,
no raerá la luz de una rosa inmortal
que la simiente deshoja con un tierno pico.
      Y ahora veo la garza
real, plegando sus alas en la habitación,
la garza que, con la luz que capitula,
es plumaje y calor, y es como el cielo:
      sólo resplandor marino
y, después, un recuerdo de haber vivido contigo.

Versión de A. Colinas

El cuerno de caza

*P*ara quién pide el viento de esta tarde clemencia
   En los arcos de otoño qué susurra el zorzal
Con sirenas de buques a lo lejos la ausencia
Oh capillas nevadas de la noche y el mal
cetrería de oros y de bruma imperial
bella presa halconeros un amante desnudo
presa de luz de viento de espacio de bahías
todo su cuerpo en llamas un puñal un escudo
Lebrel en los pantanos qué luz de cacerías
Para mí sólo amor por mí sólo vivías

No es hablaros de oídas de cuchillos y sedas
ni proyectar historias en los cuartos oscuros
Cuando todo se ha ido sólo tú amor me quedas
no quiero hablar entonces de estanques ni arboledas
sólo el amor nos hace más solemnes más puros
En la noche de otoño no me valen conjuros

En la glacial tiniebla de las calles la luna
lleva guantes de plata muerta y fosforescente
Al acecho en la esquina ninguna voz ninguna
me llamará mi amor dulce cuerpo presente
Como si hubiera vuelto la niñez de repente
oh borrosas imágenes cristal esmerilado
densa penumbra densa silencio en los pasillos
de puntillas andamos el viento en los visillos
las ventanas el agua aquel cuarto cerrado
A oscuras muy despacio no sé quién me ha besado

Qué me han dado que todo resplandece y se esfuma
Qué diluye los rostros en su luz misteriosa
Los armarios se abren cae del libro una rosa
Rueda en la playa un aro al jardín de la espuma
Sí recuerdo mi vida Que el amor le consuma

Estos focos que ciegos en la noche no cesan
de recorrer palacios y ciegas galerías
del país del amor encendidos regresan
cuando unos labios a otros labios temblando besan
cuando tú amor a mi lado palidecías

Y la muerte de blanco soltará sus jaurías

Acto

M onstruo de oro, trazo oscuro
sobre laca de luz nocturna:
dragón de azufre que embadurna
sábanas blancas en un puro
fulgor secreto de bengalas.
Ahora, violentamente, el grito
de dos cuerpos en cruz: el rito
del goce quemará las salas
del sentido. Torpor de brillos:
la piel —hangares encendidos—,
por la delicia devastada.
Fuego en los campos amarillos:
en cuerpos mucho tiempo unidos
la claridad grabó una espada.

Versión de J. Navarro

ANTONIO COLINAS

Nace en La Bañeza (León) en 1946

Nocturno

*D*uermes como la noche duerme:
con silencio y con estrellas.
Y con sombras también.
Como los montes sienten el peso de la noche,
así hoy sientes tú esos pesares
que el tiempo nos depara:
suavemente y en paz.

Te han llovido las sombras,
pero estás aquí, abrazando en la almohada
(en negra noche)
toda la luz del mundo.
Yo pienso que la noche, como la vida, oculta
miserias y terrores,
mas tú duermes a salvo,
pues en el pecho llevas una hoguera de oro:
la del amor que enciende más amor.

Gracias a él aún crecerá en el mundo
el bosque de lo manso
y seguirán girando los planetas
despacio, muy despacio, encima de tus ojos,
produciendo esa música
que en tu rostro disuelve la idea del dolor,
cada dolor del mundo.

Reposas en lo blanco
como en lo blanco cae en paz la nieve.
Duermes como la noche duerme
en el rostro sereno de esa niña
que todavía ignora
aquel dolor que habrá de recibir
cuando sea mujer.

Otra noche,
la nieve de tu piel y de tu vida
reposan milagrosamente al lado
de un resplandor de llamas,
del amor que se enciende en más amor.
El que te salvará.
El que nos salvará.

LUIS ALBERTO DE CUENCA

Nace en Madrid en 1950

A Alicia, disfrazada de Leia Organa

SONETO

Si sólo fuera porque a todas horas
tu cerebro se funde con el mío;
si sólo fuera porque mi vacío
lo llenas con tus naves invasoras.

Si sólo fuera porque me enamoras
a golpe de sonámbulo extravío;
si sólo fuera porque en ti confío,
princesa de galácticas auroras.

Si sólo fuera porque tú me quieres
y yo te quiero a ti, y en nada creo
que no sea el amor con que me hieres...

Pero es que hay, además, esa mirada
con que premian tus ojos mi deseo,
y tu cuerpo de reina esclavizada.

JOSÉ LUIS GARCÍA MARTÍN

Nace en Aldeanueva del Camino (Cáceres) en 1950

Dido y Eneas

*M*e preguntas qué ha sido de mi vida
  en estos años últimos. Tú llegas con un brillo
exótico en los ojos que tanto amé, sonríes
de mágica manera como entonces
y conocen tus pasos el polvo
de todos los caminos. Qué ha sido de mi vida.
Fracasar es un arte que tú ignoras.
Se aprende lentamente, en largas tardes
y rincones oscuros, se aprende entre los brazos
que fingen un calor que no perdura.
Cuántas veces anduve por las mismas
calles, ya sin ti y con incierta lluvia,
cuántas veces me senté en lugares
que conocieron la precaria dicha
de aquel adolescente tan irreal y puro.
No todos saben encontrar la puerta
que lleva lejos, con amor y riesgo,
a las islas azules y a ciudades con sol.
Dijiste que la vida es un licor
que hay que apurar de un trago, y yo te vi partir,
te veo todavía partir a prima noche,
partir hacia otro mundo en donde yo no existo.
Con lástima me miras porque ignoras
que hay un placer mayor, decir que no
a la vida, andar por un atajo incierto,
desdeñar el amor, sonreír en la ausencia,
abrazar el vacío y seguir adelante
hasta ese punto último que aúna
la tiniebla y la luz.

Remedio para melancólicos

All you have to do is take your clothes off
FRANK O'HARA

Cuando me veas deprimido, ansioso, malhumorado,
    todo lo que tienes que hacer es quitarte la ropa,
y entonces brilla el sol y se revela el secreto:
que somos carne y respiramos y estamos
cerca uno del otro.
Tu desnudez me vuelve invulnerable.
La lógica podrida, el corazón
borroso, las gangrenadas tardes se curan
con la simetría perfecta de tus brazos y piernas.
Extendidos forman un círculo eterno, sendas
hacia una playa sola, la rúbrica de un Dios.
Todo lo que no eres tú, todo lo que no soy yo
deja de tener importancia: el dolor,
el sinsentido, el asco, son nimiedades
que nada tienen que ver con la vida.
Cuando me veas agonizante, quítate la ropa.
Aunque estuviera muerto resucitaría.

La amenaza

The year's gold garbage
R. L.

La dorada basura de los años
    me ha ido acostumbrando a vivir entre sueños;
ninguna sonrisa se desvanece en mi memoria;
los ojos que una vez me miraron
incitantes o quizá sin verme
siguen fijos para siempre en mí;
una amable palabra distraída
para todo el invierno enciende un fuego;
cualquier borroso amor
que apenas si llega a ser amor
se transforma en un árbol inmenso cuyas ramas

me protegen de sol inclemente.
Piedra a piedra he construido una casa
sin puertas ni ventanas,
un jardín
del tamaño del mundo,
una celda
donde me encierro con todas las cosas que amo.

Algunas noches salgo,
bien protegido el corazón,
en busca del botín: un pretexto,
un mínimo pretexto adolescente,
para seguir soñando.   Y esta mañana
al despertar
atónito compruebo
que sigues sonriendo entre mis brazos.
Tú no eres un sueño; estoy perdido.

JAIME SILES

Nace en Valencia en 1951

Acis y Galatea

*E*se cuerpo labrado como plata,
ese oro, esa túnica, esa piel,
ese color que tiñe la escarlata
corola del pistilo de un clavel;

ese cielo de cárdenos espacios,
esa carne que tiembla en el vaivén
de las rodillas y de los topacios
nos dicen que este cuadro es de Poussin.

El resplandor del sol en los minutos
del gris del agua sobre el *gouache* del gres,
el césped de corales diminutos
que puntean las puntas de sus pies;

el placer de los vicios absolutos,
el maquillado estambre, el cascabel
de sus tacones, los ojos resolutos
disueltos en vidrieras de bisel;

las dunas de su cuerpo y esas manos
que la luz difumina en el papel
de este poema dicen que eran vanos
ese oro, esa túnica, esa piel.

La chica que los mira aquí a mi lado
es más real que el lienzo y que el pincel:
hace un gesto de geisha emocionado,
más certero, más cierto, más rimado
de rimmel que la estrofa del clavel.

El cuadro del museo que miramos
no está en la sala, ni en el Louvre, ni en
la Tate Gallery, el Ermitage o Samos,
y no es —ni por asomo— de Poussin.

El cuadro del museo que miramos,
Acis y Galatea, ella y él,
somos nosotros mismos mientras vamos
—ojo, labio, boca, lengua, mano—
sobre la carne del amor humano
ensortijando flores, cuerpos, ramos
de un verano mejor que el del pincel.

Semáforos, semáforos

*L*a falda, los zapatos,
la blusa, la melena.
El cuello con sus rizos.
El seno con su almena.

El neón de los cines
en su piel, en sus piernas.
Y, en los leves tobillos,
una luz violeta.

El claxon de los coches
se desangra por ella.
Anuncios luminosos
ven fundirse sus letras.

Cuánta coma de rimmel
bajo sus cejas negras
taquigrafía el aire
y el aire es una idea.

El cromo de las motos
gira a cámara lenta.
Destellos, dioramas,
tacones, manos, medias.

Un solo parpadeo
y todo se acelera.
El carmín es un punto
y es un ruido la seda.

La falda, los zapatos,
la blusa, la melena
se han ido con la luz
verde que se la lleva.

En un paso de cebra
la vi y dije: ¡ella!
Y todos los motores
me clavaron su espuela. [...]

Daimon atopon

[...] *Á* rbol de olvido, tú,
cuerpo incesante,
paloma suspendida sobre el vértigo.

Hay una sal azul tras de tus cejas,
un mar de abierto fuego en tus mejillas
y un tic-tac indecible que me lleva
hasta un profundo dios hecho de espuma.

Y es otear el aire,
arañar el misterio,
acuchillar la sombra.

Y te voy descubriendo,
metálica mujer, entre el espino:
un murmullo de sangre transparente
en el rostro perdido del silencio. [...]

Nadadora vestida

Una orilla, una malla, unos cabellos
de nácar y coral, vidriado viento,
gotas de luz y láminas de espuma,
va tu forma en el agua componiendo.

El fulgor de las olas dora y baña
de topacios y pórfidos tu cuerpo
y tus brazos levantan escarlatas
tonos y timbres, tintas, tactos, textos.

Como si fueras página te miro,
en mosaico de múltiples reflejos,
constelarte, ceñirte, coronarte
de estriadas estelas de destellos.

Y te veo volver hacia la orilla,
diosa de sol y sal, en flotes lentos.
Y tu cuerpo y el mar son una misma
sucesión de sonido y de deseo.

LUIS ANTONIO DE VILLENA

Nace en Madrid en 1951

Tractatus de amore

I

No digas nunca: *Ya está aquí el amor.*
El amor es siempre un paso más,
el amor es el peldaño ulterior de la escalera,
el amor es continua apetencia,
y si no estás insatisfecho, no hay amor.
El amor es la fruta en la mano,
aún no mordida.
El amor es un perpetuo aguijón,
y un deseo que debe crecer sin valladar.
No digas nunca: *Ya está aquí el amor.*
El verdadero amor es un *no ha llegado todavía...*

II

Y es que el verdadero amor —nos dicen— nunca jamás
se parece a su imagen.
Disociadas la forma y la materia,
se nos obliga a elegir,
considerando en más a la interior morada.
(¡Pequeña traición, dulce retaguardia, muy humana!)
Porque el verdadero amor coincide
con sí mismo,
y dice bien Novalis que todo será cuerpo
un día que anhelamos.
Columna de oro y niño de azul,
el *tetractys* entregando en la mirada,
tú fuiste al tiempo unísono
el amor y su imagen
y sólo la *realidad* trastocó nuestros cuerpos
o confundió con falsa voz nuestra amistad equivocada.

Porque no siempre es posible el encuentro
y hostil es, a menudo, el bosque y su carcoma,
y se cubren los senderos de hojas malas...
Mas el verdadero amor, el alto amor,
—lo sé y te vi—
coincide, inevitablemente, con su alta representación
afortunada.

III

Será el amor vencer tan sólo al cuerpo
con el cuerpo? Porque el ansia de beldad
empuja hacia dentro, para alcanzar un alma
confundida con las formas mismas de la materia...
Y al succionar los labios bebes alma,
y al estrechar el pecho tocas otro jardín
cuyas ramas te alcanzan. Queremos romper
el cuerpo para encontrar el cuerpo, bañarnos
en el pozo acuático de adentro con la imagen
misma que la luz nos muestra. Posesionar
el cuerpo para tocar un alma que es el mismo cuerpo.
Pues al ver y palpar el dorado desierto
de tu cuerpo, saltaba el alma en mis labios
deseando entrar en ti, restregarse a ti, ser en ti,
chupando tus axilas y tus nalgas y tu cuello,
ebria de ti, la absurda, la infame, la degenerada...

IV

Ya que el más alto amor es imposible.
Ya que no existe el alma pura convertida en cuerpo.
Ya que el instante detenido
(¡oh, párate un momento, eres tan bello!)
no es más que un grato sueño de la literatura.
Ya que se muda el dios de un día
y el tiempo torna falaz toda imagen armónica.
Ya que el eterno muchacho es sólo mito
y fugaz representación que solemniza el arte;
cuando alguien nos provoca *amor*,
cuando sentimos el ansia irreprimible

de *estar con* fuertemente, y de abrasarnos,
cuando creemos que aquel ser es toda
la dorada plenitud, sin dudar nos engañamos.
(Una magia y un deseo nos embaucan.)
No existe el sumo amor. Es tan sólo
un impulso del alma, y unas horas o unos meses,
ciegos, felices, burlados...

V

*A*unque quizá todo esto es mentira.
Y el único amor posible (entiéndase, pues el *Amor* con
[mayúscula)
sea un ansia poderosa y humilde de estar juntos,
de compartir problemas, de darse calor bajo los cubrecamas...
Reír con la misma frase del mismo libro
o ir a servirse el vino a la par, cruzando las miradas.
Deseo de relación, de compartir, de comprender tocando,
de entrar en otro ser, que tampoco es luz, ni extraordinario,
pero que es ardor, y delicadeza y dulzura...
No la búsqueda del sol, sino la calma día a día encontrada.
El montón de libros sobre la mesa, tachaduras y tintas
en horarios de clase, el programa de un concierto,
un papel con datos sobre Ophuls y la escuela de Viena...
Quizá es feliz tal *Amor*, lleno de excepcionales minutos
y de mucha, mucha vulgaridad cotidiana...
Amor de igual a igual, con arrebato y zanjas, pero siempre *amor*,
un ansia poderosa, pobre, de estar unidos, juntos,
acariciar su pelo mientras suena la música
y hablamos de las clases, de los libros, de los pantalones vaqueros,
o simplemente de los corazones...
Aunque quizá todo esto es mentira.
Y es la elección, elegir, lo que finalmente nos desgarra.

VI

*P*ero no utilices la palabra *desprecio*
si no aceptan el amor que regalas.
Si es un amor de palabras dulces,
de comprensión, de afecto, de ternura,

sabrás bien que el obsequio que
ofreces no lo has de dar tú solo...
Y si es *pasión* tu amor,
si es un arrebatamiento que desborda
y desdeña la vida cotidiana,
entonces el regalo recae sobre ti propio.
Desprecio no habrá en ningún caso.
Sólo carencia. Echar algo en falta.
Pero es que todo *gran amor*,
el poderoso amor, el importante amor,
el que llenaría plenamente un vivir,
ése es siempre ausencia, hay un foso
siempre; lo ves y no lo alcanzas...

VII

*E*res, al fin, el nombre de todos los deseos.
    No importa si en ti buscamos la solicitud o la amistad.
No importa si es el río dorado de la carne,
o el alma, el inasible alma,
siempre la última frontera.
Son tuyos todos esos nombres, y en ellos te vemos
pero nunca, jamás te acercas.
No eres el codiciado calor de la leña
que temen perder quienes tienen morada y compañero.
No eres el brillo acuático, ni la piel del ídolo solar
que buscan paseantes solitarios.
Tampoco la marcha alada, el cendal cabello, la plática antigua
del que desea la corpórea forma (aunque espiritual)
del ángel...
Sombrío dios sin devotos, les prestas tu mirar a todos ellos,
pero ninguno eres.
Estás siempre más allá, más lejos.
Y no te adornan aljabas ni rosas.
Ni proteges en tu seno a quienes nombran la palabra *amor*,
o dicen cumplirla, célibes y familiares.
Sobre tus largas uñas pones frío oro molido,
y en tus ojos oscuros dejas entrar la luna...
¿Qué nombre darte? ¿Amor, Hipólito, Cupido?
Eres un dios de muertos. El *dios*, por excelencia.

Y pues que nada te cumple, ni rosas te sirven
ni anacreónticas imágenes.
Frío cuerpo de oro, las rojas amapolas te coronan
y las plantas del largo sueño eterno...

ANDRÉS TRAPIELLO

Nace en Manzaneda de Torío (León) en 1953

Adonde tú por aire claro vas

Adonde tú por aire claro vas,
en sombra yo, o en hojarasca breve,
te he seguido. Yo mismo sombra soy
de ti. Y no puedes tú notar que yo
te siga, yo, callado tras de ti,
lumbre contigo o nieve de tu mano.
Y veo tu mirar, mas siempre esquivo,
oscuro y amoroso, en huertos altos
que tú para tu amor los cercas. Fuentes,
aves, la reja de la casa sueño
ser yo, la claridad, su vuelo limpio,
el aire entre los hierros. Pero tú,
a mi través, cuando me miras, creo
que estás mirando a otro, de no verme.
Y ya la fuente, el ave, las espadas
de la verja no son nada. La tarde
su rosa le retira al vaso. Pétalos
sólo, los continentes que parecen
sobre la mesa, a ti te los ofrezco,
te envío su gobierno y yo, la sombra.

En tus mejores años

Cuando te veo ahora en tus mejores años
    con toda la belleza de una copa de vino,
brillándote en los ojos el deseo y las noches
estrelladas de agosto, imagino ese invierno
en que, vieja y cansada, te entregues al recuerdo.

He querido llegar antes que tú a ese día.
Y revivir los tiempos en que tú levantaste
de esta ruina una casa, plantaste en ella higueras,
y alimentaste fuegos que a todos nos hicieron
imaginar la vida muy lejos de los muertos.

Ya ves que ahora han llegado, siniestros, silenciosos.
Por eso tu poeta ha venido contigo
a recorrer de nuevo nuestras amadas ruinas,
y si ayer fue tu risa, hoy será tu silencio,
cuando, vieja y cansada, de nada sirve el sueño.

RAFAEL JUÁREZ

Nace en Estepa (Sevilla) en 1956

Lo que vale una vida

*E*stoy en esa edad en la que un hombre quiere,
por encima de todo ser feliz, cada día.
Y al júbilo prefiere la callada alegría
y a la pasión que mata, la renuncia que hiere.

Vivir entre las cosas, mientras que el tiempo pasa
—cada vez menos tiempo para las mismas cosas—
y elegir las que valen una vida: las rosas
y los libros de versos, y el viaje y la casa.

Hasta ahora he vivido perdido en el mañana
—seré, seré, decía— o en el pasado —he sido
o pude ser, pensaba— y el mundo se me iba.

Ahora estoy en la edad en la que una ventana
es cualquier aventura, y un regalo el olvido.
Ya no quiero más luz que tu luz mientras viva.

Homenaje

*L*a estatua que te erijan, poderosa
y tenue amada del desgarro, tenga,
en homenaje a tanto amor, corona
de espumas combatientes, manto de agua
detenida y azul, túnica roja.
Una mano en el vientre sobre el vuelo
corto de un blanco pájaro, la otra,
en homenaje a tanto amor, caída
ligeramente sobre el pecho, rota.
Sentada sobre un trono de humo y piedra
permanezcas, ni sierpe ni paloma,
ocultos los cabellos por el viento,
los labios juntos, la mirada sola.

LUIS GARCÍA MONTERO

Nace en Granada en 1958

Life vest under your seat

Señores pasajeros buenas tardes
y Nueva York al fondo todavía,
delicadas las torres de Manhattan
con la luz sumergida de una muchacha triste,
buenas tardes señores pasajeros,
mantendremos en vuelo doce mil pies de altura,
altos como su cuerpo en el pasillo
de la Universidad, una pregunta,
podría repetirme el título del libro,
cumpliendo normas internacionales,
las cuatro ventanillas de emergencia,
pero habrá que cenar, tal vez alguna copa,
casi vivir sin vínculo y sin límites,
modos de ver la noche y estar en los cristales
del alba, regresando,
y muchas otras noches regresando
bajo edificios de temblor acuático,
a una velocidad de novecientos
kilómetros, te dije
que nunca resistí las despedidas,
al aeropuerto no,
prefiero tu recuerdo por mi casa,
apoyado en el piano del Bar Andalucía,
bajo el cielo violeta
de los amaneceres en Manhattan,
igual que dos desnudos en penumbra
con Nueva York al fondo, todavía
al aeropuerto no,
rogamos hagan uso
del cinturón, no fumen
hasta que despeguemos,
cuiden que estén derechos los respaldos,
me tienes que llamar, de sus asientos.

Cabo Sounion

*A*l pasar de los años,
    ¿qué sentiré leyendo estos poemas
de amor que ahora te escribo?
Me lo pregunto porque está desnuda
la historia de mi vida frente a mí,
en este amanecer de intimidad,
cuando la luz es inmediata y roja
y yo soy el que soy
y las palabras
conservan el calor del cuerpo que las dice.

Serán memoria y piel de mi presente
o sólo humillación, herida intacta.

Pero al correr del tiempo,
cuando dolor y dicha se agoten con nosotros,
quisiera que estos versos derrotados
tuviesen la emoción
y la tranquilidad de las ruinas clásicas.
Que la palabra siempre, sumergida en la hierba,
despunte con el cuerpo medio roto,
que el amor, como un friso desgastado,
conserve dignidad contra el azul del cielo
y que en el mármol frío de una pasión antigua
los viajeros románticos afirmen
el homenaje de su nombre,
al comprender la suerte tan frágil de vivir,
los ojos que acertaron a cruzarse
en la infinita soledad del tiempo.

Confesiones

*Y*o te estaba esperando.
   Más allá del invierno, en el cincuenta y ocho,
de la letra sin pulso y el verano
de mi primera carta,
por los pasillos lentos y el examen,
a través de los libros, de las tardes de fútbol,
de la flor que no quiso convertirse en almohada,
más allá del muchacho obligado a la luna,
por debajo de todo lo que amé,
yo te estaba esperando.

Yo te estoy esperando.
Por detrás de las noches y las calles,
de las hojas pisadas
y de las obras públicas
y de los comentarios de la gente,
por encima de todo lo que soy,
de algunos restaurantes a los que ya no vamos,
con más prisa que el tiempo que me huye,
más cerca de la luz y de la tierra,
yo te estoy esperando.

Y seguiré esperando.
Como los amarillos del otoño,
todavía palabra de amor ante el silencio,
cuando la piel se apague,
cuando el amor se abrace con la muerte
y se pongan más serias nuestras fotografías,
sobre el acantilado del recuerdo,
después que mi memoria se convierta en arena,
por detrás de la última mentira,
yo seguiré esperando.

FELIPE BENÍTEZ REYES

Nace en Rota (Cádiz) en 1960

Advertencia

S i alguna vez sufres —y lo harás—
  por alguien que te amó y que te abandona,
no le guardes rencor ni le perdones:
deforma su memoria el rencoroso
y en amor el perdón es sólo una palabra
que no se aviene nunca a un sentimiento.
Soporta tu dolor en soledad,
porque el merecimiento aun de la adversidad mayor
está justificado si fuiste
desleal a tu conciencia, no apostando
sólo por el amor que te entregaba
su esplendor inocente, sus intocados mundos.

Así que cuando sufras —y lo harás—
por alguien que te amó, procura siempre
acusarte a ti mismo de su olvido
porque fuiste cobarde o quizá fuiste ingrato.
Y aprende que la vida tiene un precio
que no puedes pagar continuamente.
Y aprende dignidad en tu derrota
agradeciendo a quien te quiso
el regalo fugaz de su hermosura.

Encargo y envío

Señora de mis pobres homenajes...
GÓNGORA

*E*ste arte sombrío no se ajusta a la vida
y de muy poco valen los versos que se escriben
aun si apresan la esencia fugaz y desvalida
del tiempo, que va huyendo:
luna o rosa en la noche hecha de estrellas,
irreal como luna y como rosa hiriente.
Luna o rosa que cifra la memoria.

Este arte sombrío vale poco,
y me pides que escriba
un poema de amor en el que brille
la alta luz temblorosa del pasado,
su sol negro caído sobre el mar
muerto del tiempo, que surca un barco en llamas
(y en él va mi recuerdo) camino del recuerdo.

Un poema de amor tiene un alma que vuela
sobre un reino de humo;
quiero decir que apenas
su sentido es real, porque el amor dispone
su retórica propia, que poco tiene
que ver con el amor,
y es fantasmagoría.

Y es un cuerpo de oro
en el poema el cuerpo que se ama,
y son teatrales noches magas
las noches de amor furtivo
—en hoteles no siempre confortables—
a las que da un prestigio desmedido
la verdad literaria.

Me has pedido
un poema de amor.
Sé que no cumplo

con esto que ahora escribo:
un poema amoroso que no habla
del amor en la forma decorosa
en que debiera hablarse del amor
en un poema de amor de alguien enamorado,
de alguien que te ha dado
su vida y reverencia;
un poema de amor que no lo es.

Señora de mis pobres homenajes,
este arte sombrío no se ajusta a la vida
y es difícil decir en un poema «Te quiero».

Este arte vacío, más raro que la vida...

Kasida y rondó

*L*as ciudades sin ti no las recuerdo
Son las flores cerradas del mundo
Las ciudades sin ti no tienen nombre
Las ciudades sin ti no las recuerdo
La noche solitaria que parece
Tan sólo una tiniebla vagabunda
La noche en que no estás tiembla mi noche
Si el vacío me mira con tus ojos
Vale más el vacío que la vida
Si me mira el vacío con tus ojos
La noche en soledad corrompe sueños
La noche en que no estás tiembla mi noche

PABLO GARCÍA CASADO

Nace en Córdoba en 1972

Dixán

p or qué se secará tan lenta la ropa por qué persisten
las manchas de grasa de fruta y de tus labios
si dixán borra las manchas de una vez por todas

por qué la aspereza de las prendas la sequedad de su tacto
si pienso en tus manos en tu modo de mirarme de decirme
que por culpa del amor habrá que lavar las sábanas de nuevo

preguntas tristes tristes como todos los anuncios de detergente
y es que no encuentro mejor suavizante que tus manos
en esos bares supermercados desnudos de la noche

Las Vegas, NV

b endito sea el crupier que lanzó los dados
bendita sea la exxon ltd. que arruinó los planes de la compañía
bendita la convención republicana que nos hizo cambiar todas las
[fechas
benditos desastrosos resultados financieros benditas habitaciones
oscuras solitarias bendita la soledad y el sufrimiento
sin todos ellos sin la exxon el crupier y todo lo demás nunca te
[hubiese conocido casémonos lidia

casémonos quiero apostarlo todo a tu número
quedarme en tu hueco para siempre casémonos
conozco una capilla en la avenida oeste 24 horas 40.95

flores aparte casémonos casémonos esta noche
porque esta noche estoy de suerte

1972

parís, texas

por qué travis qué hay de esa oscura pregunta
por qué la casa en ruinas por qué él por qué ella
por qué el verano de mil novecientos setenta y uno

qué tuvo que pasar qué clase de química por qué
la huelga en el sector metalúrgico por qué el atasco
por qué llegaron rendidos y aún así se besaron

como si mi vida les fuera en ello

CARMEN JODRA DAVÓ

Madrid, 1980

Retrato gongorino

[...] Al hilo dignifica la hermosura,
          dulcemente inmadura,
del rendido durmiente,
porque en dieciséis años
no ha habido tiempo aún para los daños
de tiempo cruel o práctica natura,
que sacrifica el arte a la simiente;
en el cuerpo yacente
hay candor y abandono y hay tersura.
¡Qué vértigo provoca,
cómo provoca vértigo la boca!,
roja rosa entreabierta
de riquísimo aroma,
con las mórbidas formas de una poma,
que al más dormido instinto lo despierta.
Y los párpados lisos,
y de las cejas las espesas líneas,
que no han tocado nunca las Erinias
con sus crueles avisos,
la barbilla perfecta,
la nariz intachablemente recta
y la suave mejilla ruborosa;
la cara más hermosa,
en fin, y el cuerpo más hermoso y noble
que engendrara jamás mujer alguna,
y no quiso el azar hacerlo doble
porque tanta belleza fuera una, [...]

Se yergue, y su hermosura al cielo embriaga
y al barro que su planta pisa halaga,
y el águila recuerda
sus misiones de antaño

y lamenta que hoy, para su daño,
sea la divinidad siempre tan cuerda.
Con leve pie el muchacho sale y deja,
más cuanto más se aleja,
arrebatada y anhelosa el alma
y vacía de calma.

Divertimento erótico

Un gemido doliente entre la alheña,
un rítmico suspiro en el helecho,
musgo y pluma por sábana del lecho,
por dosel hoja, por almohada peña,

y la lujuria tiene como seña
violar mujeres y violar derecho
y ley y norma, y un hermoso pecho
sabe el pecado y el pecado enseña.

Trasciende de la fronda un olor suave
a sagrados ungüentos, y una queda
música, contenida y cadenciosa,

y el blanco cuerpo de la bella ave
y el blanco cuerpo de la bella Leda,
bajo el peso del cisne temblorosa.

El ciclo satánico

[...] ¿Cómo pude dudar? ¿Cómo he podido
vivir sin vida todos estos años?
Por evitarme daños, tuve daños,
y huyendo penas, penas me han venido.

¡Cuánto tiempo, cuánto placer, perdido
en virtud, muerte, ritos tan extraños
como inflexibles, místicos engaños,
humillaciones, Dios! ¡Qué buena he sido!

Me arrepiento del tiempo en que fui buena,
viviendo sin gozar el prodigioso
fulgor del mal, quebrando mi destino.

Y ahora que su goce me envenena,
¿cómo negarse, si es tan delicioso,
o cómo retornar al buen camino?

Hastío

El bello mundo me produce asco.
Si pudiera, lo haría
saltar en pedacitos por los aires,
y con él a mí misma.

Yo no pedí vivir; si Tú me hiciste,
es tu culpa, y no mía.
Atrévete a juzgarme si tu pobre
criatura se suicida.

ÍNDICE
DE AUTORES

DOCE GRANDES DE LA POESÍA DE AMOR

SIETE SIGLOS DE POESÍA DE AMOR
EN LENGUA ESPAÑOLA

ÍNDICE
DE PRIMEROS VERSOS

DOCE GRANDES DE LA POESÍA DE AMOR

633

SIETE SIGLOS DE POESÍA DE AMOR
EN LENGUA ESPAÑOLA

ÍNDICE GENERAL